古代歷史文化 研究輯刊

二 編

王明蓀 主編

第 21 冊

北宋汴河的利用與管理

粘振和 著

國家圖書館出版品預行編目資料

北宋汴河的利用與管理／粘振和 著 — 初版 — 台北縣永和市：
花木蘭文化出版社，2009〔民 98〕
序 2+ 目 4+214 面；19×26 公分
（古代歷史文化研究輯刊 二編：第 21 冊）
ISBN：978-986-6449-98-7（精裝）
1. 漕運　2. 水利工程　3. 航運管理　4. 北宋
557.4709　　　　　　　　　　　　　　　98014273

ISBN - 978-986-6449-98-7

9 789866 449987

古代歷史文化研究輯刊
二　編　第二一冊　　　　　ISBN：978-986-6449-98-7

北宋汴河的利用與管理

作　　　者	粘振和
主　　　編	王明蓀
總 編 輯	杜潔祥
出　　　版	花木蘭文化出版社
發 行 所	花木蘭文化出版社
發 行 人	高小娟
聯絡地址	台北縣永和市中正路五九五號七樓之三
	電話：02-2923-1455／傳眞：02-2923-1452
網　　　址	http://www.huamulan.tw 信箱 sut81518@ms59.hinet.net
印　　　刷	普羅文化出版廣告事業
初　　　版	2009 年 9 月
定　　　價	二編 30 冊（精裝）新台幣 46,000 元

版權所有·請勿翻印

北宋汴河的利用與管理

粘振和　著

作者簡介

粘振和，臺灣彰化人。1962 年生。東海大學歷史學研究所碩士。現任國立高雄餐旅學院通識教育中心副教授、滿族協會理事。研究領域為宋史、飲食文化，目前致力於茶文化之研究。著有《亂世臣節的困境：兩宋交替之際君臣反應的探討》、《北宋汴河的利用與管理》等書，暨發表學術論文二十餘篇。

提　要

　　本書旨在研究北宋汴河的利用型態與管理政策之間的互動關係，範圍包括汴河的規模、設施、管理機關的沿革，以及利用觀念與管理政策的發展。全書凡分八章：第一章緒論，旨在說明當前的研究概況、研究方法與限制，並界定汴河在文獻上的意義。第二章研究汴河的規模、設施，以及維護管理制度的設計。第三章闡明汴河的管理機關及其沿革。第四章檢討北宋中期以前汴河的利用政策與管理問題，指出汴河引黃河為水源基礎，是一切問題的根源，宋廷以此確定漕運實施轉般法，容許衍生的問題，視汴河相關缺失所導致的成本耗費問題為漕運的成本之一。第五章探索神宗時期汴河利用政策，此期除開發附加價值、降低對汴河的依賴外，更加強改善汴河的條件，由固定汴口、不閉汴口，到實施導洛通汴工程的決策過程，以及相關課利事業的規劃。第六章分析哲宗朝宣仁太后垂簾聽政，重新檢討汴河利用政策，進而發現導洛通汴工程造成黃河中游易於泛濫，以及京師的河防壓力，決意廢罷清汴。迨至哲宗親政，始再度恢復清汴的規模，回歸神宗朝清汴工程的初衷。第七章探討徽宗朝在清汴工程的成就下，使綱運轉般法已非單一選項，又代發糴本已遭挪用，遂改變漕運為直達法，進而衍生國用不足的問題。其後花石綱加入汴河的運輸行列造成汴河的額外負擔，致使汴河的漕運功能受到更大的干擾。欽宗即位之後，改採直達與轉般並行的漕運法，未及產生實效，而國家旋亡。第八章除綜合各章要點外，並就個人看法予以評論。

目
次

自　序

　　二十幾年前筆者就讀大學時，經濟史的研究相當流行，全漢昇《唐宋帝國與運河》是其中的一部名著，因此運河是北宋帝國的生命線已是歷史系學生的常識。後來考上研究所，在選擇研究議題時，突然想到運輸有多種方式，舉凡海運、河運，或其它運河亦有替代性，為何北宋政府獨鍾情於汴河？前人的研究似乎無法提供較為全面的理解，於是，一條學術的探索之路就這樣開展了。

　　在梳理資料的過程中，筆者發現北宋汴河的利用型態並非一成不變，其變化赫然與神宗時期的變法息息相關，牽涉的範圍相當廣大，舉凡利用型態的改變、路線的調整、課利事業的開發，以及綱運的變革等，皆由此而起。因此決定以「北宋中期以後汴河的利用與管理」為主題，撰寫畢業論文，荷承恩師　朱重聖博士的諄諄教誨，細心指導，得以順利完成碩士論文。

　　畢業之後，有幸在教育界服務，發現學術期刊上相關北宋汴河的研究仍然未盡其意，所以有改寫發表的想法，本書第三章汴河的管理機關及其沿革、第五章神宗時期汴河的利用政策與清汴工程，即是在這樣的背景下陸續發表於國內期刊。本來有意續作，未料因緣際會，筆者從事茶文化教學，研究方向轉至茶文化，先前的計畫就此耽擱，單篇發表已是遙遙無期，遑論要彙整成書。去年突然接獲花木蘭文化出版社的邀約，便欣然同意，一則出書是學術工作者的夙願，二則在截稿的壓力下，集中心力較易有成就，歷經近半年斷斷續續的校改，鑑於內容篇幅增加不少，乃重定章節，改作斯題，完成本書。

　　本書的寫作，特別要感謝現任國史館副館長，恩師　朱重聖博士的指導。朱老師治學嚴謹，強調史料的選擇、寫作的態度，以及寫作的筆法，對筆者

影響深遠，雖然本書部分章節已異於舊時，實際上大體保留當時的主要結構，更見師恩浩瀚；當然，本書若有訛誤，筆者理應自負全責。

此外，筆者的妻子—葉秋蘭，多年來默默支持筆者的學術工作，將家事、子女的教育一肩扛起，於此謹致誠摯的謝意。

潯海　粘振和謹識

第一章 導 論

第一節 當前的研究概況

  歷史發展中的特殊現象往往是研究者注意的焦點，研究者試由這些現象得到一些具體而微的答案，大者試圖解釋歷史發展的軌跡，小者發現歷史變化的真相。正因為如此，這種觀察往往取決於個人的角度，而做出不同的答案。

  對於中國近古歷史的觀察，藉由西方的史學經驗，近世社會的出現與資本主義的萌芽無疑是兩個重點，經濟上的變化明顯是他們關懷的重心。經濟現象變化的解釋所在皆是，而運河出現所代表的歷史意義，無疑的，是一個重要指標。

  中國何時出現人工開鑿的運河各家說法不一，或主張吳國的邗溝、胥浦運河，或主張楚國楚靈王（BC541～BC529）或孫叔敖（BC630～BC593）開鑿的運河。〔註1〕然而秦漢之際，整治舊有的運河與因應政治需求而開鑿的運河，已在史書大量被提及，如連接長安與潼關間的漕渠、使河汴分流的鴻溝、連接河淮的汴渠、黃河上溯洛陽的陽渠、連接江淮的邗溝、溝通湘桂的靈渠，〔註2〕皆已發揮一定的運輸功能。不過，秦漢及其以前的運河多為軍事目的臨時性的糧食運輸，無常制、無常時、無常額，運河的功能尚未大顯。〔註3〕

〔註1〕 張曉東：〈先秦秦漢運漕運史研究概觀〉，《臨沂師範學院學報》，第29卷第2期（2007年4月），頁119～122。

〔註2〕 吳琦：《漕運與中國社會》（武昌：華中師範大學出版社，1999年），頁10～12。

〔註3〕 詳（宋）王應麟：《玉海》（臺北：華聯出版社，1964年，元至元三年慶元路

　　隨著隋唐大一統帝國的出現，建立完善的漕運系統日趨重要，南北大運河即應運而生。不過隋唐定都長安，大運河產生的功能仍然有限，自安史之亂造成北方的殘破，政府財政逐漸倚重江南物資的供應，經濟重心南移，而政治重心仍留在北方，〔註4〕南北大運河始名符其實地擔任國家動脈的角色。由今視昔，唐宋帝國的興衰，竟與運河的運輸能量有絕大關係。尤其在北宋，汴河成為國家命脈，其利用觀念的變化，深深影響國計與民生，乃逐漸成為學者矚目的重點。

　　目前有關汴河與北宋國運關係的研究，專書方面，全漢昇（1912～2001）在《唐宋帝國與運河》一書，對運河連繫南北政治、經濟重心的功能有很深刻的見解，〔註5〕此書由宏觀的角度出發，對後代學人有莫大的啟發。史念海《中國的運河》考證歷代運河的開鑿與變化，並且附有詳細的地圖，是早期研究運河相當有成就的著作。此書針對汴河的發展，很早即注意到「清汴」與「濁汴」的分際。〔註6〕歐陽洪《京杭運河工程史考》，此書列出歷代大運河工程大事年表，引證資料翔實可靠，較他書明顯不同之處，即重視工程技術的分析，可提供研究者理解與參考。〔註7〕安作璋《中國運河文化史》為一部大型著作，全書分三大冊，考證歷代運河開鑿流向的工程特點，交通網的變化，以及運河城市的文化等情形，其中有關北宋汴河的論述，大抵可以窺知汴河利用的梗概及相關的管理組織。〔註8〕而周寶珠《宋代東京研究》對於繞經東京的汴河設施及維護管理亦有多面向的研究，也頗值得參考。〔註9〕

　　另一方面，運河因應漕運的需求而產生，有關漕運的研究，多會與運河發展結合，吳琦著《漕運與中國社會》一書，對於漕運與政治、經濟、社會、文化等作關聯性研究，拓展了漕運研究的領域；其內容部分述及汴河的漕運

儒學刊本），卷182，〈漕運〉，頁1～24；（元）馬端臨：《文獻通考》（以下簡稱《文獻通考》，臺北：臺灣商務印書館，1987年），卷25，〈國用考三·漕運〉，頁239～243。

〔註4〕　參見張家駒：〈中國社會中心的轉移〉，《食貨半月刊》，第2卷第2期（1935年6月），頁21～22。

〔註5〕　全漢昇：《唐宋帝國與運河》，收入氏著《中國經濟史研究》（臺北：中央研究院，1983年）。

〔註6〕　史念海：《中國的運河》（西安：陝西人民出版社，1988年）。

〔註7〕　歐陽洪：《京杭運河工程史考》（南京：江蘇省航海學會出版社，1988年）。

〔註8〕　安作璋：《中國運河文化史》（濟南：山東教育出版社，2001年）。

〔註9〕　周寶珠：《宋代東京研究》（開封：河南大學出版社，1992年）。

功能，當中漕運組織管理、吏治與本書較有關聯性。此外，陳峰《漕運與古代社會》一書也有獨到見解，其中對於漕運組織與理漕官吏、漕卒、水手的論述尤爲精闢，他明顯注意到運作漕運系統的各階層人物扮演的角色。〔註10〕

博碩士論文方面，以韓桂華〈宋代綱運研究〉最爲全面〔註11〕，該文縱觀兩宋，舉凡綱運的歷史沿革、類別名稱、組織管理、運輸路線與方法，以及管理機關等，都有翔實的分析，對於汴河的運輸功能提供較爲全盤的理解。

期刊論文方面，以汴河及漕運爲名的研究亦多，最早知名的有日本學者青山定男〈唐宋汴河考〉，對於「古汴河」、以及隋、唐、宋代的「汴河」路線有細部的考證，釐清史料中「汴河」一詞的混雜，給予後續研究者不少的便利。〔註12〕在前人的研究基礎下，較早注意到汴河工程建設議題的，當以古林森廣〈北宋前半期汴河的水利工程〉，〔註13〕黎沛虹、紀萬松〈北宋時期的汴河建設〉的內容較具前瞻性，在汴河眾多建設中，他們發現導洛通汴的劃時代意義。〔註14〕而周建民、李啓明〈北宋漕運與治河〉，條理分析治理汴河的方法。〔註15〕吳海濤〈北宋時期汴河的歷史作用及其治理〉繼之而起，對於汴河的歷史、治理及作用提供基礎的認識。〔註16〕王紅，周志貞〈北宋"導洛通汴"考略〉，對導洛通汴工程的歷史意義續有發揮。〔註17〕

〔註10〕陳峰：《漕運與古代社會》（西安：陝西人民教育出版社，2000年）。

〔註11〕韓桂華：〈宋代綱運研究〉（臺北：中國文化大學史學研究所博士論文，1992年）。

〔註12〕（日）青山定男：〈唐宋汴河考〉，收入於氏著《唐宋時代の交通と地誌地圖の研究》，東京：吉川弘文館，1963年。其中譯本有（日）青山定男著，張其春譯：〈唐宋汴河考〉，《方志月刊》，第7卷第10期（1934年），頁8～34。

〔註13〕古林森廣：〈北宋前半期汴河的水利工程〉，《中國水利史研究》第11期（1981年），頁1～15。

〔註14〕黎沛虹、紀萬松：〈北宋時期的汴河建設〉，《史學月刊》，1982年第1期，頁24～30。按：黎沛虹後與石志宏合作針對汴河問題作相關研究，參見石志宏，黎沛虹〈汴河漕運與北宋立國〉，《湘潭師範學院學報（社會科學版）》，第23卷第3期（2001年5月），頁115～117。

〔註15〕周建明、李啓明：〈北宋漕運與治河〉，《廣西教育學院學報》，2001年第3期，頁107～111。

〔註16〕吳海濤：〈北宋時期汴河的歷史作用及其治理〉，《安徽大學學報（哲學社會科學版）》，第27卷第3期（2003年5月），頁101～105。

〔註17〕王紅，周志貞：〈北宋"導洛通汴"考略〉，《河南教育學院學報（哲學社會科學版）》，第23卷（總89期），2004年第3期，頁48～51。按：本文沒有參考《宋會要》致部份結論不夠周延。

　　以北宋漕運爲題，研究較全面的當以青山定男〈關於北宋的漕運法〉，〔註18〕大崎富士夫〈宋代漕運營運型態的變革〉，〔註19〕以及池田靜夫〈宋代水運の研究〉最爲詳明，〔註20〕而周建明對汴河及漕運也有系列的研究，如〈北宋漕運法規述略〉分析相關弊端的管理與稽察制度；〔註21〕〈北宋漕運與水利〉研究汴河的灌溉、疏洪，或利用水力創置水磨等面向的開展。〔註22〕另外王豔〈重新審視北宋漕運的歷史價值〉研究漕運對北宋政權貢獻的各種面向。〔註23〕至於其它與本書主題相關研究亦多，茲不贅述。〔註24〕

　　不過前人的研究受限於議題取向，相較於汴河的理解，仍有幾點限制：一、議題分散，未有系統的論述，如導洛通汴工程的後續效應，多略而未論；二、以通論爲主者多，參考史料不廣，不免失之籠統。這些缺漏，或由於研究者議題的設定，或囿於參考文獻的限制，多少呈現美中不足的情形。梳理相關資訊，筆者認爲有關汴河的研究，尚有以下幾個議題未臻完善：一、汴河管理機關的沿革未明，未見有相關論述；二、汴河維護、管理的研究雖多，大抵只述及北宋中期以前汴河的維護管理情形，相關內容仍不夠週延；三、神宗時期汴河利用政策的變化、「清汴」觀念的發展，以及「導洛通汴」工程的發展，因果關係不清；四、哲宗時期「導洛通汴」工程的檢討、汴河課利事業的興廢，與廣武埽引發的京師河防危機的相關變化仍被忽略；五、徽宗、欽宗時期綱運制度的變革，史料紛亂不一，相關研究仍未見釐清。

　　基於此，本書乃以上述問題爲核心，全面探討北宋汴河的利用型態與管

〔註18〕（日）青山定男：〈關於北宋的漕運法〉，收入《市村博士古稀紀念・東洋史論叢》（東京：富山房，1933年）。

〔註19〕（日）大崎富士夫：〈宋代漕運營運型態的變革〉，《史學研究》第10期（1952年）。

〔註20〕（日）池田靜夫：〈宋代水運の研究〉，《文化》，第5卷第5號（昭和13年5月），頁528～576。

〔註21〕周建明：〈北宋漕運法規述略〉，《學術論壇》，2000年第1期（總第138期），頁125～128。

〔註22〕周建明：〈北宋漕運與水利〉，《阜陽師範學院學報（社會科學版）》，2001年第5期（總第83期），頁111～113。

〔註23〕王豔：〈重新審視北宋漕運的歷史價值〉，《洛陽師範學院學報》，2003年第1期，頁94～97。

〔註24〕參見王卓然，梁麗：〈北宋運河走向與政治、經濟中心轉移〉，《華北水利水電學院學報（社科版）》，第23卷第5期（2007年10月），頁134～136；吳建磊〈北宋汴河的漕運〉，《中州今古》（2002年6月），頁19～21。

理政策之間的互動關係。

第二節　研究方法與限制

本書研究方法以文獻分析法為主，透過史料的分析、歸納、演繹、整合，以得出研究結論。

採用的史料以《宋會要輯稿》、《續資治通鑑長編》、《東都事略》、《文獻通考》、《宋史》為主，旁參《長編紀事本末》、《長編拾補》、「清明上河圖」，以及全面蒐集檢索諸家文集、筆記、地理書、地方志等汴河資料，佐以前輩學者研究成果。全書分八章：除緒論與結論外，為考量議題的完整性，第二章、三章採通論的方式，分述汴河的維護制度與管理機關。第四章至七章依次探索北宋汴河利用政策的成型、發展及轉變歷程。

本書第四章之後，將北宋汴河利用觀念以神宗為分期，主要理由有三點：

一、就汴河利用觀點的發展而言，神宗時期王安石變法，思考解決汴河浩繁的成本問題，以及突破利用的侷限，遂造成汴河利用政策、路線、運輸辦法的改變，其影響及於北宋末年，最具詮釋的意義。

二、就史料的分佈而言，《宋會要》以神宗時期為界，將北宋「漕運」區分為二大部分，而「汴河」部分也大致以神宗時期的汴河改善工程為分野。由此觀察，神宗前後汴河的利用取向判然有別，而其利用取向的差異性，不失為理解北宋末年國勢陵夷的一個面向。

三、神宗時期的變法運動，引發新舊黨爭，對於相關政策與立意，或因實務檢討，或因意氣之爭，竟有迥然不同的詮釋，透過各朝政策背景的探討，將更能理解汴河利用變化的梗概。

本書囿於資料的內容與研究者的視野自有其不足處，大抵有三點限制：

一、史料分佈不均的限制

史料分佈不均主要在兩方面，其一是內容取向的不足，汴河既然有運輸功能，過往商船自然必須繳稅，這也是關乎國計的重要收入，然而史料上絕少有汴河商稅收取的題材，因此無法兼而並敘。其二是主要引用的史料—《長編》在哲宗與徽宗、欽宗三朝的缺漏，造成部分史料填補過程中失去重要的依據，這也是北宋末年漕運辦法變革過程，至今論說紛亂的關鍵，不過本書由《宋會要輯稿》、《長編紀事本末》、《長編拾補》補正相關內容。

二、汴河利用觀點的限制

汴河在交通運輸功能之外，也有豐富的漁業，諸如捕魚、釣魚的活動應相當盛行，梅堯臣（1002～1060）〈設膾示坐客〉云：

> 汴河西引黃河枝，黃流未凍鯉魚肥，隨鉤出水賣都市，不惜百錢持
> 與歸。我家少婦磨寶刀，破鱗奮鬐如欲飛，蕭蕭雲葉落盤面，粟粟
> 霜蔔為縷衣。楚橙作虀香出屋，賓朋競至排入扉，呼兒便索沃腥酒，
> 倒腸飫腹無相譏。逡巡鮓竭上馬去，意氣不說西山薇。〔註25〕

可見汴河垂釣是詩人賞心悅目的休閒活動。

宋人偕遊汴河，也是當時的一大盛事，田錫（939～1003）〈和太素早春書事憶游京國〉詩：

> 新年吟咏喜經旬，金粟山邊渭水濱，微雪尚妨天氣暖，衰林先讓鳥
> 聲春，牽情但恨梅花謝，醒酒空思桂蠹辛，深感相將游汴水，夢中
> 楊柳已迷人。〔註26〕

「隋隄楊柳」、「汴水秋風」皆是汴京著名的八景，〔註27〕宋人送往迎來，或於汴岸散步、觀舟、釣魚、飲食等活動，以及商業目的的漁撈行為，自然都會有汴河的吉光片羽，此類活動在宋朝張擇端（1085～1145）「清明上河圖」都有具體的呈現，本書不擬討論汴河較為通俗的休閒及普遍性的商業功能。

另一方面，反對汴河或主張降低倚賴汴河漕運功能的學者亦有之，此輩文人存著儒家仁民愛物的立場，認為利用汴河漕運物資會增加東南人民賦稅的負擔，造成物價的波動，使生計受到影響，如石介（1005～1045）〈汴渠〉詩云：

> 隋帝荒宴遊，厚地刳為溝，萬舸東南行，四海困橫流。義旗舉晉陽，
> 揚帆入揚州，揚州竟不返，京邑為墟丘。吁哉汴渠水，至今病不瘳，
> 世言汴水利，我為汴水憂。利害吾豈知，吾試言其由。汴水濬且長，
> 汴流湍且遒，千里泄地氣，萬世勞人謀。舳艫相屬進，餽運曾無休，
> 一人奉口腹，百姓竭膏油。民力輸公家，斗粟不敢收，州侯共王都，

〔註25〕（宋）梅堯臣：《宛陵先生集》（收入《四部叢刊初編》，上海：上海商務印書館，1922年），卷38，〈設膾示坐客〉，頁330～331。

〔註26〕（宋）田錫：《咸平集》（收入《文淵閣四庫全書》，臺北：臺灣商務印書館，1983年），卷15，〈和太素早春書事憶遊京國〉。

〔註27〕（明）李濂：《汴京遺蹟志》（收入《景印文淵閣四庫全書》，臺北：商務印書館，1983年），卷13。

　　戶租不敢留。太倉粟峨峨，冗兵食無羞，上林錢朽貫，樂官求要優。

　　吾欲塞汴水，吾欲壞官舟，請君簡賜予，請君節征求。王畿方千里，

　　邦國足用周。盡省轉運使，重奉富民侯。天下無移粟，一州食一州。

〔註28〕

石介可謂根本反對利用汴河漕運之人，然而亦有持相反論調者，如韋驤（1033
～1105），所作〈汴河〉詩云：

　　通濟名渠古到今，當時疏導用功深；源高直接黃河瀉，流去遙歸碧

　　海潯。護塚尚存芳草亂，隋舟安在綠楊陰；年年漕運無窮已，誰謂

　　東南力不任。〔註29〕

此類發諸於詩歌的議論頗多，本書無意為之軒輊。

　　三、汴河運輸帶來沿岸都市的繁榮、城市經濟的發達等間接功能，因屬
另一個主題，本書不擬處理此類議題。〔註30〕

　　本書主要在探究北宋汴河的利用型態與國運的關係，雖在部分立場上採
取運河（包括汴河）乃北宋帝國生命線的理論，但與其由正面肯定這個理論，
毋寧由反面作一思考，亦即汴河本身功能的廢弛是北宋淪亡的重大關鍵是否
正確？因此本書嘗試由汴河的利用管理的角度出發，藉由新舊問題的交替，
闡明其與政治變革的互動關係，以期對汴河與北宋帝國的關係作一新的定
位。

第三節　汴河的界定

　　汴河，又稱汴渠、汴水，乃指開鑿於「汴」的人工河川，此「汴」指今
日開封附近一帶，即春秋晉楚戰於「邲」之地，據張洎（933～996）考證：「邲
又音汳，汳即汴字。古人避反，故改從汴字」，〔註31〕故有是稱。

　　大體而言，歷史上的汴河隨時代的需求而有所調整，乃有用語上的差異，

〔註28〕（宋）石介：《徂徠集》（收入《文淵閣四庫全書》，臺北：臺灣商務印書館，
　　　　1983年），卷2，〈古詩〉。

〔註29〕（宋）韋驤：《錢塘集》（收入《文淵閣四庫全書》，臺北：臺灣商務印書館，
　　　　1983年），卷2，〈汴河〉。

〔註30〕按：相關問題頗為龐雜，可參閱安作璋：《中國運河文化史》中冊，第三章宋
　　　　元時期運河區域社會經濟的繁榮與發展，頁781～859。

〔註31〕（宋）呂祖謙：《歷代制度詳說》（收入《文淵閣四庫全書》，臺北：臺灣商務
　　　　印書館，1983年），卷4。

如古汴河專指兩漢以降所開鑿的汴河，而本文所論的汴河則指隋唐至宋所開鑿的通濟渠（廣通渠）。為便於理解，再以古汴河、汴河分述於後。

古汴河：自兩漢至隋唐之際，散見於正史的汴河史料，即是所謂古汴河，乃相對於隋唐開鑿的汴河而言。別稱繁多，諸如鴻溝、狼湯渠、蒗蕩水、莨宕渠、蒗蕩渠，東漢時稱為汴渠。〔註32〕

汴渠古稱汳水，本來是天然河川，水道為黃河侵奪後，與鴻溝同以一個口門引黃河，東流至大梁，此段又有滎瀆、南濟、梁溝、滎陽漕渠等別稱，但實際上是古濟水、鴻溝所經之道。鴻溝路徑由滎澤（今河南滎澤縣）引黃河水入于中牟（今河南中牟縣）縣西的圃田（古大湖），再由圃田澤開大溝東至大梁，又折南潁水入淮。而汴渠則是至大梁以東，經陳留（今河南陳留）、杞縣（今河南杞縣）、睢陽（今河南商丘）、虞城（今河南虞城）、碭山（今江蘇碭山）、蕭縣（今江蘇蕭縣西北十里），至彭城（今江蘇銅山）合泗水入淮河。大體上，位於今廢黃河一線。〔註33〕

新朝王莽始建國三年（11），黃河在魏郡（今河南臨漳）決口，決口未加堵塞，所行河道又未經整治，聽其泛流，導致河汴不分。〔註34〕東漢明帝永平十二年（69）夏，王景和王吳「以河不治則汴不得治」，治河為前提，按照「築堤、理渠、絕水、立門，河汴分流，復其舊迹」的原則，針對黃河及汴渠進行大規模的治理。除簽築黃河水堤之外，又構築汴渠水門，整治汴渠渠道，歷時一年，永平十三年（70）四月告成。〔註35〕自此黃河安軌，汴渠暢通。由於汴渠的優越性便完全取代鴻溝而成為溝通黃、淮之間水運的大動脈。

其後又歷經幾次的修築，如建安七年（202）曹操（155～220）在浚儀（今河南開封縣西北）與睢陽（今河南商丘）之間開睢陽渠（汴渠），引黃

〔註32〕陳正祥：〈唐代的黃河與汴河〉，《新亞學報》，第 11 卷下冊（1974），頁 426 ～427。

〔註33〕歐陽洪：《京杭運河工程史考》，頁 76。

〔註34〕（漢）班固：《漢書》（臺北：鼎文書局，1986 年，新校本），卷 99 中，〈王莽傳〉，頁 4127，有云：「河決魏郡，泛清河以東數郡。先是，莽恐河決為元城冢墓害。及決東去，元城不憂水，故遂不隄塞。」

〔註35〕按：王景見（劉宋）范曄：《後漢書》（臺北：鼎文書局，1981 年，新校本），卷 76，〈王景〉，頁 2464；王吳見前引書卷 2，〈孝明帝紀〉，頁 116。參見歐陽洪：《京杭運河工程史考》，頁 77。

河水溝通淮水；〔註36〕南朝劉裕（363～422）伐後秦，班師南還，自洛入河，重開汴渠以歸；〔註37〕北魏宣武帝景明年間（500～515），修汴、蔡二渠以通邊運；〔註38〕隋文帝開皇七年（587）派梁睿增築漢古堰（即梁公堰），遏河入汴，直達江淮，〔註39〕皆可證明汴渠在隋文帝以前一直發揮南北運輸的功能。

然而，隋文帝整治之後的汴渠並未臻完善。不旋踵，隋煬帝大業元年（605）三月，發河南諸郡男女百餘萬，開「通濟渠」。〔註40〕首先於板渚與浚儀之間，依漢魏汴渠故道進行整治，浚儀以東則與原汴渠分道，另開新渠，直趨東南，經陳留（今河南陳留）、雍邱（今河南杞縣）、宋城（今河南商丘）、永城（今河南永城）、宿縣（今安徽符離）、夏丘（今安徽泗縣），于盱眙（今安徽盱眙）北入淮河。三月施工，八月完成，僅歷時五個月。〔註41〕「通濟渠」完成後，較隋文帝的汴渠條件優越，因而取代它成為新的南北運輸渠道。

「通濟渠」在唐代又稱為「廣通渠」，因為以汴渠舊道延伸，唐宋仍通稱「汴渠」，而隋文帝以前所開舊道乃改稱為「古汴河」。

古汴河因何被時代淘汰？極可能與呂梁險灘有關。呂梁（今江蘇銅山縣東南）附近地勢較高，〔註42〕水勢迅湍，落差極大。如宋哲宗元祐四年（1089）十二月，京東轉運司言：

〔註36〕（晉）陳壽：《三國志》（臺北：鼎文書局，1980年，新校本），卷1，〈魏書一·武帝紀〉，頁23；（宋）司馬光：《資治通鑑》（北平：古籍出版社，1956年），卷64，〈孝獻皇帝己·建安七年〉，頁2044。原註：浚儀縣，屬陳留郡。睢水於此縣首受莨蕩渠水，東過睢陽縣，故謂之睢陽渠。

〔註37〕（梁）沈約：《宋書》（臺北：鼎文書局，1980年，新校本），卷2，〈武帝中〉，頁44。

〔註38〕（北齊）魏收：《魏書》（臺北：鼎文書局，1980年，新校本），卷66，〈崔亮〉，頁1477。

〔註39〕（唐）杜佑：《通典》（北京：中華書局，1988年），卷177，〈河南府洛州〉，頁4657。

〔註40〕（唐）魏徵等：《隋書》（臺北：鼎文書局，1980年，新校本），卷3，〈煬帝上〉，頁63。

〔註41〕參見歐陽洪：《京杭運河工程史考》，頁100；（日）青山定男：〈唐宋汴河考〉，《方志月刊》，第7卷第10期（1934年10月），頁22～27。

〔註42〕參見（元）脫脫等：《宋史》（臺北：鼎文書局，1980年，新校本），卷94，〈河渠四·廣濟河〉，頁2339。有載：「三年，內侍趙守倫建議：自京東分廣濟河由定陶至徐州入清河，……役既成，……帝以地有隆阜，而水勢極淺，雖置堰埭，又歷呂梁灘磧之險，非可漕運，罷之。」

清河與江、浙、淮南諸路相通，因徐州呂梁、百步兩洪湍淺險惡，
多壞舟楫，由是水手、牛驢、捧戶、盤剝人等，邀阻百端，商賈不
行。〔註43〕

又蘇轍（1039～1112）〈初發彭城有感寄子瞻〉詩云：

秋晴卷流潦，古汴日向乾；扁舟久不解，畏此行路難。〔註44〕

又蘇軾〈和子由中秋見月〉詩云：

何人艤舟臨古汴，千燈夜作魚龍變，曲折無心逐浪花，低昂赴節隨
歌板。〔註45〕

證明古汴河航行風險雖高，但在元祐年間仍能通航，未全然廢棄。

汴河：隋代稱「通濟渠」，唐代時改稱「廣通渠」，逐漸成了國家的命脈。
唐朝為了加強汴渠的管理，開元二年（714），玄宗批准河南尹李傑的建議，
重修梁公堰（即「汴口堰」），並調發汴、鄭丁夫疏濬汴口淤積；開元十五年
（727）又命將作大匠范安及發河南府、懷、鄭、汴、滑等州三萬人整治舊河
口。〔註46〕唐朝規定於每年正月，發近縣丁男，「塞長波，決沮淤」，〔註47〕
故而漕運穩定成長，曾創下了運糧四百萬石的記錄。〔註48〕不過，安史之亂
之後，汴渠堙廢，直到廣德二年（764），唐代宗派河南江淮轉運使劉晏（約
716～780）疏濬汴渠後，才恢復中斷多年的漕運。此後又幾度因戰爭中斷，
然而旋即復通，每年漕米運至關中仍有一百多萬石。及至唐末，汴渠在埇橋
東南潰決，江淮漕運斷絕，〔註49〕未幾，唐朝旋即宣告滅亡。

五代十國時期，南北對抗，混戰不已，汴河的功能有限，至周世宗始大
力整治，為宋朝汴河的運輸功能奠定重要的基礎。

但是古人論述汴河、古汴河有時會有新舊並陳的現象，如宋歐陽忞《輿

〔註43〕 《宋史》，卷96，〈河渠六·東南諸水上〉，頁2383。

〔註44〕 （宋）蘇轍：《欒城集》（收入《文淵閣四庫全書》，臺北：臺灣商務印書館，
1983年），卷7，〈初發彭城有感寄子瞻〉。

〔註45〕 （宋）蘇軾：《東坡全集》（收入《文淵閣四庫全書》，臺北：臺灣商務印書館，
1983年），卷9，〈和子由中秋見月〉。

〔註46〕 （宋）歐陽修、宋祁：《舊唐書》（臺北：鼎文書局，1980年，新校本），卷
49，〈食貨下·漕運〉，頁2114。

〔註47〕 （宋）歐陽修、宋祁：《舊唐書》，卷123，〈劉晏〉，頁3513。

〔註48〕 （宋）歐陽修、宋祁：《舊唐書》，卷49，〈食貨下·漕運〉，頁2114。

〔註49〕 （宋）王欽若、楊億：《冊府元龜》（臺北：中華書局，1972年，明刻本），卷
497，〈邦計部·河渠二〉，頁23。

地廣記》的記載：

> 汴河蓋古莨蕩渠也，首受黃河水。隋煬帝開浚以通江淮漕運，兼引
> 汴水，亦曰通濟渠。皇朝元豐中導洛通入謂之清汴。〔註50〕

「汴河」所指「莨蕩渠」、「通濟渠」與「清汴」皆有路線的不同，其關鍵在
「汴河」係指開鑿於「汴」的人工河川的普遍意義所致。

　　前文所述歐陽忞《輿地廣記》之「清汴」，乃是指宋神宗元豐二年（1079）
完成的「導洛通汴工程」，時人以「清汴」稱之。但是汴河原本導引黃河濁流
爲水源，改引洛河清流後，洛河未下黃河，改與汴河銜接，時人或稱「新洛」。
如張方平（1007～1092）〈蘇子瞻寄鐵藤杖〉詩：

> 隨書初見一枝藤，入手方知鍛鍊精；遠寄只緣憐我老，閒攜常似共
> 君行。靜軒獨倚身同瘦，小圃頻遊腳爲輕；何日歸舟上新洛，挂來
> 河岸笑相迎。〔註51〕

又如蘇軾（1037～1101）〈和王斿〉詩：

> 嫋嫋春風送度關，娟娟霜月照生還；遲留歲暮江淮上，來往君家伯
> 仲間。未厭冰灘吼新洛，且看松雪媚南山；野梅官柳何時動，飛蓋
> 長橋待子閑。〔註52〕

此等皆是於「新洛」送往迎來，寄興感懷的作品。施元之、王十朋（1112～1171），
註解「新洛」云：「汴渠舊引黃河，元豐中始以洛水易之，謂之清汴，或謂之
新洛」〔註53〕。二人都是北宋時人，註解當爲實錄。

　　「清汴」在宋神宗時期是全新的觀念，「清汴」並非單指導引洛河，依宋
人使用習慣，導引「清流」爲「汴」地的人工河川水源都是「清汴」。如「白
溝河」本爲開封附近的無源河川，改引清流入河，以濟行運，宋人亦名曰「清
汴」，是以《玉海》將「熙寧白溝河」、「元豐清汴」同列一篇。〔註54〕有關「清

〔註50〕　（宋）歐陽忞：《輿地廣記》（臺北：國立中央圖書館，1975～1981 年），卷5。
〔註51〕　（宋）張方平：《樂全集》（收入《文淵閣四庫全書》，臺北：臺灣商務印書館，
　　　　　1983 年），卷2，〈蘇子瞻寄鐵藤杖〉。
〔註52〕　（宋）施元之：《施註蘇詩》（收入《文淵閣四庫全書》，臺北：臺灣商務印書
　　　　　館，1983 年），卷22，〈和王斿二首〉。
〔註53〕　（宋）施元之：《施註蘇詩》，卷22，〈次韻張琬〉、（宋）王十朋：《東坡詩集
　　　　　註》（收入《文淵閣四庫全書》，臺北：臺灣商務印書館，1983 年），卷13，〈和
　　　　　王斿二首〉。
〔註54〕　（宋）王應麟：《玉海》（臺北：華文書局，1983 年，慶元路儒學刊本），卷
　　　　　22，〈熙寧白溝河、元豐清汴〉，頁44～45。

「汴」的觀念與實務的變化，將在第五章進一步討論。

宋初汴河一線，由河陰派分黃河直至盱眙入淮，通過地區含蓋二府四州二十四縣，〔註55〕然而導洛通汴工程將汴口由黃河改到洛河，路線產生變化。宋宣和四年（1122），李長民上〈廣汴都賦〉云：

> 語汴渠之駛分，則自鞏而東，達時門，抵宣澤，障洪河之濁流，導溫、洛之和液。中貫都城，偃若雲霓，泝湍悍而不窮，上接雲漢之無倪。〔註56〕

實指汴河新線自鞏縣而東，鞏縣自然包括在內。孟元老《東京夢華錄》追述北宋亡國前汴京的盛況，也記載「汴河，自西京洛口分水入京城，東去至泗州入淮」。〔註57〕京西洛口係鞏縣轄地，鞏縣隸於河南府。汴河由此而東，必然經過氾水縣，其縣廢置不常，元豐三年置縣，隸孟州，〔註58〕歐陽忞《輿地廣志》指氾水縣有氾水關，〔註59〕即導洛通汴取道之處。由此再向東亦經滎澤縣，一作滎陽縣，其因係宋代區域劃分頻仍，地名隨時變異，樂史《太平寰宇記》載鄭州有滎澤，〔註60〕無滎陽，王存《元豐九域志》有滎陽，無滎澤，後者成書於導洛清汴工程之後，所記地理即客觀的呈現汴河新線，「鄭州」條記載：

> 上，原武，州北六十里，四鄉，楊橋、陳橋二鎮，有黃河、汴河。
> 中，滎陽，州西北四十五里，二鄉，有廣武山、敖山、黃河、汴河、

〔註55〕 按：汴河路線前人已有詳細研究，茲不贅述。參見（日）青山定男：〈唐宋汴河考〉，收入氏著《唐宋時代の交通と地誌地圖の研究》（東京：吉川弘文館，1963年）。

〔註56〕 （宋）王明清：《玉照新志》（收入《景印文淵閣四庫全書》，臺北：臺灣商務印書館，1983年），卷3；（宋）王明清：《揮麈餘錄》（收入《宋代史料筆記叢刊》，北京：中華書局，1961年），〈廣汴都賦〉。按：（宋）王應麟：《玉海》，卷16，〈宋朝四京‧東京〉，頁35，記宣和四年六月。（元）沈季友：《橋李詩繫》（收入《景印文淵閣四庫全書》，臺北：臺灣商務印書館，1983年），卷2，作宣和元年，疑誤。

〔註57〕 （宋）孟元老撰，鄧之誠注：《東京夢華錄注》（香港：商務印書館，1961年），卷之1，〈河道〉，頁27。

〔註58〕 （宋）王存：《元豐九域志》，卷5。按：慶歷三年以氾水縣隸河南府，四年復舊。熙寧五年省氾水縣為鎮，入河陰。元豐三年復置氾水為縣。

〔註59〕 （宋）歐陽忞：《輿地廣記》，卷9。

〔註60〕 （宋）樂史：《太平寰宇記》（收入《續修四庫全庫》，上海：古籍出版社，1995年），卷9。

　　滎澤金堤。〔註61〕

原武爲汴河所經，前人已有論述，滎陽則闕，原因不詳。按《元豐九域志》雖載「元祐元年滎陽、滎澤、原武三鎮復爲縣」，〔註62〕卻未繫滎澤縣。另據北宋末年歐陽忞《輿地廣志》則有滎澤縣、滎陽縣二條，滎澤縣有廣武山，即清汴取道處。〔註63〕對比前後資料，則可知係北宋區域調整，由滎陽再細分爲滎澤、滎陽，滎澤則是清汴水路所在，而滎陽則不計入汴河路徑。

　　因此，宋朝末年汴河的路線必須重新釐定，由二府四州二十四縣調整爲三府五州二十六縣。其路徑如下（詳圖一）：

　　三府：河南府、開封府、應天府。

　　五州：孟州、鄭州、亳州、宿州、泗州。

　　二十六縣：鞏縣、汜水縣、滎澤縣、河陰縣、管城縣、原武縣、陽武縣、中牟縣、祥符縣、開封縣、陳留縣、雍邱縣、襄邑縣、寧陵縣、宋城縣、穀熟縣、下邑縣、酇縣、永城縣、臨渙縣、符離縣、蘄縣、靈壁縣、虹縣、臨淮縣、盱眙縣。

〔註61〕　（宋）王存：《元豐九域志》（臺北：國立中央圖書館，1975～1981 年），卷 1。

〔註62〕　（宋）王存：《元豐九域志》，卷 1。

〔註63〕　（宋）歐陽忞：《輿地廣記》，卷 9。

第二章　汴河的規模與管理維護制度

第一節　汴河的規模與設施

　　汴河貫穿黃淮平原，係連繫黃河與淮河的交通要道，不過它引黃河爲水源的條件限制下，造成規模不一與設施時有變化。大體而言，宋初汴河規模與隋唐之時差異不大，隨著倚賴汴河漕運日深，積年累月，無論是河道的淤淺與河堤的侵蝕，都會導致相關規模的改變。而宋人累積治河的經驗，逐漸發展出新的治河觀念，也形成新的設施來源，相關變化實難一言以概之，茲以汴河的規模與設施分述於後。

壹、汴河的規模

一、深　度

　　宋初汴河深度規畫爲六尺，如《宋史・河渠志》記載：「每歲自春及多，常於河口均調水勢，止深六尺，以通行重載爲準」。〔註1〕不過，北宋早期述及汴河運輸者，大抵認爲水深五尺即可通行漕運。眞宗大中祥符八年（1015）八月，太常少卿馬元方爲降低汴河維護成本，奏請疏浚汴河中流，「闊五丈、深五尺」，〔註2〕以通行漕運；神宗元豐元年（1078）范子淵上導洛通汴十利也提到「大約汴舟重載，入水不過四尺，今深五尺，可濟漕運」〔註3〕，可見

〔註1〕　《宋史》，卷93，〈河渠三・汴河上〉，頁2316。
〔註2〕　（清）徐松：《宋會要輯稿》（以下簡稱《宋會要》，臺北：新文豐出版公司，1976年），〈方域〉16之4；《宋史》，卷93，〈河渠三・汴河上〉，頁2321。
〔註3〕　《宋史》，卷94，〈河渠四・汴河下〉，頁2328；（宋）李燾：《續資治通鑑長

汴河水深六尺爲早期的基準值，五尺可視爲下限值。

　　不過汴河整治工程並無統一的標準，如神宗元豐二年（1079）的導洛通汴工程（清汴工程），取水深一丈；〔註4〕徽宗政和年間（1111～1118），汴河水大段淺澀，有妨綱運。詔令「藍從熙差人前去洛口調節水勢，須管常及一丈，不得有妨漕運」〔註5〕，此「洛口」即「清汴」取洛水口，二者皆指洛口至京師部位取水深一丈。又元豐三年（1080）導洛通汴司發現水源不足，汴河實施狹河工程，水深亦大幅提升，雖未細言深度，亦應有一丈之規模。〔註6〕

　　過去研究引元豐三年神宗所云之「八尺五寸」資料，認爲此是汴河的標準深度，〔註7〕除了未注意到《宋史》的確切記載外，也忽略了北宋之時汴河條件的改變，其時淮南運河廢堰爲閘，載重量雖有提升，但仍受限於北方的汴河迅急，迨至元豐二年實施導洛通汴工程後，汴河水勢平緩，載重量大幅提昇，因此方有次年神宗御批「今汴流京岸止深八尺五寸，應接向東重綱，方得濟辦」的史料云云。〔註8〕

　　汴河深度的改變也可由緊急防汛標準的更動看出，仁宗天聖四年（1026）的「七尺五寸」爲準，神宗熙寧、元豐年間先後爲「一丈二尺」與「一丈三尺二寸」（詳後），可見汴河標準深度的基準值已有調整，相關的因應制度亦隨之改變。

二、寬　度

　　前述馬元方奏請「疏汴河中流闊五丈，深五尺」，或有可能引致誤解，所謂「中流」，應指河流寬幅之可供行運的中間部位。由於汴河積年侵蝕隄岸，以致河幅日廣，整治方式不一，寬度自然會隨時間的不同而有所差異。目前學者推測汴河的寬度在百尺至一百五十尺之間。〔註9〕

編》（北京：中華書局，2004年），卷297，「元豐二年三月庚寅」條，頁7224；《宋會要》，〈方域〉16之11。

〔註4〕　《宋會要》，〈方域〉16之12。

〔註5〕　《宋會要》，〈方域〉16之18，「六月四日」條，年代不詳。

〔註6〕　《長編》，卷302，「元豐三年二月丙午」條，頁7354；《宋會要·方域16之15》。

〔註7〕　（日）青山定男著，張其春譯：〈唐宋汴河考〉，《方志月刊》，第7卷第10期（1934年10月），頁30～31。

〔註8〕　《宋會要》，〈方域〉16之15；《長編》，卷302，「神宗元豐三年春正月乙丑朔」條，頁7342。

〔註9〕　（日）青山定男著，張其春譯：〈唐宋汴河考〉，頁30。按：譯者將百五十尺

　　根據史料，北宋初期仿隋代運河規模，「河寬四十步」，〔註10〕《司馬法》指「兩舉足曰步」，而步距歷代記敘有異，古代有一步六尺，或六尺四寸之說，〔註11〕其關鍵當是古代尺度與後代基準不同所致。然而唐、宋率以一步五尺立論，〔註12〕則汴河寬幅當在兩百尺之距。又司馬光（1019～1086）《涑水紀聞》記嘉祐六年（1061）狹河之役以一百五十尺為度，有云：

　　　　汴，張鞏大興狹河之役，使面俱闊百五十尺，所修自東京抵南京；

　　　　以東已狹，不更修也。〔註13〕

另據《宋史‧河渠志》謂此役河寬六十步，則寬幅又在三百尺之距。〔註14〕兩說中當以司馬光為是。理由有二：一是此役既言狹河，相較於初建時仿隋朝四十步，二百尺的規模，此時河幅理應無須寬至三百尺，當以一百五十尺為是。二是後期的狹河河幅俱不大，如元豐二年實施導洛河清水入汴以助行運，水源有不足的迹象，翌年，都大提舉導洛通汴司建議狹河以提昇水位，取水面闊八十尺以上，束水水面闊四十五尺，神宗裁定狹河面闊以百尺為度。〔註15〕

　　據此而論，汴河寬度在一百尺至二百尺之間，且視功能、時間及利用狀況而有不同，當較為中肯之論。

三、汴河長度、高低落差

　　汴河實際總長度，以及水位落差一直沒有客觀的數據。史料記載每年春天，勾當汴口官員由黃河泛漲及退灘情形，相度地勢，再決定開鑿汴口位置，因而汴口至京師地分距離不定。目前唯一見諸記載者為京師至泗州，測量者為沈括（1031～1095）。

　　　　誤植為五百尺，據原作改。詳（日）青山定男：〈唐宋汴河考〉，頁41。

〔註10〕《宋史》，卷93，〈河渠三‧汴河上〉，頁2316。

〔註11〕《禮記注疏》（收入《十三經注疏》，一八一五年阮元刻本），〈王制〉，卷13，頁268，有載：「正義曰：古者八寸為尺，今以周尺八尺為步，則一步有六尺四寸」。又（清）王先謙：《莊子集解》（北京：中華書局，1987年），卷6，〈雜篇‧庚桑楚第二十三〉，頁196，釋文「六尺為步」。

〔註12〕《宋史》，卷149，〈輿服一‧記里鼓車〉，頁3493，有云：「……以古法六尺為步，三百步為里，用較今法五尺為步，三百六十步為里。」又（清）董誥等：《全唐文》（北京：中華書局，1987年），卷638，〈李翱五‧平賦書并序〉，頁6438，指「五尺謂之步」。

〔註13〕（宋）司馬光：《涑水記聞》（收入《唐宋史料筆記叢刊》，北京：中華書局，1989年），卷9，〈大興狹河之役〉，頁166。

〔註14〕《宋史》，卷93，〈河渠三‧汴河上〉，頁2322。

〔註15〕《長編》，卷303，「元豐三年四月庚戌」條，頁7383。

神宗元豐初，宋廷議改疏洛水入汴，沈括受命出使，按行汴渠，自京師上善門測量至泗州淮口，凡八百四十里一百三十步，京師地勢比泗州凡高十九丈四尺八寸六分。他自稱測量法如下：

> 驗量地勢，用水平望尺幹尺量之，不能無小差。汴渠堤外，皆是出土，故溝水令相通，時爲一堰節其水，候水平，其上漸淺涸，則又爲一堰，相齒如階陛，乃量堰之上下水面，相高下之數會之，乃得地勢高下之實。〔註16〕

沈括的測量方式爲歷史上第一次地形測量，不但爲平面測量，而且爲地形測量。測量地面高下之法，雖不盡善，苟所築之堰極爲平直，當不致有大差誤。其所用之尺，雖未必精密，但計高度已至於分寸，益見其行事不苟且，頗爲近代學者竺可楨推崇。〔註17〕可見沈括的測量數值，誤差應不致太大，頗可參考。

四、隄岸寬度

汴河隄岸的建設，除爲基本之防護功能外，另一重點爲便利行人車馬往來，因而保留隄面以供通行，北宋早期並未有相關記載，至哲宗紹聖親政後，重振清汴工程，對汴河管理較爲重視，始有相關規定。

紹聖四年（1097）七月，哲宗御批：「沿汴兩岸房廊，除隄面依條留一丈五尺外，應地步並交割與京城所」〔註18〕。紹聖五年（1098）十二月，又統一規定：一、京城內汴河兩岸，各留一丈五尺爲隄面，官私不得侵占。二、「京城內汴河隄岸人戶，輒有侵占者，許人經都提舉汴河隄岸司告」，「檢定送開封府，其賞錢乞先以雜收錢代支，卻於犯人理還」。〔註19〕可見京師地界一丈五尺爲隄面基本規制，並嚴禁百姓侵佔。

由此觀之，汴河堤面不廣，又須提供往來商旅通行，故有些許限制，如宋初規定汴堤商旅不得以牛驢拉挽舟船，但若全盤規定須以人力拉縴，除成本耗費，亦不合人道考量，真宗景德四年（1007）七月，始詔令所在官司不

〔註16〕（宋）沈括：《夢溪筆談》（上海（北京）：中華書局，1959 年），卷 25，〈雜誌二〉，頁 795～796。

〔註17〕竺可楨：〈北宋沈括對於地學之貢獻與紀述〉，《科學》，第 11 卷第 6 期（1926年），頁 797。

〔註18〕《長編》，卷 489，「紹聖四年七月辛酉」條，頁 11610～11611。

〔註19〕《長編》，卷 493，「紹聖五年十二月壬寅」條，頁 11716。

得禁止。〔註 20〕再者,堤岸上既可供行人、車馬通行,故設有短垣以護行人、車馬,並開缺以供舟人繫纜。據王明清《揮麈後錄‧汴水湍急》記載:

> 汴水湍急,失足者隨流而下,不可復活。舊有短垣,以限往來,久而傾圮,民佃以爲浮屋。元祐中,方達源爲御史,建言乞重修短垣,護其堤岸。疏入報可,遂免淪溺之患。……奏疏見其家集中,用載於此:「……今汴堤修築堅全,且無車牛濘淖,故途人樂行於其上。然而汴流迅急,墜者不救。頃年並流築短牆爲之限隔,以防行人足跌、乘馬驚逸之患,每數丈輒開小缺,以通舟人維纜之便,然後無殞溺之虞。比來短牆多隳,而依岸民廬,皆蓋浮棚,月侵歲展,岸路益狹,固已疑防患之具不周矣。近軍巡院禁因有馳馬逼墜河者,果於短牆隳圮之處也。又聞城內續有殞溺者。蓋由短牆但係河清兵士依例修築,而未有著令,故官司不常舉行。欲望降指揮,京城沿汴南北兩岸,下至泗州,應係人馬所行汴岸,令河清兵士並流修牆,以防人跌馬驚之患,每數丈聽小留缺,不得過二尺。或有圮毀,即時循補。其因裝卸官物權暫拆動者,候畢即日完築。或有浮棚侵路,亦令徹去。委都水監及提舉河岸官司常切檢察,令天下皆知朝廷惜一民之命,若保赤子,聖時之仁術也。〔註 21〕

按其本末,則知早期京師地帶汴河兩岸,有短牆以維護行人、車馬之安全,然日久失修,頗爲百姓侵佔,故而方達源建議,自京至泗州兩岸依例由河清兵士修築短牆,「每數丈聽小留缺,不得過二尺」,若有圮毀、拆動,應即時完復,百姓浮棚侵奪路權者,亦令撤去,並列爲常規。

貳、汴河的設施

汴河設施類別繁多,有河道之基本設施,如堰、牐等;亦有隨河事觀念而變異者,如虛堤、水澨、滲水塘等,茲分條解釋如下。

一、堰、牐

「堰」爲擋水之土堤,如北宋末年,向子諲(1085~1152)受命整治運河,追溯運河結構變化,他說道:

〔註 20〕《宋會要》,〈方域〉16 之 2。
〔註 21〕（宋）王明清:《揮麈後錄》（收入《宋代史料筆記叢刊》,北京:中華書局,1961 年）,卷 7,〈汴水湍急〉,頁 167~168。

運河高江、淮數丈，自江至淮，凡數百里，人力難濬。昔唐李吉甫
廢牐置堰，治陂塘，洩有餘，防不足，漕運通流。發運使曾孝蘊嚴
三日一啓之制，復作歸水澳，惜水如金。比年行直達之法，走茶鹽
之利，且應奉權倖，朝夕經由，或啓或閉，不暇歸水。又頃毀朝宗
牐，自洪澤至召伯數百里，不爲之節，故山陽上下不通。欲救其弊，
宜於眞州太子港作一壩，以復懷子河故道，於瓜洲河口作一壩，以
復龍舟堰，於海陵河口作一壩，以復茱萸、待賢堰，使諸塘水不爲
瓜洲、眞、泰三河所分；於北神相近作一壩，權閉滿浦牐，復朝宗
牐，則上下無壅矣。〔註 22〕

據此而論，「堰」、「牐」有替代性，「堰」爲固定性的土堤，「牐」爲活動式的
水門，二者皆有調節水位的功能。

「堰」又稱「埭」，以泥土建構爲主，間亦有以石爲堰者，有學者稱之爲
「硬堰」，以與臨時以草屯紮的「軟堰」對稱。〔註 23〕如神宗元豐三年間，宋
人導洛通汴後，因應汴河淺澀，曾臨時設置「草屯浮堰」以提昇水位，是年
五月，大行狹河之役後，即行撤除。〔註 24〕顯然「草屯浮堰」爲應急處置，
非爲常設結構。按汴口每年冬季閉塞，故亦有「汴口堰」。宋代猶留有古堰：
「梁公堰」，李吉甫《元和郡縣志》卷六云：

汴口堰在縣西二十里，又名梁公堰。隋文帝開皇七年，使梁睿增築
漢古堰，過河入汴也。〔註 25〕

王應麟（1223～1296）《困學紀聞》卷十六亦云：

汴水梁公堰。劉晏疏浚汴水見宇文愷梁公堰。《通典》：汴口堰在河
陰縣西二十里，又名梁公堰。隋開皇七年，使梁睿增築漢古堰，過
河入汴。〔註 26〕

〔註 22〕《宋史》，卷 96，〈河渠六·東南諸水上〉，頁 2389～2390。
〔註 23〕參見（日）池田靜夫：〈宋代水運の研究〉，《文化》，第 5 卷第 5 號，昭和十
三年五月。
〔註 24〕《長編》，卷 304，「元豐三年五月癸亥朔」條，頁 7392；《宋會要》，〈方域〉
16 之 16。
〔註 25〕（唐）李吉甫：《元和郡縣志》（收入《文淵閣四庫全書》，臺北：臺灣商務印
書館，1983 年），卷 6。（唐）杜佑著，王文錦等點校：《通典》（北京：中華
書局，1988 年），卷 177，〈河南府洛州〉，頁 4657。
〔註 26〕（宋）王應麟：《困學紀聞》（收入《四部叢刊三編》，上海：上海商務印書館，
1936 年，元刊本），卷 16。

可見梁公堰早已失去調節汴水的功能。

　　「牐」，一作「閘」，係指可適時開關，用以調節流量的水門。如元豐元年范子淵上導洛通汴十利，建議「每百里置木牐一，以限水勢」，〔註27〕顯見「牐」有調節水勢的功能，與「堰」功能一致，惟「牐」爲活動式的，「堰」爲固定式。

二、斗門、水門

　　「斗門」，乃指隄岸中洩水的閘門，故而應舜臣指「水大則泄以斗門」，〔註28〕爲調節水流的設施之一。如熙寧六年（1073）十月，宋廷討論汴河斗門減水功能如下：

　　　　汴河隄岸司言：「汴水添漲，其京西四斗門分減不退，以致開決隄岸。今近京除孔固斗門減水，下入黃河，雖有孫賈斗門減水入廣濟河，然下尾窄狹，不盡吞伏。乞萬勝鎮舊減水河、汴河北岸修立斗門，開淘舊河，創開生河一道，下合入刁馬河，役夫一萬三千六百四十三人，一月畢工。」從之。〔註29〕

又如天聖六年（1028），勾當汴口康德輿言：

　　　　行視陽武橋萬勝鎮，宜存斗門。其梁固斗門三宜廢去，祥符界北岸請爲別竇，分減溢流。〔註30〕

對比前後文，可見「斗門」者，有洩水調洪的功能，且其位置亦必於隄岸之上。其異辭爲「蚪門」，如神宗熙寧五年（1072）九月有云：

　　　　詔司農寺出常平粟十萬石，賜南京、宿、亳、泗州，募飢人浚溝河，遣檢正中書刑房公事沈括專提舉，仍令就相視開封府界以東沿汴官私田，可置蚪門引汴水淤溉處以聞。〔註31〕

此「蚪門」與「斗門」無異。

　　惟亦有作「陡門」者，沈括《夢溪筆談》記載：

　　　　出使至宿州，得一石碑，乃唐人鑿六陡門，發汴水以淤下澤，民獲其利，刻石以頌刺史之功。〔註32〕

〔註27〕《宋史》，卷94，〈河渠四・汴河下〉，頁2327～2328。
〔註28〕《宋史》，卷93，〈河渠三・汴河上〉，頁2323。
〔註29〕《長編》，卷247，「熙寧六年十月是月」條，頁6033。
〔註30〕《長編》，卷340，「仁宗天聖六年十月壬申」條，頁8191～8192。
〔註31〕《長編》，卷238，「熙寧五年九月壬子」條，頁5796。
〔註32〕（宋）沈括：《夢溪筆談》，卷24，〈雜誌一・熙寧中〉，頁755。又（宋）江

文中所指「六陡門」,「六」乃量詞,「陡門」乃名詞,其功能與斗門無殊。又如《明史》有云:「在漕河西者曰水櫃,東者曰陡門,櫃以蓄泉,門以洩漲」,〔註33〕「陡門」顯即「斗門」之同義詞,明清習用,史料繁多,茲不贅言。〔註34〕

斗門依功能分類有二種,(一)引水斗門:如神宗導洛通汴工程,梁燾即發現「洛水不足,遂于氾水斗門以通木筏爲名,陰取河水益之」,〔註35〕故而氾水斗門爲引水斗門。另一方面汴口每年修築,早期亦取「斗門」設計。如顯德六年(960)二月,周世宗「命王朴如河陰按行河隄,立斗門於汴口」即是明證。〔註36〕

(二)減水斗門:即在斗門後設渠道,疏導洪流入減水河或低漥地。史料中可見者,如梁固斗門,《宋會要》,〈方域〉一六之五云:

> (天禧)二年六月,汴水漲九尺,遣臣詣萬勝梁固斗門,諭勾當使臣均調水勢,無致泛溢。

又有孔固斗門、孫賈斗門,《長編》「熙寧六年(1073)十月是月」條記載:

> 詔都大提舉大名府界金隄范子淵等開修直河。汴河隄岸司言:「汴水添漲,其京西四斗門分減不退,以致開決隄岸。今近京除孔固斗門減水,下入黃河,雖有孫賈斗門減水入廣濟河,然下尾窄狹,不盡吞伏。乞萬勝鎮舊減水河、汴河北岸修立斗門,開淘舊河,創開生河一道,下合入刁馬河,役夫一萬三千六百四十三人,一月畢工。」
> 從之。〔註37〕

其它又有魏樓、滎澤等斗門,亦爲北宋汴河的重要洩洪管道。〔註38〕

「水門」,宋人習稱之水門,實係開放型態的「水柵」。唐建中二年

少虞:《宋朝事實類苑》(上海:上海古籍出版社,1981年),卷58,〈淤田〉,頁764,亦摘錄本文。

〔註33〕 (清)張廷玉:《明史》(臺北:鼎文書局,1980年,新校本),卷85,〈河渠三‧運河上〉,頁2081。

〔註34〕 (清)崑岡:《大清會典事例》(北京:中華書局,1991年),卷929,〈工部六八‧水利六‧浙江〉,頁669。(清)趙爾巽等:《清史稿》(臺北:鼎文書局,1981年),卷129,〈河渠四‧直省水利〉,頁3843,有云:「襄陽河四面隄畔,應用磚石多砌陡門,夏令相機啓閉」,皆爲明證。

〔註35〕 《長編》,卷297,「元豐二年三月庚寅」條,頁7223。

〔註36〕 (宋)薛居正:《舊五代史》,卷128,〈王朴〉,頁1681。

〔註37〕 《長編》,卷247,「熙寧六年十月是月」條,頁6033。

〔註38〕 《宋會要》,〈方域〉16之16～17。

（781），唐廷任永平節度使李勉兼汴州刺史，重築汴州城，將汴河圈進城內，其時汴河尚未有水門，出入無阻。德宗貞元十四年（798），宰相董晉任職宣武節度使期間，修築汴州城的汴河水門，其時韓愈（768～824）爲董晉幕僚，曾作〈汴州東西水門記〉。〔註39〕

汴京爲首善之區，爲避免奸細或宵小由水道非法進出，夜間必須放下水門。由於不能斷絕汴水流注東下，故而屬於柵欄式。孟元老《東京夢華錄》記載：

> 東都……。東城一邊，其門有四：東南曰東水門，乃汴河下流水門
> 也。其門跨河，有鐵裏窗門，遇夜如閘垂下水面，兩岸各有門，通
> 人行路，出柺子城。……次曰西水門。汴河上水門也。〔註40〕

可知「東水門」、「西水門」皆爲汴河之設施，「其門跨河，有鐵裏窗門，遇夜如閘垂下水面」，可見是防盜、防止走私之用〔註41〕；又「兩岸各有門，通人行路，出柺子城」，皆是門禁管理的設計。

三、橋　樑

爲便捷汴河兩岸交通，故有橋梁之設計，而此橋配合河寬四十步之距，長度理應相當可觀。北宋末期汴河的橋樑極多，單以汴京即有橋樑十三座，孟元老《東京夢華錄》記載：

> ……中曰汴河。自西京洛口分水入京城，……。自東水門外七里，
> 至西水門外，河上有橋十三。從東水門外七里，曰虹橋，其橋無柱。
> 皆以巨木虛架。飾以丹艧，宛如飛虹，其上下土橋亦如之。次曰順
> 成倉橋，入水門裏曰便橋，次曰下土橋，次曰上土橋，投西角子門
> 曰相國寺橋，次曰州橋（天漢橋），於大內御街，其橋與相國寺橋，
> 皆低平不通舟船，唯西河平船可過，其柱皆青石爲之，石梁石笋楯
> 欄，近橋兩岸，皆石壁雕鐫海馬水獸飛雲之狀，橋下密排石柱，蓋
> 車駕御路也。州橋之北岸御路，東西兩闕，樓觀對聳，橋之西有方
> 淺船二隻，頭置巨幹鐵鎗數條，岸上有鐵索三條。遇夜絞上水面。

〔註39〕（唐）韓愈：《韓昌黎集》（收入《景印文淵閣四庫全書》，臺北：臺灣商務印
　　　　書館，1983年），卷13，〈東西水門記〉。

〔註40〕（宋）孟元老撰，鄧之誠注：《東京夢華錄注》，卷1，〈東都外城〉，頁1。

〔註41〕按：北宋設官有職司「汴河上下鎖」者，其目的在「掌收舟船木筏之征」，可
　　　　見亦有防止走私之用。詳見（宋）馬端臨：《文獻通考》，卷56，〈職官十・太
　　　　府卿少卿・主簿〉，頁509。

> 蓋防遺火舟船矣。西去曰浚儀橋，次曰興國寺橋（亦名馬軍衙橋），
> 次曰太師府橋。（蔡相宅前）。次曰金梁橋，次曰西浮橋（船爲之橋，
> 今皆用木石造矣），次曰西水門便橋，門外曰橫橋。〔註42〕

則知其材料或石或木，或木石混搭所在皆有，其型式則有浮橋、平橋、飛橋
三種。

（一）浮　橋

汴河河面廣闊，爲提供兩岸之便捷交通，宋人初設浮橋以因應之。其橋
多以船固定於渡口，船上舖木板，以組合成臨時橋面，故稱「浮橋」。首創
於開寶七年（975），爲江南布衣樊若水之建議，〔註43〕其法便捷，適合河面
廣大者，此後各地亦有設置，如泗州有浮橋之設，已可供馬通行。〔註44〕唯
設計不當，亦損舟船，眞宗大中祥符元年（1008），通津門外新置汴河浮橋
一座，未及半年，累損公私船隻，經過之際，人皆憂懼，是以拆除。〔註45〕
再者，開遠門外亦有浮橋一座，元豐二年（1079）十二月之際，方拆除改建
爲土橋；〔註46〕《東京夢華錄》又記有「西浮橋」一座，舊以船爲之橋，〔註
47〕足證浮橋之設起源甚早，亦以簡便之故，至北宋末年方逐步修正爲虹橋
之類。

（二）平　橋

「平橋」，其橋有柱，以東京州橋爲代表。州橋，正名「天漢橋」。橋柱
皆以青石打造，因係車駕御路，故橋下密排石柱。〔註48〕正由於係石柱平
橋，船舶通行不易，故而以州橋爲界，將船分爲西河船與東河船。東河船爲
大型漕船，吃水量深，無法通行。西河船小，可以通行。故而蘇轍有「汴河
自京城西門至洛口水極淺，東南綱船底深，不可行」之語〔註49〕。由於州橋
位置特殊，管理特別嚴格，尤其爲了防火，河面備有方淺船二隻，頭置巨幹

〔註42〕　（宋）孟元老撰，鄧之誠注：《東京夢華錄注》，卷1，〈河道〉，頁27～28。
〔註43〕　《宋會要》，〈方域〉13之19。
〔註44〕　《宋會要》，〈方域〉13之19。大中祥符四年六月條。
〔註45〕　《宋會要》，〈方域〉13之20。
〔註46〕　《宋會要》，〈方域〉13之23；《長編》，卷301，「元豐二年十二月己未」條，
　　　　　頁7333。
〔註47〕　（宋）孟元老撰，鄧之誠注：《東京夢華錄注》，卷1，〈河道〉，頁27。
〔註48〕　（宋）孟元老撰，鄧之誠注：《東京夢華錄注》，卷1，〈河道〉，頁27。
〔註49〕　（宋）蘇轍撰，俞宗憲點校：《龍川略志》（收入《唐宋史料筆記叢刊》，北京：
　　　　　中華書局，1982年），卷5，〈言水陸運米難易〉，頁29～30。

鐵槍數條，岸上有鐵索三條，遇夜絞上水面，蓋防遺火舟船漫燒下游之設計。
〔註50〕

（三）飛　橋

「飛橋」，又名「虹橋」，爲無腳橋式。眞宗天禧元年（1017），內殿承制魏化基即有建言，當時以造價太高未被推廣。〔註51〕及至仁宗時，夏竦（985～1051）守青州，得一牢城廢卒，修橋成功，其橋「疊巨石固其岸，取大木數十相貫，架爲飛橋，無柱」。此後爲宿州知州陳希亮（1000～1065）取法，俗曰：「虹橋」。〔註52〕此次的成功，宋廷大爲獎賞外，並下令「自畿邑至于泗州，皆爲飛橋」。〔註53〕

張擇端「清明上河圖」所呈現的虹橋栱柱由五排巨木成拱骨，互相搭架，每根拱骨擱于另二根拱骨的橫木，再以繩絪紮。故汴河漕船或其它大船，可以由此通過東水門，穿過上下土橋，而直達相國寺前。就橋面設計觀察，虹橋上有攤販，行人亦多，可能上鋪木板，又由開遠浮橋改爲上土橋的用詞，或有可能鋪上薄土層，以利人馬通行。〔註54〕

四、虛堤、水溏、水櫃

「虛堤」，即採取緩和的方式滲取汴河之水備用的河堤，始見於熙寧八年（1075）水官楊琰的建議。據《宋史・河渠四》記載：

是年（神宗熙寧八年），又遣琰同陳祐甫因汴河置滲水塘，又自孫賈斗門置虛堤八，滲水入西賈陂，由減水河注霧澤陂，皆爲河之上源。
〔註55〕

則知虛堤滲水入天然水陂—西賈陂、霧澤陂。又據《宋史・河渠五》記載：

五月乙酉，右班殿直、幹當修內司楊琰言：「開封、陳留、咸平三縣

〔註50〕（宋）孟元老撰，鄧之誠注：《東京夢華錄注》，卷1，〈河道〉，頁27。

〔註51〕《宋會要》，〈方域〉13之21；《長編》，卷77，「眞宗大中祥符五年五月丙子」條，頁1765。

〔註52〕（宋）王闢之撰　呂友仁點校：《澠水燕談錄》（收入《唐宋史料筆記叢刊》・北京：中華書局，1981年），卷8，頁101。

〔註53〕《宋史》，卷298，〈陳希亮〉，頁9919。又見（宋）杜大珪：《名臣碑傳琬琰之集》（收入《景印文淵閣四庫全書》，臺北：臺灣商務印書館，1983年），中卷31，范鎮〈陳少卿希亮墓誌銘〉。

〔註54〕按：王耀庭主講，李惠華整理：〈畫中的宋人生活—從清明上河圖談起〉，《歷史月刊》，183期（2003年4月），頁11～17。

〔註55〕《宋史》，卷94，〈河渠四・廣濟河〉，頁2339～2440。

> 種稻，乞於陳留界舊汴河下口，因新舊二堤之間修築水塘，用碎甓
> 築虛堤五步以來，取汴河清水入塘灌溉。」從之。〔註56〕

則知虛堤滲水入人工水塘。而虛堤的材料為「碎甓」，即是破碎的磚片，明顯係為避免土堤為水流刷塌，乃採取「碎甓」疊砌，藉使水緩慢滲漏，故稱「虛堤」。

「水澾」，其功能為調節內外水流，取其互補，內水盛漲則自洩水於外，反之亦如是，藉以穩定水源。

元豐二年，宋廷計畫改導洛水入汴行運，由於擔心汴水無法全面承當洛河的水量，因此洛河與黃河連接的水口並未封閉，只以水澾作調控。主其事者宋用臣建議如下：

> ……即洛河舊口置水澾，通黃河，以洩伊、洛暴漲之水。古索河等
> 暴漲，即以魏樓、滎澤、孔固三斗門洩之。〔註57〕

此項水澾設施材質不明。或可能以石為之，如鎮江丹陽縣，仍存有呂城石碪一座，係宋紹興七年（1137）兩浙轉運使向子諲（1085～1152）取法唐人建置。〔註58〕

「水櫃」或作「水匱」。宋初即有「水櫃」的記載，〔註59〕元豐二年導洛通汴工程用以儲備水源，主事者宋用臣建議「引古索河為源，注房家、黃家、孟王陂及三十六陂高仰處，瀦水為塘，以備洛水不足則決以入河」，〔註60〕此儲水塘即後人習稱之「水櫃」。然而元豐年間未曾以水櫃灌注清汴，且因佔壓民田飽受攻擊。〔註61〕

其它有關汴河的設施，如州縣自設取利之「鎮柵」，〔註62〕類必繁多，而史料有限，茲不殫記。

〔註56〕《宋史》，卷95，〈河渠五‧河北諸水〉，頁2372。
〔註57〕《長編》，卷297，「元豐二年三月庚寅」條，頁7223。
〔註58〕（元）俞希魯：《至順鎮江志》（收入《宋元方志叢刊》，北京：中華書局，1990年），卷2，〈地理二‧丹陽縣〉，頁2638；（宋）盧憲：《嘉定鎮江志》（收入《宋元方志叢刊》，北京：中華書局，1990年），卷6，〈地理三‧丹徒縣〉，頁2365～2366。
〔註59〕《長編》，卷2，「建隆二年二月甲戌」條，頁39。
〔註60〕《長編》，卷297，「元豐二年三月庚寅」條，頁7225。
〔註61〕（宋）蘇轍：《欒城集》，卷39，〈再論京西水櫃狀〉。
〔註62〕《宋史》，卷179，〈食貨下一‧會計〉，頁4362。

第二節　行運管理

壹、開汴規畫與祭汴口

北宋汴河以黃河為水源，然多季為黃河枯水期，故汴口需春開多閉，開鑿之際，則由汴口官擇日而定，依常理而論，每歲必有祭祀儀式。

不過，汴河殺溢無常，視狀況需求而出現的祭汴口，以祈求水源穩定的活動也所在不少，尤其真宗、仁宗時期最為頻繁。如真宗景德三年（1006）七月遣使祭汴口，以祝禱綱運順利。〔註63〕大中祥符三年（1010）六月，又因汴口淺澀，遣知制誥孫僅祭告。〔註64〕八年七月，再因河流淺澀，命知制誥劉筠（971～1031）乘傳祭汴口。〔註65〕又如仁宗慶曆元年（1041）三月，因汴流不通，遣知制誥聶冠卿（988～1042）祭河瀆廟，內侍押班藍元用祭靈津廟。〔註66〕以上皆為臨時性的祭汴口活動。

真宗大中祥符八年（1015）六月，白波發運判官林濰建議，有司擇定開汴口日期後，必須先事以聞，由朝廷遣官祭告。〔註67〕此後，每歲祭汴口活動乃有定制。目前唯一留下的祭汴文，即鄭獬（1022～10）〈祭汴文〉：

> 巨河之壖，決而東注，漕舟是賴，啓塞維時，春氣發陳，理當疏鑿，
> 神其綏闋，獲此安流。〔註68〕

又仁宗皇祐四年（1052）二月，再規定每歲汴口祭河，必須兼祠十七星。《長編》「皇祐四年二月丁亥」記載其始末如下：

> 初，司天監靈臺郎王太明言，按占書，主河、江、淮、濟、溝渠、
> 溉灌之事凡十九星，汴口祭河瀆七位，而不及星。詔司天監詳定，
> 而言：「十九星內，亢池主波水往來送迎之事，北河為契丹北戒，南
> 河為越門南戒，土司空掌土功事，皆不主江、淮、濟。太明所遺有
> 箕、斗、奎三星顓主津瀆，請與東井、天津、天江、咸池、積水、
> 天淵、天潢、水位、水府、四瀆、九坎、天船、王良、羅堰等凡十

〔註63〕 《長編》，「真宗景德三年七月己酉」條，頁1411。

〔註64〕 《長編》，卷73，「真宗大中祥符三年六月乙卯」條，頁1674。

〔註65〕 《長編》，卷85，「真宗大中祥符八年七月己未」條，頁1941。

〔註66〕 《長編》，卷131，「仁宗慶曆元年三月乙亥」條，頁3113。

〔註67〕 《長編》，卷84，「真宗大中祥符八年六月癸亥」條，頁1931。

〔註68〕 （宋）鄭獬：《鄖溪集》（收入《文淵閣四庫全書》，臺北：臺灣商務印書館，1983年），卷19，〈開撥汴口祭汴口之神河侯之神靈津之神祝文〉。

七星在天河內者，並當祠之。」汴河口祭星自此始。〔註69〕

概言之，每年汴口開鑿，必先由主管汴口官員擬訂時日通報朝廷，再由朝廷遣官祭汴口，兼祠十七星後，始行施工。唯汴河水勢不穩定，仍偶有祭汴口之儀式。

貳、汴口選擇與動員人力

黃河挾帶大量的泥沙，地形變易不定，每年汴口擇地不一，故而提舉官員必須預定擬開、次開、擬備開凡四、五處，所動員民力地區遍及沿汴州縣，如洛、孟、汝、蔡、許、鄭等。〔註70〕

其相關運作情形，史料記載不一，茲製作下表再作分析：

表一：汴口浚治表

時　　間	事　　　　件	出　　處
太祖 建隆元年春正月	汴都仰給漕運，故河渠最為急務。先是，歲調丁夫開浚淤淺，糧糧皆民自備。丁未，詔悉從官給，遂著為式。	《長編》卷1
太宗 太平興國三年正月	丁未，發卒千人，浚汴口。	《長編》卷19 《宋史》卷4
真宗 大中祥符元年正月	甲戌，以大雪停汴口、蔡河夫役，仍續其廩食。	《長編》卷68 《宋史》卷7
真宗 大中祥符四年正月	詔河南府孟、鄭州所發浚汴口役夫，今年夏稅，止令本處輸納。	《長編》卷75
真宗 大中祥符四年二月	遣中使督開浚汴口，仍犒設官屬。	《長編》卷75
仁宗 天聖九年正月	調畿內及近州丁夫五萬，浚汴渠。	《長編》卷110
仁宗慶曆二年正月	貸三京、鄭、孟、宿、亳、泗州浚汴河丁夫糧，人一斛。	《長編》卷135

依上表可知四點：（一）開浚汴口的時間不一，約在正月即開始規畫、施工。（二）濬治汴口人力的來源，以就近徵召臨近州縣的丁夫為主，士卒似

〔註69〕《長編》，卷172，「仁宗皇祐四年二月丁亥」條，頁4132。
〔註70〕《長編》，卷233，「熙寧五年五月壬辰」條，頁5655～5656。

就近支援。（三）開浚汴口事關重大，故而眞宗大中祥符四年遣中使就近監督，並不時支賜。（四）開汴役夫糧食悉從官給，若遇特殊情形，如因雪停役，仍給其廩食；又有不時施行貸糧等德政。

　　不過上表所示之士兵未明，進而言之，汴口即開鑿在黃河隄岸之上，開鑿汴口首用兵源即召用巡護黃河兵力，其兵種當參酌神宗時期汴口兵員人力的討論。熙寧八年（1075）七月，同判都水監侯叔獻（1023～1076）建議：

> 逐年開撥汴口，多創作生河，侵掘民田，廣調夫役，官司因緣爲弊。近朝廷措置，惟用岢家店舊口及邊左故道，歲減人夫、物料各以萬計。今河防無事，可以裁損。乞從本監選舉小使臣二員，勾當汴口，兼領雄武埽；減罷本埽巡河使臣、京西都大使臣各二員；所領河清、廣濟依舊以六分爲額，減罷河清二指揮。〔註71〕

熙寧十年（1077）九月權判都水監俞充認爲「汴口近經裁減，矯革過中，事難濟辦」，建議酌增人數，有云：

> ……一、汴口久來差大使臣二員，内或小使臣一員勾當，並兼京西都大巡檢汴河堤岸賊盜斗門。近歲兼管勾〔淤〕田，仍一員官高者同河陰縣兵馬都監，以便緩急差借河陰縣教兵士。……一、汴口舊管河清三指揮，廣濟、平塞各一指揮，並以八百人爲額，計四千人。昨減併平塞幷河清〔第〕三兩指揮，欲乞只將見管河清、廣濟三指揮並依添作八百人爲額，據見少人數，乞下外都水監丞司于北京以下埽分割移河清人兵千人赴汴口填配，餘數即令招填，比舊亦減一千六百餘人。〔註72〕

由此發展可知，早期養護汴口的兵員即是河清三指揮、平塞及廣濟各一指揮，合計四千人，緊急時得以調動河陰縣兵士；惟熙寧六年實施不閉汴口後，於八年裁減大量人力，案經近二年的磨合期，十年乃以河清二指揮、廣濟一指揮爲額，合計二千四百人。

〔註71〕《長編》，卷266，「神宗熙寧八年七月甲戌」條，頁6526。按：宋神宗熙寧年間積極嘗試固定汴口，以求降低維護成本，詳拙著：〈宋神宗時期汴河的利用政策與清汴工程〉，《人文與社會學報》，第4期，2004年6月，頁246～252。

〔註72〕《宋會要》，〈方域〉16之8～9。又參見《長編》，卷284，「神宗熙寧十年九月癸酉」條，頁6966。

參、行運時間

一般而言，宋初汴河行運時間除非特案考量，〔註73〕以在清明日開放通行為原則。金君卿〈僧靈辯南歸〉詩云：

> 僧如靈辯者，翹枝秀叢林，浩蕩遊九州，窮奇發清吟。巨軸謁明光，
> 朝奏暮拜恩；葈袍拂天香，珍重如腰銀。逸足不可羈，歸雲渺無根；
> 清明汴口開，一葉東南奔。故山盤冰溪，百尺數纖鱗，洗耳外名教，
> 洒然鷗鷺羣，應笑未歸客，青衫京洛塵。〔註74〕

又梅堯臣〈送少卿知宣州〉詩云：

> 汴水清明下，宣城太守行，鴨頭吳蕩綠，燕尾楚船輕。族本三陽重，
> 詩從小謝清，州民還最喜，門下舊通名。〔註75〕

綜合二詩即見汴河在清明日開放，而汴河迅急，故有「一葉東南奔」、「燕尾楚船輕」的修辭。

另一方面，神宗元豐二年導洛通汴後，因應「清汴」新局，乃調整汴河的啓閉週期與方式。元豐三年正月，三司建議：

> 發運司歲發頭運糧綱入汴，舊以清明日。自導洛入汴，以二月一日。
> 今自去冬汴水通行，不必以二月為限。〔註76〕

由此而論，汴口開放日期有三階段的變化：一、北宋初期配合國家大計，因應發運司頭運糧綱啓行，以清明日為基準通行日期，開鑿汴口，自然在此之前規畫、實施。二、導洛通汴工程期間，綱運啓行日暫定在二月一日。三、導洛通汴後汴河已可四時行運，自然不必拘泥原設定之綱運時間。

至於汴口關閉日期，當參考《宋會要》，〈方域〉一六之一一記載：

> （元豐元年）十月七日，權都水監丞范子淵言：「自來前冬至二十日
> 閉汴口，今歲閏月，較之常年已是深冬，慮大河凌牌為患，乞先期
> 閉口。」詔聽前至日半月。

可知北宋舊制規定汴河閉口在冬至前二十日，故而汴河行運時段應是清明日至冬至前二十日之間，然而仍需視黃河流冰情狀、汴河水勢，以及緊急河防

〔註73〕《長編》，卷280，「神宗熙寧十年二月甲午」條，頁6863。有云：「詔春候已深，無甚寒凍，高麗使非久起離，令都水監趣五七日開汴口。」

〔註74〕（宋）金君卿：《金氏文集》（收入《景印文淵閣四庫全書》，臺北：臺灣商務印書館，1983年），卷上，〈僧靈辯南歸〉，頁12。

〔註75〕（宋）梅堯臣：《宛陵先生集》，卷56，〈送少卿知宣州〉。

〔註76〕《長編》，卷302，「神宗元豐三年正月癸巳」條，頁7351。

之需而啓閉。

汴口啓閉日期在清明日至冬至前二十日之間，則「一歲通漕，纔二百餘日」的說法，[註77] 代表調節黃河水量的技術不佳，以致縮短了行運的時間。

迨至熙寧六年（1073）十一月，權判將作監范子奇（1068～1085）則進一步建議不閉汴口，他說：

> 汴口每歲開閉，勞人費財，不惟民力重困，兼閉口後阻絕漕運。乞每至冬，更勿閉口，以外江綱運直入汴至京，廢罷轉般，其年計必大有所增，操舟兵士自可減省，上下酒稅課利亦當以故增多，公私便利，無越於此。[註78]

不閉汴口最主要的困擾是黃河流冰入汴，影響行運，因此汴口官吏提議以木柵截口，宋廷旋即實施不閉汴口 [註79]。元豐二年（1079），進一步實施導洛通汴工程後，改汴口爲洛口，水流平緩，達成四時行運的目標。其後，哲宗元祐年間，舊黨質疑清汴工程的成效，二年復行閉洛口，五年導河水入汴，乃又有汴口；迨紹聖哲宗親政後，秉紹述新法之志，相繼恢復清汴工程的規模，[註80] 維持四時行運乃爲基本方針，以迄宋末，未有變革。

肆、河道管理

河道的管理，除隄岸設施的日常保養維護之外，在運作方面，可區分爲以下三個部分。

一、盜賊防制：汴河自京師至泗州千里，盜賊出沒，管理至爲複雜。《宋會要》，〈職官〉四八之一二六記載：

> （天聖）五年六月二十一日，同提點開封府界諸縣鎮公事張君平言：「汴河至泗州千里，隄多盜賊剽劫，雖有縣鎮監押、巡檢，又緣地理遙遠，各有煙火倉場，庫務所繫，欲乞每（缺「兩」）驛添置巡檢使臣一位，卻廢自京至楚州夾河巡檢。」樞密院請於沿汴每兩驛置捉賊使臣一員，選差，與兵卒七十人，器甲六分，人船一隻，於空迴處立廨舍，卻省夾河巡檢。從之。

[註77] 《宋會要》，〈方域〉16 之 11。
[註78] 《長編》，卷248，「熙寧六年十一月壬寅」條，頁 6039。
[註79] 《長編》，卷248，「熙寧六年十一月壬寅」條，頁 6039；《宋會要》，〈方域〉16～7。
[註80] 按：相關改革非數語可詳，請參閱第六章。

顯見沿汴治安問題嚴重，雖有縣鎮監押、巡檢不足以應其變，必須專設捉賊使臣以任其事。

　　然而上述的犯罪行為，尚不包括執法者本身的弊端，有宋一朝，官兵於汴河干冒法禁者，亦時有所聞，如汴橋為兩岸交通要道，防護之兵夫刻意刁難勒索，非朝廷所樂見，因此真宗大中祥符二年八月下詔，京城汴河諸橋差人防護，如聞邀留商旅舟船，官司不為禁止，自今犯者坐之。〔註81〕其後又立檢舉辦法，大中祥符五年規定地方「明揭賞典，募人糾告」，「緣汴護堤河清卒賊害行客，取其資財，棄屍水中」者，亦見執法者犯行之普遍。

　　至於，一般性的違規行為也有限制，如橋面搭鋪占欄有妨車馬過往，亦在禁止之列。〔註82〕

　　二、綱運糾催：押綱人員藉故稽留、偷糴拌和是漕運的普遍性弊端，也是汴河管理的重點。為此，北宋設有催綱官員，以管理糾催。如仁宗天聖元年（1023）三月之前，自京至泗州催綱原設有使臣三人職司催運的業務，之後，只令內侍曾繼華「乘遞馬往來覺察促綱運，巡捉偷糴拌和，提點地方巡河、都監、監押、巡檢、催綱使臣、令佐等」。〔註83〕「都監」、「監押」等職官，本來各有職司，對綱運經過，本不負有「鈐轄斷絕」之責。宋廷鑑於此弊，乃要求設置催綱曆以確實督導，天聖元年五月規定：

　　　　今後各於地分內促綱運，依日限出地分，及令本處使臣遞相置曆，

　　　　抄上到發月日，候催促出地分，於界首使臣處印押。如內有故，住

　　　　卻數日，亦須開說，即不得妄外取索綱運申報。〔註84〕

蓋自是都監、監押等職，亦負有催綱之責。

　　汴河綱運，端賴縴夫拉拽，綱船不得任意停留靠岸，催綱的目的在使河道運輸順暢，因此得糾舉相關妨礙行運的行為，真宗景德三年（1006）十月，提舉綱運謝德權發現「形勢船舫在岸高設檔竿，他船不可過也」，「汴水公私舟船多有阻滯」，建議規定「每有船過，并令倒檔，以便於事」，即是明證。〔註85〕

　　三、收葬流屍：汴河引黃河為源，水速甚疾，落水者殆無生理，然而流

〔註81〕《宋會要》，〈方域〉13之19～20。
〔註82〕《宋會要》，〈方域〉13之21，仁宗天聖三年正月條。
〔註83〕《宋會要》，〈食貨〉42之7。
〔註84〕《宋會要》，〈食貨〉42之8。
〔註85〕《宋會要》，〈食貨〉42之1。

屍情狀百端，非盡爲溺死者，其情狀當參考哲宗元符元年（1098）二月刑部之建議：

> 急腳馬遞鋪兵級並五人爲一保，如犯盜，及殺人、強姦、略人、放火、發塚，或棄屍水中，若博賭財物、藏匿犯盜之人，或盜匿、棄毀、私拆遞角，同保人及本轄節級知而不告者，各減犯人罪一等，不知情者減三等。又沿汴無主死屍，地分官司避申報而棄屍河中者，許人告，賞錢五貫文。……。又遭喪，本家不葬埋而棄屍于汴河中者，杖八十。係尊長者，加三等。〔註86〕

如上所述，汴河的治安問題嚴重，犯罪之人，或可能爲官方的「河清及馬遞鋪兵」。汴河流屍來源當有三個原因：一、爲姦惡之人所殺的棄屍；二、官府地分官司迴避申報的棄屍；三、遭喪本家不埋葬的棄屍。此外，自殺者、無辜墮水而溺死者，〔註87〕案例也應不少。故而，李宗鄂指「汴渠流屍，蔽河而下，暴露灘渚，魚鳥恣噉」，〔註88〕其狀甚慘。

神宗元豐三年十一月，都大提舉汴河隄岸司檢討導洛通汴工程的成效，調查發現泗州普濟院「自元豐二年七月洛水入汴，至三年閏九月止，得流屍五百四十人，比常年減千五百人」。〔註89〕由是可知每歲汴河流屍數量約在二千人左右。

宋眞宗時期始有撫卹汴河流屍的正式記錄。景德三年（1006）六月，汴水暴漲，遣使賑濟應天府水災及瘗溺死者；〔註90〕大中祥符元年（1008）五月，「詔收瘗汴、蔡、廣濟河流尸暴骸，仍致祭」。〔註91〕及至大中祥符五年（1012）收葬流屍乃成爲定制。

是時，眞宗有感於汴河流屍眾多，乃作「發願文」，遣工部郎中直集賢院

〔註86〕《長編》，卷494，「哲宗元符元年二月丁亥」條，頁11747 。

〔註87〕按：如（宋）魏泰撰，李裕民點校：《東軒筆錄》（收入《歷代史料筆記叢刊》，北京：中華書局，1983年），卷5，頁56～57，記載職方郎中胡枚判吏部南曹歲滿除知興元府不滿而投井自殺事。（宋）陸游撰，李劍雄，劉德權點校：《老學庵筆記》（收入《歷代史料筆記叢刊》，北京：中華書局，1979年），卷2，頁20，記載僧人饒德操「嘗醉赴汴水，適遇客舟，救之獲免。」

〔註88〕（宋）文瑩撰，鄭世剛、楊立揚點校：《玉壺清話》（收入《唐宋史料筆記叢刊》，北京：中華書局，1984年），卷4，頁37。

〔註89〕《長編》，卷310，「元豐三年十二月癸酉」條，頁7526。

〔註90〕《宋史》，卷7，「景德三年」，頁131。

〔註91〕《長編》，卷69，「大中祥符元年五月丙子」條，頁1544。

李建中、內殿崇班張承素齎詣泗州，依道釋二教設齋醮宣讀，及祭溺者。歲給錢百緡，修釋道齋醮各五日，為之懺滌。每一屍，官給籧篨三片，錢一鐶，置酒紙脯膳，即令收瘞，永為著式。再依宰相請，聖製刻石，就州建觀，及覓得汴水東臨淮之地，命內侍趙履信、朱允中董役，總建眾舍二百七十四區，賜名「延昌」。〔註92〕

然而，或許地方不盡落實，復有天禧二年（1018）九月管勾汴口張君平建議「收瘞汴中溺死無主名流屍」之事。〔註93〕

由犯罪防治而論，眞宗要求地方「明揭賞典，募人糾告」，「緣汴護堤河清卒賊害行客，取其資財，棄屍水中」者。〔註94〕就災害防治而言，有天禧元年九月詔：「汴渠湍悍，覆溺者多。其令緣河巡檢召習水者即時拯救，許受賞物，或溺者貧乏，以官錢給之」。〔註95〕而亡者之收葬奠祭，仍不時舉行。〔註96〕皆可見汴河流屍之多，情狀不一，方有此類的卹民措施。

第三節　整治工程

壹、整治工程的變革

宋初，汴河整治以疏濬法為主，稍堙即濬，無常規，第一次大規模的疏濬工作，見於太祖乾德二年（964）二月。〔註97〕根據沈括回憶，眞宗景德三年（1006）之前是每年開濬，自謝德權徹底貫徹疏濬工程和隄岸水土保持後，

〔註92〕　《長編》，卷79，「眞宗大中祥符五年十一月丁未」條，頁1805；（宋）文瑩撰，鄭世剛、楊立揚點校：《玉壺清話》，卷4，頁37；《宋史》，卷8，〈眞宗趙恆三〉，頁152；（宋）曾慥：《類說》（收入《景印文淵閣四庫全書》，臺北：臺灣商務印書館，1983年），卷55，〈泗水發願文〉。按：修釋道齋醮有五日、七日之別，茲依《長編》、《宋史》以五日論。

〔註93〕　《長編》，卷92，「眞宗天禧二年九月甲申」條，頁2127。

〔註94〕　《長編》，卷79，「眞宗大中祥符五年十一月戊申」條，頁1805

〔註95〕　《長編》，卷90，「眞宗天禧元年九月甲寅」條，頁2081。

〔註96〕　參見《長編》，卷90，「眞宗天禧元年十二月壬辰」條，頁2090；《宋史》，卷8，〈眞宗趙恆三・天禧元年〉，頁164；《長編》，卷92，「眞宗天禧二年九月甲申」條，頁2127；《長編》，卷102，「仁宗天聖二年二月庚午」條，頁2351；《長編》，卷518，「哲宗元符二年十一月己巳」條，頁12317：「詔汴渠內流屍，其間多非正命，其下合屬相度，令比附京西州軍添置鋪屋，差人巡邏。」

〔註97〕　《宋史》，卷1，〈太祖趙匡胤一・乾德二年〉，頁17。

建立三年一濬的週期。〔註98〕仁宗皇祐三年（1058）改爲每年一濬。〔註99〕不過，眞宗、仁宗時期，部分水臣爲節省經費，建議開減水河以及束水攻沙法，以取代正規的疏濬方式，導致北宋中期汴河的問題不斷，措置亦無常規。

貳、汴河整治法

汴河的維護方法，除了平時的種植榆柳護岸外，其作業方式概有四種：淘沙見底法、外添內補法、束水攻沙法、鐵爪龍攪泥法。

一、淘沙見底法

宋初歲役浚河夫三十萬，「主者因循，隄防不固，但挑沙擁岸趾」，眞宗景德三年（1006），命謝德權提舉其事，始重其事。

謝德權規定三點：一、須以沙盡至土爲限，棄沙隄外，遣三班使者分地以主其役。二、以大錐以試築隄之虛實，若引錐可入者，即連坐所轄官吏。三、植樹數十萬以養護隄岸。〔註100〕謝德權嚴謹精細的濬河工作，爲日後汴河的疏濬奠定基礎。孔平仲〈汴堤行〉詩曰：

> 長堤杳杳如絲直，隱以金椎密無迹；當年何人種綠榆，千里分陰送
> 行客。波間交語船上下，馬頭一別人南北；日輪西入鳥不飛，從古
> 舟車無斷時。〔註101〕

本詩引述的「隱以金椎密無迹」，即在推崇謝德權的築隄確實。

然而汴河引黃河濁流，導致淤積盛行，宋初籌辦疏濬工作並未落實。據《宋會要》，〈方域〉一六之三～四記載：

> 大中祥符五年（1013）閏十月，帝曰：「汴河有灣曲灘淺溺甚多，蓋
> 開浚之際，只依檢到功科，檢計之際，又河水益夥，不見合施功處。
> 自今須先塞上流，盡河槽內水，方行檢計。」仍差莊宅副使王承祐、
> 入內殿頭楊懷古領其事。

可知眞宗要求先塞汴口，再行檢計疏濬深淺，已成定制。那麼疏濬深淺標準何在呢？基本上，汴河疏濬應以「石板石人」爲基準。王鞏《聞見近錄》有云：

〔註98〕《長編》，卷64，「眞宗景德三年十月丁酉」條，頁1431～1432。
〔註99〕《宋會要》，〈方域〉16之2。
〔註100〕《長編》，卷64，「眞宗景德三年十月丁酉」條，頁1431～1432。
〔註101〕（宋）孔文仲、孔武仲、孔平仲：《清江三孔集》（收入《景印文淵閣四庫全書》，臺北：商務印書館，1983年），卷22，〈汴堤行〉。

> 汴河舊底有石板石人，以記其地里，每歲興夫開導，至石板石人以
> 爲則，歲有常役，民未嘗病之，而水行地中，京師內外有八水口，
> 泄水入汴，故京師雖大雨，無復水害，昔人之畫善矣。〔註102〕

仁宗天聖九年（1031）正月大舉徵調畿內及近州丁夫五萬浚汴渠之後，多年
未能徹底疏濬，皇祐年間（1049～1054），京畿一帶時有水患，三年（1051）
五月設河渠司專提舉黃、汴等河隄功料事，歲浚汴口遂成爲河渠司例行公事。
〔註103〕不過，指揮系統混亂，並未達到預期的效果。嘉祐元年（1056）右司
諫馬遵〈上仁宗議開浚汴河〉痛切指出：

> 臣竊聞本朝舊制，每歲興功開浚汴河，故水行地中而無濫溢填閼之
> 患。祥符中，巡護使臣韋繼昇表請罷修一年以省物力，又請今後三、
> 五年一浚，徒見目前苟簡之利，而不能思患於久遠。故近年以來河
> 底漸高，口地數易，水小則東南有漕運之阻；水大則京師有隄防之
> 虞，歲習爲常，人恬不怵。夫禍固藏於隱微，而發於人所忽者，暴
> 水可爲寒心，雖使橫流僅紓大患，而所殘無數百姓可哀。臣欲乞朝
> 廷指揮，自今每歲農隙之際，檢計開淘以深快爲限，縱未能一切如
> 舊，積功數年，可以濟集。〔註104〕

宋廷爲節省物力，權罷疏濬汴河，其替代方案乃是採取束水攻沙法以取代疏
濬工作，雖有一時的成效，然而日積月累，泥沙淤積情況仍然相當嚴重。

二、外添內補法

外添內補的施工方式，是不重視疏濬工作，專以增築汴隄爲事，首見於
王鞏《聞見近錄》之記載：

> 君平請權借汴夫三年，通泄積水，於是諸郡守令等始帶溝洫河道，三
> 年而奏功，凡瀦積之地爲良田。自是汴河借充他役，而不復開導；至
> 元祐五年，實七十年。又舊河並以木岸，後人止用土筏棧子，謂之「外
> 添裏補」，河身奔兌，即外補之，故河日加淺，而水行地上矣。〔註105〕

〔註102〕（宋）王鞏：《聞見近錄》（收入《景印文淵閣四庫全書》，臺北：商務印書館，
　　　　　1983年），頁11～12。

〔註103〕參見《宋史》，卷93，〈汴河上〉，頁2322；《宋會要》，〈職官〉5之42；（宋）
　　　　　王應麟：《玉海》，卷22，〈宋朝四渠〉，頁24～25。

〔註104〕（宋）馬遵：〈上仁宗議開浚汴河〉，《宋名臣奏議》（收入《文淵閣四庫全書》，
　　　　　臺北：商務印書館，1983年），卷127，頁2～3。

〔註105〕（宋）王鞏：《聞見近錄》（收入《景印文淵閣四庫全書》，臺北：臺灣商務印

只挖深河道中流，將開淘泥沙堆積於隄岸內岸，並不耐水流沖刷，自然成效有限，此即後人所說外添內補之「內補」。「外添」則是因「內補」效果有限，爲免潰決，由外增補隄岸，乃形成「外添」，都是便宜行事的結果。

不過王鞏指七十年未疏濬的說法未免誇大，按皇祐三年（1051）即有每年疏濬的規定，真正造成問題層出不窮者，仍爲黃河，它帶來源源不絕的泥沙，以致開淘不盡，積年累月，汴河「河底皆高出堤外平地一丈二尺餘，自汴堤下瞰民居，如在深谷」。〔註106〕孔武仲（1041～1097）〈堤下詩〉曰：

> 堤下人家喧笑語，高揭青帘椎瓦鼓，黃流滾滾經簷甍，一任征夫作
> 船苦。綠榆覆水平如杯，前灣旋放水頭來，深如怒虎著船底，玉石
> 磊砢相喧豗。黃河雖斷隋渠急，舟楫舒遲行旋澀，獨上平堤望遠天，
> 衣裳已畏西風入。〔註107〕

由「黃流滾滾經簷甍」知，汴河河底高與屋簷齊，非爲聳人聽聞的說法。

若汴河潰決，則百姓難攖其鋒，宋廷的做法大抵以增築堤岸爲事，熟知汴河利害者大爲憂心。仁宗至和二年（1055）八月，侍御史趙抃（1008～1084）奏云：

> 內臣孳晝奏請於在京汴河兩畔增築堤岸，大段高闊，以防決溢之患，
> 見下三司相度，併係開封府縣、東西排岸、八作、壕寨等司檢計施
> 行次日。近自有此行遣以來，沿汴兩邊居民戶口非常驚動騷擾，日
> 夕洶洶，……。夫河防爲害，須順其情性，在聖朝時，歲歲開濬就
> 深通行。後數十年，泥滓漲淤，官司因循，以役民爲重困，監轄僥
> 倖以省工得恩澤。今汴河之底，比於疇昔已厚數丈。而汴河之堤累
> 年不起，今却視通衢，其堤高下已與民居簷廡相等矣。復更欲如何
> 增築之耶？以臣愚見，莫若向去，每年開淘不輟，使水性就下，汴
> 底深濬，則灼然無橫流之虞，京師溝渠積滯，因而便可流布通泄。
> 〔註108〕

書館，1983年），頁12。

〔註106〕（宋）沈括：《夢溪筆談校證》，卷25，〈雜誌二〉，頁796。

〔註107〕（宋）孔武仲：〈堤下詩〉，《清江三孔集》（收入《文淵閣四庫全書》，臺北：臺灣商務印書館，1983年），卷5。

〔註108〕（宋）趙抃：《清獻集》（收入《文淵閣四庫全書》，臺北：臺灣商務印書館，1983年），卷7，〈奏狀乞寢罷內臣修築汴堤〉，頁24～25，並參校以（明）楊士奇、黃淮等奉勑編：《歷代名臣奏議》（收入《文淵閣四庫全書》，臺北：臺灣商務印書館，1983年），卷249，「至和二年」條。

此項史料即反映宋廷在此階段的治河方法係外添內補法。本次增築隄岸之所以會導致民情洶洶，全在隄岸愈高，基座必須加大，方能維持穩定的堤面，如此則沿汴居民的產業及生計可能受到嚴重的影響。

三、束水攻沙法

「束水攻沙法」即指縮小河道中幅的工法，其目的在提昇水位，調節水流速度，以「束」水攻沙，取代疏濬的工作。〔註 109〕

由於排列方式特殊，因此有「鋸牙」之名，首見於真宗大中祥符八年（1015）韋繼昇之建議：

> 自泗州至開封府界，岸闊底平，水勢薄，不假開浚，請止自泗州夾
> 岡，用工八十六萬五千四百二十八，以宿、亳丁夫充，計減工七百
> 三十一萬。仍請於沿河作頭踏道擗岸，其淺處爲鋸牙，以束水勢，
> 使水勢峻急，河流得以下瀉。〔註 110〕

由「淺處爲鋸牙，以束水勢」即知，鋸牙束水有提昇水速，並可藉以帶走泥沙的功能，即所謂「束水攻沙」是也。宋初應用未廣，而「鋸牙」材料史亦未詳言。

就史料考查，束水使用材料略有二種：其一爲木料，所作別稱「木岸」。首見《宋史・符惟忠傳》記載；

> 三司使鄭戩（992～1053）奏留（符惟忠）都大管勾汴河使，建議以
> 爲渠有廣狹，若水闊而行緩，則沙伏而不利於舟，請即其廣處束以
> 木岸。三司以爲不便，後卒用其議。〔註 111〕

符惟忠建議架設「木岸」約束河幅，以提高水速，避免泥沙的淤積。李公儀（1006～1089）任職於江淮發運使期間，擔任整治汴堤的工作，進而「創木岸以束湍流」〔註 112〕，則是明顯採取「束水攻沙」的方式了。

〔註 109〕如明朝潘季馴（1521～1595）主張束水攻沙之法，（清）永瑢：《四庫全書總目提要》（上海：商務印書館，1933 年），卷 55，〈兩河經略四卷〉，頁 1221、卷 69，〈河防一覽十四卷〉，頁 1495。

〔註 110〕《長編》，卷 85，「真宗大中祥符八年十二月癸巳」條，頁 1959。

〔註 111〕《宋史》，卷 463，〈外戚上・符惟忠〉，頁 13555。按：符惟忠都大管勾汴河使，遷西上閤門副使，康定元年（1040）從富弼出使契丹，則其建議約於此時之前不久。

〔註 112〕（宋）蘇頌：《蘇魏公文集》（收入《文淵閣四庫全書》，臺北：臺灣商務印書館，1983 年），卷 61，〈龍圖閣直學士致仕李公墓誌銘〉（李公儀）。按：李公儀任江淮發運使時有治汴堤的工作，則知「都大提舉陝河」爲「都大提舉狹

仁宗在位期間，水官多次施作木岸狹河工程，如天聖九年（1031）九月「內殿承制、閤門祗候、都大巡檢汴河隄孫昭於雍邱縣湫口治木岸，以束水勢」〔註113〕。嘉祐元年（1056）九月，都大巡檢汴河隄孫昭請求「束水勢」，宋廷命入內供奉官史昭錫都大提舉「自京至泗州置汴河木岸」。〔註114〕自京似不包括京城，因此嘉祐六年（1061），都水監奏：「河自應天府抵泗州，直流湍駛無所阻。惟應天府上至汴口，或岸闊淺漫，宜限以六十步闊，於此則為木岸狹河，扼束水勢令深駛。梢伐岸木可足也」。遂下詔興役。〔註115〕

木岸狹河的確能有效提昇水速，與維持河幅的穩定，是北宋中期汴河主要的整治方式，如神宗熙寧八年（1075）十月，都水監請權閉汴口修鋸牙木岸，〔註116〕都是明顯的事證。

其二為芻楗，為簡易的施工材料。元豐二年（1079）實施導洛通汴，入內供奉宋用臣，建議自任村沙谷口至汴口開河五十里，引伊、洛水入汴河，「每二十里置束水一，以芻楗為之，以節湍急之勢」。〔註117〕此即以芻楗為束水的明證。

木材、芻楗可以提供堤岸更好的保護，惟材料來源困難，工序浩繁，因此除黃、汴河外，施行不廣。然而亦有反對者，如余良肱。《宋史‧余良肱傳》記載：

> 改知明州。朝廷方治汴渠，留提舉汴河司。汴水澱淤，流且緩，執政主狹河議。良肱謂：「善治水者不與水爭地。方冬水涸，宜自京左浚治，以及畿右，三年，可使水復行地中。」弗聽。又議伐汴隄木以資狹河。良肱言：「自泗至京千餘里，江、淮漕卒接踵，暑行多病喝，藉蔭以休。又其根盤錯，與隄為固，伐之不便。」屢爭不能得，迺請不與其事。執政雖怒，竟不為屈。〔註118〕

顯然余良肱不贊成木幹狹河，認為此舉無法正本清源，而且與原本的水土保

河」之誤，據前後文可知卸任後，守喪期滿又逢英宗崩，則治汴堤則在嘉祐六年事，惟不知是否與符惟忠有關，待考。

〔註113〕《長編》，卷110，「仁宗天聖九年九月丙子朔」條，頁2566。

〔註114〕《宋史》，卷12，〈仁宗趙禎四‧嘉祐元年〉，頁240；《長編》，卷184，「仁宗嘉祐元年九月癸卯」條，頁4448。

〔註115〕《宋史》，卷93，〈河渠三‧汴河上〉，頁2322。

〔註116〕《長編》，卷269，「熙寧八年十月甲寅」條，頁6582。

〔註117〕《宋史》，卷94，〈河渠四‧汴河下〉，頁2328。

〔註118〕《宋史》，卷333，〈余良肱〉，頁10716。

持的原則相違背。

四、濬川杷法

汴河或泛漲，或淤積，或斷流，多少和泥沙淤積有關，宋廷調整關閉汴口整治的思維，另行嘗試平時保養河川的作法，乃大力推廣「濬川杷」。

「濬川杷」的構想源自選人李公義。神宗熙寧五年，李公義獻「鐵龍爪揚泥車法」以疏濬黃河。其法「用鐵數斤為爪形，以繩繫舟尾而沈之水，篙工急櫂，乘流相繼而下，一再過，水已深數尺」。宦官黃懷信認為可用，而患其太輕。王安石令黃懷信、李公義同議增損，乃別製「濬川杷」。其法「以巨木長八尺，齒長二尺，列於木下如杷狀，以石壓之。兩旁繫大繩，兩端矴大船，相距八十步，各用滑車絞之，去來撓蕩泥沙」。〔註119〕它的原理係以外力攪拌泥沙，使其順激流而下，以達到不淤積的目的。

熙寧七年十二月，范子淵首次試用於大名府，不及一月而罷。熙寧九年十二月，范子淵自以為疏濬黃河功效灼然，自薦試用於汴河。王安石、文彥博頗質疑其功效〔註120〕，時人或云：

> 其實水深則杷不能及底，虛曳去來，木淺則齒礙沙泥，曳之不動，
> 卒乃反齒向上而曳之。所書之課，悉妄撰不可考驗也。故天下皆指
> 濬川杷為兒戲。〔註121〕

不過宋廷所遣覆覈官員累經測試，咸認為成效卓著，〔註122〕因此熙寧十年三月，又應范子淵之請，再度試行於汴河。〔註123〕秋七月，神宗命入內供奉官馮宗道前往監視范子淵疏濬汴河事狀。〔註124〕九月，再應范子淵請求，將杷具、舟船等盡分與逐地分使臣，「令於閉口之後，河道內先檢量淤澱去處，至

〔註119〕詳《宋史》，卷92，〈黃河〉，頁2282；《長編》，卷248，「熙寧六年十一月丁未」條，頁2282。

〔註120〕《長編》，卷279，「熙寧九年十二月癸未朔」條，頁6827～6829；又詳《宋史》，卷313，〈文彥博〉，頁10262。

〔註121〕（宋）司馬光：《涑水記聞》，卷15，〈鐵龍爪濬用杷〉，頁296；《長編》，卷279，「熙寧九年十二月癸未朔」條，頁6829。

〔註122〕《長編》，卷279，「熙寧九年十二月癸未朔」條，頁6827～6829。

〔註123〕《長編》，卷281，「熙寧十年三月甲戌」條，頁6887。

〔註124〕《長編》，卷283，「熙寧十年秋七月辛亥」條，頁6930。按：以濬川杷疏濬河川的效益，宋廷一直有人質疑，蔡確曾劾濬河事，所逮證佐二百餘人，獄久不決，神宗頗有疑慮，故有監視之命。又按：濬川杷的疑慮可分為二部分，其一為根本無效，為冒功之具；其二為操作人員圖船行便利，虛應故事，至其功效備受質疑，另參《長編》，卷279，「熙寧九年十二月癸未朔」條，頁6827～6829。

春水接續疏導」。〔註 125〕

　　元豐元年（1078），范子淵建議實施導洛通汴，可降低疏濬工作。翌年，導洛通汴工程完成，汴水已爲清流，濬川杷法實施無益，旋即停止。〔註 126〕計實施僅近二年。

第四節　緊急救護

　　緊急救護含蓋二種內容，一是災害控制，一是災害防治。就前者而言，災害控制即是潰堤後的救護工作；就後者而言，即是在汴河有潰決危機的事前防範或疏導工作。

　　一般而言，汴河的緊急救護，以發生在雨季導致的黃河泛濫爲主，而神宗熙寧六年實施不閉汴口後，冬季浮冰推擠，以致侵襲隄岸，造成冬季的潰決危機，最爲特殊。

壹、災害控制

　　汴河引黃河爲水源，調節困難，而且時有潰決之憂，因此災害控制機制設立甚早。茲先依據《宋史》、《長編》、《宋會要》統計汴河潰決表如下，再作分析。

表二：汴河潰決表

時　　間	事　　件	出　　處
太祖 建隆三年六月	寧陵縣河溢堤決。詔發宋、〔亳〕丁夫四千五百人，分遣使臣護役，命西上閤門使郭守文總其事。又發丁夫三千三百人塞汴口以息水勢，命判四方館事梁迥董之。	《宋會要·方域》16 之 1
太祖 建隆四年八月	決于宋城縣，以本州諸縣丁夫二千五百人塞之，命八作使郝守濬護其役。	《宋會要·方域》16 之 1
雍熙二年六月	汴決于宋州宋城縣，發近縣丁夫二千人塞之，判四方館周瑩、八作使郝守濬護其役。	《宋會要·方域》16 之 1

〔註 125〕《長編》，卷 284，「熙寧十年九月甲戌」條，頁 6967。
〔註 126〕《宋會要》，〈方域〉16 之 15。

太祖 開寶二年七月	汴決下邑。	《宋史》，卷2 《長編》，卷10
太祖 開寶三年六月	汴水決宋州寧陵縣，發宋、亳丁夫塞之。又塞汴口以殺水勢。	《長編》，卷11
太祖 開寶四年六月	汴水決宋州穀熟縣。	《宋史》，卷2 《長編》，卷12
太祖 開寶四年七月	汴決宋城。	《宋史》，卷2 《長編》，卷12
太祖 開寶五年六月	河決陽武，汴決穀熟。	《宋史》，卷3 《長編》，卷13
太宗 太平興國二年七月	開封府言：「汴水溢壞開封大寧堤，浸民田，害稼。」	《宋史》，卷93 《長編》，卷18 （「閏七月」）
太宗 太平興國二年九月	是月，興州江水溢，濮州大水，汴水溢。	《宋史》卷4
太宗 太平興國三年六月	泗州大水，汴水決寧陵縣。宋州言：「寧陵縣河溢，堤決。」詔發宋、亳丁夫四千五百人，分遣使臣護役。	《宋史》卷4 《宋史》卷93 《長編》卷19
太宗 太平興國四年八月	汴水決宋城縣，以本州諸縣人夫三千五百人塞之。	《宋史》卷4 《長編》應有
太宗 淳化二年閏二月	汴河決。	《宋史》卷5
太宗 淳化二年六月	以汴水決浚儀縣，帝親督衛士塞之。又決于宋城縣，發近縣丁夫二千人塞之。	《宋史》卷5 《宋史》卷93 《長編》卷57
太宗 至道二年七月	汴水決穀熟縣。	《宋史》卷5 《宋會要·方域》16之1（作「六月」）
眞宗 景德元年九月	宋州汴水決，浸民田，壞廬舍。遣使護塞，踰月功就。	《宋史》卷7 《宋史》卷93
眞宗 景德三年六月	汴水暴漲，賜役兵錢。丙申，遣使振應天府水災及瘞溺死者。	《宋史》，卷7 《長編》，卷63 《宋會要·方域》16之1～2

真宗 大中祥符二年八月	汴水漲溢，自京至鄭州，浸道路。詔選使乘傳減汴口水勢。既而水減，阻滯漕運，復遣浚汴口。	《宋史》，卷 93 《長編》，卷 72（作九月）
仁宗 景祐元年閏六月	閏月甲子，泗州淮、汴溢。	《宋史》卷 10 《長編》卷 114
仁宗 皇祐三年八月	是月，汴河絕流。	《宋史》卷 12
仁宗 嘉祐三年七月	丙戌，詔：「比廣濟河溢，害東明民田。原武縣河決汴隄長城口，漂浸封邱等處苗稼。其權倚閣夏稅及食鹽錢，仍令開封府界提點按行諸縣而賑救之。」	《長編》卷 187
仁宗 天聖四年七月	樞密院言：「汴水漲，堤危急，欲令八作司相度京城西決洩入護龍河以減水勢。」從之，遂于賈陂開決疊水口。畢，賜役兵緡錢。	《宋會要·方域》16 之 5～6
神宗 熙寧六年十二月	遣職方員外郎林積監疏汴河噎凌。同判都水監李立之言：「雍邱縣界噎凌沫岸漫流，併入白溝河。及檢視水口以東，汴身填淤，高水面四尺，已計功修塞。」詔賜塞決口兵緡錢，築孔固斗門堰役兵準此。	《長編》卷 248
熙寧七年春	河水壅溢，積潦敗堤。	《宋史》卷 93
神宗 元豐六年閏六月	汴水溢。	《宋史》卷 16
元豐六年十月	都提舉司言：「汴水增漲，京西四斗門不能分減，致開決堤岸。」	《宋史》卷 94
徽宗 大觀元年夏	京畿大水，汴渠逆流橫潰，反及上游河陰。	《宋史》，卷 61
徽宗 宣和元年五月	都城無故大水，浸城外官寺、民居，遂破汴堤，汴渠將溢，諸門皆城守。	《宋史》卷 94

　　由上表可知，有宋一代官方記載汴河潰決二十八次，其原因約有四點：
一、洩洪不及：調節水勢，而設施不及因應，如元豐六年京西四斗門無法分減水勢。二、冬季不閉汴口，致冰凌衝決堤岸：如熙寧六年因採不閉汴口，冬季浮冰大盛，因而決堤。三、黃河水勢太大，致衝決汴隄。四、京城暴雨，

宣洩不及，導致水勢逆流衝破汴堤。

　　而緊急動員修塞人力，除河清士兵及臨近州縣丁夫外，亦依君主的重視程度有別，或分遣使臣護役，或調發禁軍充役，甚至親督衛士助役等，措置不一，皆視機而動。

　　至於救災士兵之慰勞、災民之撫卹、亡者之收葬等，史料詳略不一，除遣使之舉的特別記載外，亦應有常態之作為。

貳、災害防治

一、防護標準

　　北宋政府為降低突然潰決引起的災害，訂定汴河緊急救護的相關制度，惟汴河的規模與時俱異，因此緊急防護制度亦隨時間不同而有所調整，茲先依時序表列於後，再作分析：

表三：汴河緊急救護標準表

時　　間	事　　　　件	出　　　處
真宗 大中祥符八年 （1015）	詔自今汴水汎漲，踰七尺五寸，即發軍士三千人防守河隄。又遣內臣分掌京城門鑰，如汴水汎漲，防河軍士至彼，並即開關點閱放過。	《長編》卷 84
仁宗 天禧二年 （1018）	六月，汴水漲九尺，遣臣詣萬勝梁固斗門，諭勾當使臣均調水勢，無致泛溢。	《宋會要・方域》16 之 4
仁宗 天聖四年 （1026）	凡汴水長一丈，即令殿前馬步軍禁卒緣岸列鋪巡護，以防決溢；及五晝夜，即賜以緡錢。	《長編》卷 104
神宗 熙寧八年 （1075）	上批：「汴水漲甚，見深一丈二尺，可火急令都水監那官一員前去上流相度減放，須管且暮退落。」已而中書進呈水尋退落訖。	《長編》卷 267
元豐二年 （1079）	上復遣入內供奉宋用臣視察導洛通汴事，還奏可為，請「自任村沙谷口至汴口開河五十里，引伊、洛水入汴河，每二十里置束水一，以芻楗為之，以節湍急之勢，取水深一丈，以通漕運。	《宋史》卷 94

元豐三年 （1080）	開封府界第六將言，差襄邑縣防河兵關二百餘人，已添差訖。上批：「今汴流京岸止深八尺五寸，應接向東重綱，方得濟辦。若便差人防護，則無時可以放散。況今水流調緩，不須過爲支梧。」詔提點司相度，據彼處隄岸去水所餘尺寸更行增長，方聽上河。」	《長編》卷 302 《宋會要・方域》16 之 4
神宗 元豐四年 （1081）	詔自今汴河水漲及一丈四尺以上，即令於向上兩隄相視地形低下可以納水處決之。	《長編》卷 314
神宗 元豐六年 （1083）	步軍副都指揮使劉永年言：「汴水漲及一丈二尺，法許追正防河兵二十八指揮，自西窰務列兩岸至東窰務，如漲及一丈三尺二寸，更追準備二千人。臣竊以京關防河，事體至重，乞自今遇水大漲或淫雨不已，令都巡地分如救火法，於近便增發三兩指揮，不足，即指所轄軍分奏差，其支賜、約束，並依防河。」從之。	《長編》卷 336 《宋會要・方域》16 之 17
徽宗 政和年間	六月四日，詔：「汴河水大段淺澀，有妨綱運。令藍從熙差人前去洛口調節水勢，須管常及一丈，不得有妨漕運。」	《宋會要・方域》16 之 18

依上表可知，眞、仁、神三朝對汴河管理最爲積極，其相關救護制度可歸納爲：（一）警戒線：眞宗時七尺五寸，仁宗時或九尺，或一丈，神宗熙寧年間沿用一丈，及至元豐年間始調整爲一丈二尺；（二）洩洪線：仁宗天禧年間以九尺，神宗熙寧八年以一丈二尺，元豐四年以一丈四尺。

神宗熙寧與元豐年間數值變化頗大，其關鍵當以元豐二年導洛通汴後，汴河規模改變有關，原汴河寬度在二百尺左右，水深在五、六尺之間，迨導洛通汴工程後，河深取一丈，河寬以百尺爲度，因此方有上述之變化。

洪汛期的緊急救護工作頗爲繁重，宋帝雖時有支賜，仍惟恐誘因不足，因此訂定獎勵措施，名曰「特支」，據《長編》記載「天聖四年（1052）六月甲午」詔書云：

> 凡汴水長一丈，即令殿前馬步軍禁卒緣岸列鋪巡護，以防決溢；及五晝夜，即賜以緡錢。〔註127〕

〔註127〕《長編》，卷 104，「天聖四年六月甲午」條，頁 2411。

然而未久，又因軍士履勞而未有酬賞，乃調整為依日支付。《長編》記載「皇祐四年秋七月庚午」事云：

> 庚午，詔罷防河軍士特支。禁兵日給食錢五十，八作、排岸司三十。舊制，河水增七尺五寸，則京師集禁兵、八作、排岸兵負土列河上，滿五日，賜錢以勞之，曰特支。或數漲數防又不及五日而罷，則軍士屢疲而賜予不及。於是始更其制，比特支才十一，軍士便之。〔註128〕

由於導洛通汴工程開鑿於黃河冬季的退灘之上，所以在黃河南岸增築廣武埽以防止黃河侵奪新河，實效如何，難有一定的評估標準，不過此後京師洪汛危機不斷，因此步軍副都指揮使劉永年便建議防河法如救火法，惟未敘明相關制度。據孟元老《東京夢華錄》「防火」條記載：

> 每坊巷三百步許，有軍巡鋪屋一所，鋪兵五人，夜間巡警收領公事；又於高處磚砌望火樓，樓上有人卓望，下有官屋數間，屯駐軍兵百餘人，及有救火家事，謂如大小桶、洒子、麻搭、斧鋸、梯子、火叉、大索、鐵猫兒之類。每遇有遺火去處，則有馬軍奔報軍廂主，馬步軍殿前三衙、開封府，各領軍級撲滅，不勞百姓。〔註129〕

參考防火規定，即知京城沿汴地帶防汛法，亦應有巡河鋪屋、望水樓，以及防汛工具材料的準備，若有緊急洪汛，即奔報各職司單位，就近支援。

二、緊急救護法

汴河急漲，任其潰堤將引發難以評估的危害，宋廷採取三種因應措施：塞汴口法、斗門洩洪法、決堤法。

（一）塞汴口法

一般而言，汴口官員以控制汴口大小為調節水勢方法，然而夏秋之際，即黃河洪峰期，黃河水勢湍猛，為兼顧漕運，又不能全然阻絕水勢，因此調節工作十分困難，史料中不乏調節失敗的例子，《長編》記載真宗大中祥符二年（1009）八月案例如下：

> 初，汴水漲溢，自京至鄭州，浸道路。詔選使臣知水者乘傳，減汴口水勢，圖上利害。既而水勢斗減，阻滯漕運，復遣使浚汴口。〔註130〕

〔註128〕《長編》，卷173，「皇祐四年秋七月庚午」條，頁4164～4165。
〔註129〕（宋）孟元老撰，鄧之誠注：《東京夢華錄注》，卷3，〈防火〉，頁119。
〔註130〕《長編》，卷72，「大中祥符二年八月甲子」條，頁1633。

　　進而言之，每當洪流難抑，以致有決堤情事，宋廷方考量塞汴口以應其變，蓋非爲常規之舉。在史料中惟見三例，如太祖開寶三年（970）六月，汴水決宋州寧陵縣，發宋、亳丁夫塞之，又塞汴口以殺水勢。〔註131〕又如太宗太平興國三年（978）六月，汴河決寧陵縣，詔發宋、亳丁夫四千五百人塞之，命西上閤門使郭守文護其役；又發畿內丁夫三千二百人塞汴口，以判四方館事梁迥董其事。〔註132〕其中最具代表性的案例，當以眞宗景德三年（1006）六月汴水暴漲，宋廷的因應過程。《長編》記載其決策如下：

> 甲午，汴水暴漲，命宣政使李神福、東上閤門使曹利用與馬軍副都
> 指揮使曹璨、步軍副都指揮使王隱巡護隄岸。中夜，河溢于城西，
> 毀外隄，壞廬舍，即時完塞。乙未，遲明，車駕臨視，勞勉役卒，
> 賜緡錢。是日，應天府又言河決南隄，流亳州，合浪宕河東入于淮。
> 即遣使馳詣河陰，督都監錢昭晟等塞汴口，仍劾昭晟等罪，貶其秩。
> 又命內園使李神祐乘傳經度工料，悉令縣官供給，無得擾民。丙申，
> 復遣中使詣應天府，開倉具舟，援救流徙，給以糧餉，收瘞溺者，
> 俟河復故道乃還。〔註133〕

由此可知，塞汴口耗費功料甚鉅，擾民費財，非不得已不輕易施作。

　　在河防的壓力下，眞宗在位期間建立汴河警戒制度，並發展斗門洩洪法。此後，未再見有塞汴口以應變的情事。

（二）斗門洩洪法

　　斗門洩洪法是警急救護的第一道防線，若汴水急漲，即視其所在位置，開鄰近斗門以泄洪。《長編》「天聖六年十月壬申」記載：

> 都大巡檢汴河堤岸康德輿言：「行視陽武橋萬勝鎮，宜存斗門。其梁
> 固斗門三，宜廢去。祥符界北岸請爲別竇，分減溢流。」悉從其請。
> 勾當汴口王中庸請增置孫村石限，亦從之。〔註134〕

即知斗門設立之初有「分減溢流」的目的，是因應洪峰的設施。

　　基本上，此種斗門必接減水河，方能避免洩洪而引發百姓生命、財產的危害。減水河又稱「分水河」，即是疏洪道，爲北宋整治黃河洪峰之方法之一。

〔註131〕《長編》，卷11，「太祖開寶三年六月己亥」條，頁247。

〔註132〕《長編》，卷19，「太宗太平興國三年六月乙亥」條，頁431。

〔註133〕《長編》，卷63，「眞宗景德三年六月甲午」條，頁1408～1409。

〔註134〕《長編》，卷106，「仁宗天聖六年十月壬申」條，頁2483。

〔註 135〕

汴河始置減水河的記載出現在大中祥符八年（1015），真宗採納韋繼昇的建議於中牟、滎澤，各開減水河，〔註 136〕規畫情形不詳。據《長編》「神宗元豐六年十月庚子」記載：

> 汴河隄岸司言：「汴水添漲，其京西四斗門分減不退，以致開決隄岸。今近京除孔固斗門減水，下入黃河，雖有孫賈斗門減水入廣濟河，然下尾窄狹，不盡吞伏。乞萬勝鎮舊減水河、汴河北岸修立斗門，開淘舊河，創開生河一道，下合入刁馬河，役夫一萬三千六百四十三人，一月畢工。」從之。〔註 137〕

由上文可見宋朝汴河斗門的部分設計，孔固斗門下接減水河入黃河，孫賈斗門下接減水河入廣濟河，又萬勝鎮新開斗門亦接減水河入刁馬河。

由此可知，此減水河有係人工開鑿的新河（即「生河」），也有直接導引入天然河川，如黃河、廣濟河、刁馬河皆在其列。

（三）決堤洩洪法

如汴水迅湍難抑，開斗門洩洪仍有緩不濟急之虞，在朝不保夕的情況下，主動決堤反可作災害控制。

如仁宗天聖四年（1026）汴水大漲，京城有水災之虞，乃用樞密院奏，敕八作司「決陳留隄及城西賈陂岡地洩之于護龍河」；水勢既落，又命開封府界提點張君平調卒復治其隄防。〔註 138〕

神宗元豐四年（1081）曾公開詔令：「自今汴河水漲及一丈四尺以上，即令於向上兩隄相視地形低下可以納水處決之」，〔註 139〕即知已將決堤洩洪列為緊急救護的措施之一。翌年，都大提舉汴河隄岸司建議：

> 準朝旨，為原武埽閉合水口，見增防堰，令本司權閉斷魏棲、孔固、滎澤斗門五七日。自閉合三門，汴水增漲，今自開遠門浮橋以上凌排查塞，水欲抹岸，望速降指揮開撥沿汴斗門；及乞於京西向上汴

〔註 135〕 參見《長編》，卷 67，「大中祥符四年八月戊辰」條，頁 1733；《宋會要》，〈方域〉14 之 5；《宋史》，卷 91，〈河渠一·黃河上〉，頁 2260。

〔註 136〕《宋史》，卷 93，〈河渠三·汴河上〉，頁 2322。

〔註 137〕《長編》，卷 247，「神宗元豐六年十月庚子」條，頁 8191～8192。

〔註 138〕《長編》，卷 104，「仁宗天聖四年秋七月乙巳」條、「丙午」條，頁 2412。

〔註 139〕《長編》，卷 314，「神宗元豐四年七月戊申」條，頁 7604。

河兩岸，相度可潰水處，即決隄分減水勢。〔註140〕

據此可知，開撥沿汴斗門、決堤減水皆是緊急救護辦法，而決堤乃不得已之處置。

主動決隄減水，因有災害控制機制，問題不大。有名的案例是熙寧年間侯叔獻的決策，《夢溪筆談》詳載其事，有云：

> 熙寧中，灘陽界中發汴堤淤田，汴水暴至，堤防頗壞陷，將毀，人力不可制。都水丞侯叔獻時蒞其役，相視其上數十里有一古城，急發汴堤注水入古城中，下流遂涸，急使人治堤陷。次日，古城中水盈，汴流復行，而堤陷已完矣。徐塞古城所決，內外之水，平而不流，瞬息可塞。眾皆伏其機敏。〔註141〕

主動決堤如入護龍河、減水河問題自小，若只由低下處洩洪，則百姓亦有損害，惟史未明載。

〔註140〕《長編》，卷331，「神宗元豐五年十二月丙寅」條，頁7988。

〔註141〕（宋）沈括：《夢溪筆談校證》，卷13，〈權智〉，頁461。

第三章　汴河的管理機關及其沿革

第一節　中央主管機關

　　北宋汴河的中央主管機關，隨著河政的複雜與官制的變革而有所不同。初期由三司河渠案、河渠司專其責，中期由都水監任其職，至神宗元豐改制後，則由工部領其政，其政務、事務之更張，不脫務實之本色，其沿革詳述如後。

壹、三司河渠案、河渠司

　　北宋初期雖有水部，置判司事一人，但是「本司無所掌」，「以無職事朝臣充」，名實不符，真正統籌「川瀆、陂池、溝洫、河渠之政」者為三司之「河渠案」。〔註1〕

　　宋初沿五代之制，設三司，置使以總國計，四方貢賦收入，朝廷不預，一歸三司控管，擁有獨立的財政權。三司使位亞執政，目為計相，通管鹽鐵、度支、戶部三大部門，號曰計省。其中鹽鐵部門「掌天下山澤之貨，關市、河渠、軍器之事，以資邦國之用」，〔註2〕因而河渠案應隸於鹽鐵。然今本《宋史》所載鹽鐵部門所轄七案，未見河渠案，根本原因當為皇祐三年（1051）改制為河渠司所致；亦因此改制之時即命鹽鐵副使、戶部員外郎劉湜，判官、

〔註1〕　《宋會要》，〈職官〉16之3。
〔註2〕　《宋史》，卷162，〈職官二・三司使〉，頁3808。按：三司雖有三大部門，但實際傳承於五代，將鹽鐵使、度支使、戶部使統一為三司。

金部郎中邵飾領其事。〔註3〕

「河渠案」爲文書處理單位，《宋史・職官志》指三司「凡奏事及大事悉置案，奏牒常事止署案」，〔註4〕其運作概由地方州縣執行事務工作，再彙報領案官批覆。隨著河渠問題叢生，領案官事多力分，在效率上值得懷疑；無專職專官，地方奉行中央的誠意亦大打折扣，因而才有提昇位階的呼籲。

河渠案改制之議始於沈起（？～1088）。仁宗皇祐三年五月，沈起擔任監察御史，建議「設河渠司領諸道水政」，〔註5〕宋廷採行，於是成立河渠司專提舉黃、汴等河隄功料事。是年八月，以汴河乾涸，舟楫不通，乃令三司河渠司浚治汴口，此後，歲浚汴口遂成爲河渠司例行公事。〔註6〕

不過，三司河渠司祇有勾當公事二員，〔註7〕又須勾當黃、汴河等河隄功料事，似乎仍不足以因應繁冗的河政工作。仁宗嘉祐年間（1056～1063），京師頻歲大水，〔註8〕「汴水殺溢不常，漕舟不能屬」，〔註9〕歸罪河渠司無法發揮功能，三年（1058）十一月，朝廷另置都水監以代之。〔註10〕其〈置在京都水監罷三司河渠司詔〉，有云：

> 天下利害，繫于水爲深。自禹制橫潰，功施于三代，而漢用平當領河隄，劉向護都水監，皆當時名儒，風迹可觀。近世以來，水官失職，稽諸令典，品秩猶存。今大河屢決，遂失故道，百川驚流，或致衝冒，害既交至，而利多放遺，此議者宜爲朝廷所以講圖之也。朕念夫設官之本，因時有造，捄敝求當，不常其制。然非專制職守，則無以責其任，非慎擇才能，則無以成其效，宜脩舊制，庶以利民。

〔註3〕《長編》，卷170，「皇祐三年五月壬申」條，頁4092。
〔註4〕《宋史》，卷162，〈職官二・三司使〉，頁3808。
〔註5〕參見《宋史》，卷334，〈沈起〉，頁10727；《長編》，卷170，〈仁宗皇祐三年五月壬申〉，頁4092。
〔註6〕《宋史》，卷93，〈汴河上〉，頁2322；又見《宋會要》，〈職官〉5之42。
〔註7〕《長編》，卷186，「仁宗嘉祐二年冬十月乙丑」條，頁4492。
〔註8〕《宋史》，卷339，〈蘇轍〉，頁106826。
〔註9〕《宋史》，卷333，〈楊佐〉，頁10695～10696。按：其事原誤繫「皇祐中」，蘇轍上奏：「昔嘉祐中，京師頻歲大水，大臣始取河渠案置都水監」，據改；又上引文河渠案和河渠司在史書中常混用，二者名稱雖異，但仍隸於三司，或因時日久遠產生誤差。
〔註10〕《長編》，卷188，「嘉祐三年十一月己丑」條，頁4534；蕭智漢：《月令粹編》，《歲時習俗資料彙編》（臺北：藝文印書館，1970年），卷17，〈十一月・二十二日〉，頁4042。

其置在京都水監，內外河渠之事悉以悉之，應置官屬及本司合行條
制，仰中書裁處以聞，其罷三司河渠司。〔註11〕

由是可知以下二點：（一）三司河渠司「專提舉黃汴等河功料事」，其權責範
圍應在督導經費核報，是以唯設勾當公事二員，亦無僚屬，在宋廷的看法中，
仍非「專制職守」。（二）黃河汎濫，洪汛不斷，而水利不興，是以重脩舊制，
設置都水監以專「內外河渠之事」。

　　然而進一步探究河渠司無法因應河政業務的內在原因，則指向官僚體系
運作的問題。如嘉祐三年閏十二月，河渠司勾當公事李師中（1013～1078）
曾上奏表示：

自來受三司牒，令行下諸州軍文字，雖令指揮轄下州軍，緣別無定
式，致諸處都大巡河使臣及縣邑多不申狀，止行公牒。此於事體殊
失輕重，以此亦難集事。乞指揮，自今都大巡河使臣及縣邑應干河
渠事，並具申狀。如州縣有不應報事，或稽緩致悮事者，許牒（轉）
運司取勘，下都水監定奪。〔註12〕

由本項建言可知，河渠司主管業務爲州縣官兼辦業務之一部分，其所下指揮
被視爲平行單位的督促，不予重視，河政無法達到如臂使指的效果。

　　另外朝廷也未注意到都大巡河使臣各隸本州，與河渠司同立於督導單
位，將會影響到業務的整合。因而都水監上奏說：

檢會朝廷指揮，沿黃、汴等河州軍諸路埽修河物料榆柳並河清兵士，
不得擅有差借役占及採斫修蓋，令轉運司、河渠司、提刑、安撫司、
河渠司勾當公事臣僚、都大河使臣常切點檢。今後稍有違犯，並仰
取勘以聞。竊以都大巡河使臣各隸本州，不當與監司及省司官一例，
直行取勘州軍官吏，自今乞只令具事申轉運司，差官取勘。監司今
相度欲依師中所請。〔註13〕

由是項建言，可知先前河渠司的運作問題和都水監成立後的三點因應：一、
都水監直接下達河政至州縣與都大巡河使臣；二、地方州縣的河渠事務直接
供申都水監，確立河政的上下級關係，以求事權合一；三、都大巡河使臣各

〔註11〕（宋）宋綬、宋敏求編，司義祖校點：《宋大詔令集》（北京：中華書局，1962
　　　　年），卷162，〈政事十五・官制三・置在京都水監・罷三司河渠司詔〉，頁 614
　　　　～615。
〔註12〕《宋會要》，〈職官〉5之42。
〔註13〕《宋會要》，〈職官〉5之42～43。

隸本州，州縣怠慢河事，都大巡河使臣可詳具事體申轉運司差官取勘，都水監發現不法情事亦比照辦理，自是都水監得以進一步落實河政管理。

貳、都水監

都水監之政，始於秦漢，掌理者名爲都水長丞，〔註 14〕其後職銜數更，唐貞觀（627～649）中，都水監之名首見。〔註 15〕宋初河政在河渠案、河渠司，嘉祐三年始設都水監以專其政。鑑於河政事權的擴張，乃大幅增加都水監的人力，置有判監事一人，以員外郎以上充；同判監事一人，以朝官以上充；丞二人，主簿一人，並以京朝官充；又輪遣丞一人出外治河埽之事，依其水政之熟稔程度，任期一至三年不等。並置局于澶州，號曰「外監」。〔註 16〕

有鑑於先前河渠司的業務主在勾當功料，不能落實指揮系統，因此都水監的設計朝向組織化、分工化發展，其一：擴充人員組織，由河渠司最多兩人勾當公事，增加到五人主管，並提昇主官位階，以員外郎以上，御史知雜判監事；〔註 17〕其二：落實業務分工，或建立輪遣制，輪遣丞一人，出外督導整治河埽事務；或重視實務督導，設分支單位「外監」於澶州，就近監視黃河動態及籌畫堤埽之防汛工作。

都水監成立之初，職兼河政的規畫與河務的執行，神宗元豐元年（1078）改正官制，河渠整治職務一分爲二，工部分擔了河渠的政務規畫，都水監則回歸河渠事務的面向。《宋史·都水監》記載其人員規劃如下：

> 置使者一人，丞二人，主簿一人。使者掌中外川澤、河渠、津梁、堤堰疏鑿浚治之事，丞參領之。南、北外都水丞各一人，都提舉官八人，監埽官百三十有五人，皆分職蒞事；即干機速，非外丞所能治，則使者行視河渠事。〔註 18〕

其時都水監業務乃朝向專業化，略有三個面向：（一）治水方法的研究：凡治水之法，「以防止水，以溝蕩水，以澮瀉水，以陂池潴水。凡江、河、淮、

〔註 14〕詳（宋）馬端臨：《文獻通考》，卷 57，〈都水使者〉，頁 517，有云：「初秦漢又有都水長丞，主陂池灌溉，保守河渠，自太常少府及三輔等皆有其官。漢武帝以都水官多，乃置左右使者以領之。」

〔註 15〕（宋）馬端臨：《文獻通考》，卷 57，〈都水使者〉，頁 518。

〔註 16〕《宋史》，卷 165，〈職官五·都水監〉，頁 3921。

〔註 17〕按：首任判都水監爲御史知雜呂景初。詳見《長編》，卷 188，「仁宗嘉祐三年十一月己丑」條，頁 4534。

〔註 18〕《宋史》，卷 165，〈職官五·都水監〉，頁 3921～3922。

海所經郡邑，皆頒其禁令。視汴、洛水勢漲涸增損而調節之」。（二）河防的
規劃：凡河防謹其法禁，「歲計茭揵之數，前期儲積，以時頒用，各隨其所
治地而任其責」，興役原則為「以後月至十月止，民功則隨其先後毋過一月」。
（三）訂定及考核地方對河渠的維護與利用的規則：如「導水漑田及疏治壅
積為民利者，定其賞罰；凡修堤岸、植榆柳，則視其勤惰多寡以為殿最」。
〔註 19〕

　　都水監設七案，置吏三十七人，所領軍隊名為「河清兵」，掌堤岸維護。
〔註 20〕所隸機關有三類，其人員設置暨職掌如下：

　　一、東西四排岸司，監官各以京朝官，閤門祇侯以上，及三班使臣充，
掌水運、綱船、輸納、顧直之事。神宗元豐改制之後，東西四排岸司改隸司
農寺。

　　二、街道司，掌轄治道路人兵。若車駕行幸，則前期修治，有積水則進
行疏導整治。

　　三、其它：汴河上下鎖、蔡河上下鎖，各監官一人，以三班使臣充，掌
算舟船、木筏之事，元豐改制後併入太府寺〔註 21〕；天下堰總二十一，監官
各一人，渡總六十五，監官各一人，皆以京朝官、三班使臣充，亦有以本處
監當兼掌者。〔註 22〕

　　都水監統籌水政，異議者仍有，如蘇軾認為「今河水為患，不使濱河州
郡之吏親行其災，而責之以救災之術，顧為都水監。夫四方之水患，豈其一
人坐籌於京師，而盡其利害」。〔註 23〕此類的意見，伴隨實務的發展，略見於
都水監的組織調整，茲附表（表四）如下：

〔註 19〕　《宋史》，卷 165，〈職官五‧都水監〉，頁 3921～3922。
〔註 20〕　《宋史》，卷 189，〈兵三‧廂兵‧建隆以來之制〉，頁 4666。
〔註 21〕　《宋史》，卷 165，〈職官五‧太府寺〉，頁 3908。
〔註 22〕　（宋）馬端臨：《文獻通考》，卷 57，〈職官十‧都水使者〉，頁 518；《宋史》，
　　　　　卷 165，〈職官五‧司農寺〉，頁 3905。按：《宋史》，卷 189，〈兵三‧廂兵〉，
　　　　　頁 4692，將排岸司改隸司農寺事訂為熙寧以後之制，茲據《文獻通考》，卷
　　　　　56，〈職官十‧司農卿〉（頁 508），改正。
〔註 23〕　（宋）馬端臨：《文獻通考》，卷 24，〈國用二‧歷代國用‧宋真宗至寧宗〉，
　　　　　頁 231～232。

表四：都水監組織變革表

時　間	內　　　　容	出處
元豐三年（1080）	詔改知外都水丞南北司公事爲知南北外都水丞，南北外都水丞依舊澶州置司。	《長編》卷 308
元豐八年（1085）	詔提舉汴河堤岸司隸都水監。	《長編》卷 356
元祐四年（1089）	復置外都水使者。	《宋史》卷 165《長編》卷 430
元祐五年（1090）	詔南、北外都水丞並以三年爲任。	《宋史》卷 165《文獻通考》卷 57
元祐七年（1092）	方議導黃河東流，乃詔河北、京西漕臣及開封府界提點，各兼南、北外都水事。	《宋史》卷 92《文獻通考》卷 57
紹聖元年（1094）	罷河北、京西漕臣及開封府界提點，各兼南、北外都水事。	《文獻通考》卷 57
元符二年（1098）	詔罷北外都水丞，以河事委之漕臣。	《宋史》卷 165《長編》卷 517〔註24〕
元符三年（1099）	復置北外都水丞。	《宋史》卷 93《宋史》卷 165
重和元年（1118）	工部尚書王詔言：「乞選差曾任水官諳練者爲南、北兩外丞，從之。」	《宋史》卷 165
宣和三年（1121）	詔罷南、北外都水丞司，依元豐法，通差文武官一員。	《文獻通考》卷 57
建炎三年（1129）	詔都水監置使者一員。	《宋史》卷 165
紹興九年（1139）	復置南、北外都水丞各一員，南丞于應天府，北丞于東京置司。	《宋史》卷 165
紹興十年（1140）	詔都水事歸于工部，不復置官。	《宋史》卷 165

　　由上表可知二點：（一）南、北都水丞設置不常；（二）南、北都水丞或由地方漕臣兼領，或由中央特任，時人看法頗不一致，呈現見仁見智的情形。

〔註24〕《宋史》作三年，亦無南外丞，據《長編》改正。

參、工　部

　　工部職務內涵，淵源於《周禮》冬官，其屬有考工，掌百工之事。〔註25〕東漢光武帝以民曹主繕修功作、鹽池、園苑，〔註26〕其後省置不常。延至後周，設有冬官大司空卿，掌五材九範之法；其屬工部中大夫二人，承司之事，掌百工之籍，而理其禁令，其名始定。隋、唐因有工部之制。〔註27〕

　　宋初舊制，工部判部事一人，以兩制以上充，凡城池土水工役皆隸三司，本曹無所掌。元豐並歸工部。其屬有三：屯田、虞部、水部。設官十員：尚書、侍郎各一人，工部、屯田、虞部、水部郎中員外郎各一人，水部郎官與員外郎應即主管河政職官。元祐元年（1086），省水部郎官一員，不復置。〔註28〕因而諸國史皆載水部員外郎主管河渠政務，如《兩朝國史志》云：

　　　　水部判司事一人。……本司無所掌，元豐改制，員外郎始實行本司事。〔註29〕

《神宗正史職官志》亦云：

　　　　水部員外郎參掌溝洫、津梁、舟楫、漕運之事。凡水之政令，若江淮河瀆汴洛隄防決溢、疏導、雍底之約束，以時檢行，而計度其歲用之物，應修固不如法者有罰，即因其規劃措置能為民利則賞之。〔註30〕

水部員外郎「以時檢行」，河渠維護情形，並「計度其歲用之物」，視其措置規劃是否得當而定其賞罰，則水部實為考核督導單位。至此，水部員外郎取代都水監統籌河政，都水監則回歸河務機關。

　　水部分案有六，置吏十三人。南宋紹興年間吏額略減。〔註31〕不過政務與事務之分際似仍模糊，如曾孝廣仍以水部員外郎守都水使者。〔註32〕

〔註25〕（漢）鄭玄注，賈公彥疏：《周禮注疏》（臺北：藝文印書館，1955年），卷39，〈冬官考工記第六〉，頁593。

〔註26〕（唐）房玄齡：《晉書》（臺北：鼎文書局，1987年，新校本），卷24，〈職官〉，頁730～731。

〔註27〕參見（唐）杜佑撰，王文錦等點校：《通典》（北京：中華書局，1988第1版），〈尚書下‧工部尚書〉，頁646；（宋）馬端臨：《文獻通考》，卷52，〈職官六‧工部尚書〉，頁481。

〔註28〕參見《宋史》，卷163，〈職官三‧工部〉，頁3862；（宋）馬端臨：《文獻通考》，卷52，〈職官六‧工部尚書〉，頁482。

〔註29〕《宋會要》，〈職官〉16之3。

〔註30〕《宋會要》，〈職官〉16之3。

〔註31〕《宋史》，卷163，〈職官三‧工部〉，頁3863～3864。

〔註32〕《長編》，卷518，「哲宗元符二年十一月壬辰」條，頁12337。

肆、汴河隄岸司

宋神宗在位期間，積極推動不引黃河濁流，改引近畿清水爲源的清汴計畫。〔註33〕元豐二年（1079），他接受范子淵、宋用臣等人的建言，實施第三次清汴工程—導洛通汴工程，特設導洛通汴司以主其事，四月興工，六月完成。〔註34〕元豐三年（1080）五月，詔改爲汴河隄岸司（一作「汴河堤岸司」）。〔註35〕

導洛通汴後，水勢和緩，有利運輸，在主其事者宋用臣的主導下，遂規畫以汴河爲核心的國營事業，其方向爲壟斷汴河行運以課利，以及擴大汴河國營事業。其職掌性質如下：

一、汴河官般制度的執行單位：汴河的風險大幅降低後，元豐二年十月，導洛通汴司建議由官方措置堆垜場，全面施行官般法，禁止綱船附載商貨，〔註36〕規定商貨迄送至京城、洛口、泗州三處堆垜場，〔註37〕再以官船搬運入京。導洛通汴司設置專屬運輸船隊一千五百艘。〔註38〕

二、汴河行運的控管單位：爲加強控管民間的船舶運輸，陸續實施以下措施：（一）登記泗州至汴京的民間運輸船，禁止增加；（二）徵收力勝錢（即船舶通行費），〔註39〕並調漲三分之一；〔註40〕（三）管制汴河運輸，不許民

〔註33〕有關清汴工程始末及其成效，詳見拙著〈北宋神宗的汴河利用政策與清汴工程〉，《人文與社會學報》第 4 期（2004 年 6 月），頁 241～270。

〔註34〕《宋史》，卷 94，〈河渠四·汴河下〉，頁 2328。

〔註35〕《宋會要》，〈職官〉27 之 16；《宋史》，卷 16，〈神宗三〉，頁 302；（宋）李壽：《皇宋十朝綱要》（臺北：文海出版社，1980 年 1 月），卷 10 上，頁 247；《長編》，卷 304，「元豐三年五月甲申」條，頁 7410。

〔註36〕按：綱船本可附搭二分私貨，至是始廢。如（宋）李廌：《師友談記》（收入《叢書集成初編》之六二一，上海：商務印書館，1936 年 12 月，百川學海本），〈國朝法〉條有云：「國朝法，綱船不許住滯一時，所過稅場，不得檢稅，……蓋以舟不住，則漕運甚速，不檢則許私附商販無明條許人，而有意於兼容，爲小人之陷利，有役之也。」；又私貨比例約佔綱船運輸量的十分之二，一般稱之爲力勝斛斗，爲梢工之私利，故《宋會要》，〈食貨〉43 之 14 載「建炎二年正月十八「契勘發運司見行糧綱船例皆四、五百料以來，於法許載二分私物」；又《宋會要》，〈食貨〉42 之 10 亦云：「（天聖三年）十二月十二日，詔今裝載楊楚通泰眞滁海濠州、高郵、漣水軍處稅倉和糴斛斗，並依裝轉般運倉斛斗空重力勝例，並以船力勝五十碩爲準，實裝細色斛斗四十碩」亦爲法留二分力勝之證明。

〔註37〕（宋）楊仲良：《續資治通鑑長編紀事本末》（以下簡稱爲《長編紀事本末》，臺北：文海出版社，1967 年，光緒十九年廣雅書局刊本），卷 94，〈變新法〉，頁 2；《宋會要》，〈方域〉16 之 15。

〔註38〕《長編》，卷 300，「元豐二年十月己亥」條，頁 7307。

〔註39〕《宋會要》，〈食貨〉42 之 20～21；（日）加藤繁：《中國經濟考證》（臺北：

間的私載行為，規定「非導洛司船輒載商人私物入汴者，雖經場務投稅，並許入告，罪賞依私載法。即服食、器用日費，非販易者勿禁；官船附載發箔、柴車、竹木亦聽」，〔註41〕由官方全面壟斷汴河運輸；（四）禁止以「竹木為牌筏，入汴販易」；〔註42〕（五）禁以下水空船私載貨物；〔註43〕（六）規定凡西河下水私船載穀，應輸力勝錢，而迴避詐匿不輸者，計不輸物數論；如非提舉汴河隄岸司船舶，輒載西河鹽、棗、穀，陶器、皂莢過西京及入汴者，「雖經場務出引投稅，許人告捕，罪賞依私載法」。〔註44〕至是，民間船舶不論籍記與否，繳交船舶通行費、商稅與否，一律不准私載商貨，提舉汴河隄岸司完全控制了汴河的行運。

　　三、汴河沿岸國營事業的管理單位：由於汴河條件的大幅改善，宋廷遂規畫以汴河為基礎的國營事業，茲以水磨茶場與其它二部分敘述。

　　（一）、水磨茶場：元豐中，宋用臣都提舉汴河隄岸，建議修置水磨，凡在京茶戶擅磨末茶者有禁，並赴官請買，而茶鋪入米豆、雜物拌和者有罰，募人告者有賞。〔註45〕沿京畿水磨悉皆官營，禁民間私營，其表面上的目的似乎是在控制茶的品質，並防止阻滯漕運，但實際上是欲將磨茶事業國營化。〔註46〕

　　都提舉汴河隄岸司所提領水磨茶場，依據劉摯的評估，每年大約可獲得二十萬貫的收益。〔註47〕元豐八年（1085），神宗旋崩，即令水磨茶場改隸太府寺，屬戶部右曹。〔註48〕哲宗元祐元年（1086）閏二月水磨茶場廢罷，〔註49〕直至紹聖元年（1094）復置，專設提舉水磨茶場所，以右通直郎孫迴提舉，並兼提舉汴河隄岸。〔註50〕徽宗時期之水磨茶場，置廢與提領官署皆不一。略

　　　華世出版社，1976年），卷2，「宋代商稅考」，頁635。
〔註40〕《長編》，卷300，「元豐二年十月己亥」條，頁7307，其理由應是導洛通汴後，水勢調緩，逆流不須過為費力，因而民間增收費用。
〔註41〕《宋會要》，〈方域〉16之15。
〔註42〕《宋會要》，〈方域〉16之16。
〔註43〕《長編》，卷323，「元豐五年二月庚午」條，頁7788。
〔註44〕《長編》，卷347，「元豐七年七月庚戌」條，頁8326。
〔註45〕（宋）馬端臨：《文獻通考》，卷18，〈榷茶〉，頁176。
〔註46〕朱重聖師：《北宋茶之生產與經營》（臺北：學生書局，1985年），頁259。
〔註47〕《宋史》，卷94，〈汴河下〉，頁2329～2330。
〔註48〕《長編》卷357，「元豐八年六月乙丑」條，頁8529；《宋會要》，〈食貨〉30之25～26、56之23。
〔註49〕《長編》卷370，「哲宗元祐元年閏二月丁巳」條，頁8955。
〔註50〕《宋會要》，〈食貨〉8之33～34、〈食貨〉30之26～28；《宋史》，卷184，〈食

而言之，崇寧二年（1103）水磨茶場隸提舉京城茶場所。〔註51〕三年（1104）廢罷。〔註52〕四年（1105）再以水磨茶場歲課三十萬，召六十磨戶共同承擔，仍隸提舉京城茶場所，而其均節水勢，則由汴河都大使臣主管。〔註53〕五年（1106），水磨茶場復令提舉京城所設置，罷民戶磨茶，其推行茶法，供奉錢茶等事，則隸都提舉汴河隄岸司提領。〔註54〕

水磨茶場運銷制度之釐定，雖由尚書省與戶部主其事，但因都提舉汴河隄岸司為水磨茶場的創始單位，因而擇地、置場、運銷等建議也獲得大量的採用。都提舉汴河隄岸司或兼提舉汴河水磨茶場，其目的不外有二：一在可隨時調節水流，使水磨茶運銷與汴河等漕運制度，不致兩相妨阻；一在能於經營水磨茶過程中，獲取課利，以助國計。〔註55〕

（二）其它單位：汴河條件改善後，進貨成本的節省，以及進貨量的增加，對於市況發達必有相當大的助益，因而官方起意將沿汴兩岸房廊出租，並兼辦官營沿汴商行。依其時宋用臣的建議，可略知沿汴房廊、販賣紙類、紅花、麻布，以及酵母皆已歸國營；〔註56〕又依據元豐八年五月，戶部侍郎李定的調查，其時汴河隄岸司與京城所控管的國營事業單位如下：汴河隄岸房廊、水磨茶場、京東西沿汴船渡、京岸朝陵船、廣濟河船渡、京城諸處房廊四壁花果、水池、冰雪窖、菜園、萬木場、四壁果市、京城豬羊圈、東西麵市、牛圈、垛麻場、肉行、西塌場等。〔註57〕惟二者分際，史未明載。

汴河隄岸司本為特別單位，因有與民爭利之嫌，神宗旋崩，即相繼罷廢

　　　貨志下六・茶下〉，頁4507。
〔註51〕《宋會要》，〈食貨〉8之34、〈食貨〉30之32～33；《宋史》，卷184，〈食貨志下六・茶下〉，頁4507。
〔註52〕《宋史》，卷184，〈食貨志下六・茶下〉，頁4507；（清）黃以周：《續資治通鑑長編拾補》（收入《續修四庫全書》，上海：上海古籍出版社，1995年），卷24，「崇寧三年五月辛丑」條。
〔註53〕（清）黃以周：《續資治通鑑長編拾補》，卷25，「崇寧四年正月乙未」條。
〔註54〕《長編紀事本末》，卷137，「徽宗皇帝水磨茶」條；（清）黃以周：《續資治通鑑長編拾補》，卷26，「崇寧五年正月癸亥」條。
〔註55〕按：水磨茶場之置廢過程，可參考朱重聖師：《北宋茶之生產與管理》，第三章「北宋茶運銷管理機構」，頁252～260。
〔註56〕《長編》，卷315，「元豐四年八月己巳」條，頁7627。
〔註57〕詳《長編》，卷356，「元豐八年五月乙未」條，頁8512；又詳（宋）楊仲良：《長編紀事本末》，卷94，〈變新法〉，頁4。另參見（宋）李燾：《皇宋十朝綱要》，卷10下，頁258。

所領諸事。元豐八年四月，廢在京、京西、泗州物貨場；五月，罷汴河隄岸司所領天漢橋、萬木場、果子行、豬羊圈等；七月，復罷汴河拘攔牛馬果子行等地課。〔註58〕而汴河隄岸司亦於是年五月，歸隸都水監。〔註59〕哲宗元符元年（1098）四月，始復置都大提舉汴河隄岸司，〔註60〕原業務已大幅簡併，以迄北宋之亡。

第二節　地方主管機關

北宋初期河渠整治為基層州縣的事務工作，伴隨溝洫問題叢生，以及指揮體系不明，仁宗嘉祐三年，明定轉運司、提刑司得按行河渠事務，其後再次提昇地方主管機關為轉運司與提點刑獄司，是以地方主管機關當分為二級。惟州縣中，河陰縣有汴口最為緊要，因而另立專項討論。

壹、轉運司、提點刑獄司、府界提點司

一、轉運司

轉運司長官有都轉運使、轉運使副及判官等，其職初僅負責「軍須餽餉」，以總利權。至太宗太平興國年間（976～983），始「總治一路」，成為監司之任，「掌經度財賦，察其登耗有無，以足上供及郡縣之費，歲行所部，檢察儲積，稽考帳籍，凡吏蠹民瘼，悉條以上達」，及兼「平反獄訟」，專舉刺官吏之事。〔註61〕是以轉運司為地方最高督導單位，對於沿河州縣負有督考的權責。

原河渠事務由州縣與都水監直接對口，如前述嘉祐三年閏十二月，河渠司勾當公事李師中曾上奏指出：「乞指揮自今都大巡河使臣及縣邑應干河渠事，並具申狀。如州縣有不應報事，或稽緩致悞事者，許牒（轉）運司取勘，下都水監定奪。」都水監亦說：「竊以都大巡河使臣各隸本州，不當與監司及省司一例，

〔註58〕（宋）李埴：《皇宋十朝綱要》，卷 10 下，58～259，各詳所繫月日。按：其中「方木場」，應為「万木場」之誤，「万」為「萬」字義，據前述相關資料改正。

〔註59〕《宋史》，卷 165，〈職官五・都水監〉，頁 3922；《長編》，卷 356，「神宗元豐八年五月庚子」條，頁 8514。

〔註60〕（宋）李埴：《皇宋十朝綱要》，卷 14，頁 307。按：先前汴河隄岸司罷廢時間未見。

〔註61〕《宋史》，卷 167，〈職官七・都轉運使〉，頁 3964。

直行取勘州軍官吏，自今乞只令具事申轉運司，差官取勘」，〔註62〕則又知是時轉運司負有督導河務權責。

元豐改制後，都水監業務雖有理想規畫，但緊急洪汛則又陷入事權是否統一的問題，哲宗元符二年（1099）九月水部員外郎曾孝廣建議重新釐清相關職權，《長編》記載其建議始末云：

> 水部員外郎曾孝廣奏：「臣伏見元豐四年六月三日聖旨，河決小吳埽，其東行河道已是淤高，理不可塞，將來更不修閉。今年河決內黃埽，全河北流，已準敕命河事付轉運司，責州縣共力救護北流堤岸，則都水北外丞無所職任，及南外丞有懷、衛，都水地分亦屬河北路，今來不可獨異而使觀望疑惑。欲乞並歸轉運司，於本司置河渠案及屬官，分治責辦州縣修護河埽，自然上下檢察，內外簡省。」工部看詳，欲依孝廣所奏事理施行，所有合措置事件，令轉運司別具條析奏取朝廷指揮。從之。

由是可知，元符二年之後，部分轉運司置有河渠案及屬官，以專水政，取代南、北外都水丞原有職權，直接負有統籌、計畫、執行的任務；惟是項措施在復置南、北都水丞後有無取消，無法證實。

二、提點刑獄司

「提點刑獄司」又稱「提刑司」，其職掌「察所部之獄訟」，以平其曲直，「所至審問囚徒，詳覆案牘」，凡禁繫淹延不決，盜逋竄不獲，皆劾以聞，及「舉刺官吏」。其職官有提點刑獄公事、檢法官、幹辦官等。〔註63〕依其職分可知與轉運司同負有舉刺官吏之責，而提刑司兼及汴河之務，當是汴河為東南六路綱運必經之渠道，凡河道維護之督察和盜賊騷擾及綱卒弊端之遏止，皆是重點政策。嘉祐三年以河政不修，中央廢河渠司，改置都水監。翌年，亦將州縣主導的汴河維護工作提昇位階，由提點刑獄朝臣、使臣並帶兼提舉河渠公事，〔註64〕則是由監督單位，轉變為督導暨執行單位。

三、府界提點司

開封府為北宋京師首善之區，對於黃、汴河的潛在威脅有特別處置，如

〔註62〕《宋會要》，〈職官〉5之42～43。
〔註63〕《宋史》，卷167，〈職官七·提點刑獄〉，頁3967。
〔註64〕《長編》，卷189，「仁宗嘉祐四年四月戊辰」條，頁4559。

除設置河隄使、河堤判官外，[註65] 眞宗景德三年（1006）三月，另置有府界提點司，其主官爲提點開封府界諸縣鎮公事（或稱「提點開封府界公事」），[註66] 「掌察畿內縣鎮刑獄、盜賊、場務、河渠之事」。[註67] 既言「察」，可知與各路之提點刑獄公事相彷，然其所領河渠職事，雖名爲稽察督導，兼亦有規畫之責。

如神宗熙寧元年（1068）三月，依都水監建議修浚畿內溝河，有云：

> 請令府界提點司選官，與縣官同定緊慢功料，據合差夫數，以五分
> 夫役，十分工，依年分開淘，提點司通行點校。[註68]

可見提點開封府界公事有規畫之責；又熙寧六年（1073）夏，都水監丞侯叔獻「引汴水淤府界閑田，水既數放，或至絕流，公私重舟不可盪，有閣折者」，神宗指示都水監分析，並詔三司同府界提點官往視，[註69] 則府界提點官有調查之責；又如熙寧八年（1075），同管勾外都水監丞程昉建議實施第二次的清汴計畫，神宗詔：「開封府界提點司、京西北路轉運司計工料以聞」，[註70] 則知府界提點司有調查規畫之責。

在調查、規畫河渠事務之外，開封府界提點司復有領導整治河渠之責。如仁宗天聖四年（1026）秋七月，汴水大漲，京城有水災之憂，乃用樞密院奏，敕八作司決陳留隄及城西賈岡陂地，洩於護龍河。「水既落，命開封府界提點張君平調卒復治其隄防」。[註71]

元祐七年（1092），宋廷議回河東流，乃詔河北、京西漕臣及開封府界提點，各兼南、北外都水事，自是衞內帶兼管勾南外都水公事。[註72]

府界提點公事的身分比照諸路提點刑獄公事，爲它路所無，業務劃分亦

〔註65〕按：太祖於乾德五年（967）正月，命開封、大名等十七州長吏並兼本州河隄使；開寶五年（972）二月，又命各置河隄判官一員，以本州通判兼，如闕員則以判官充。據此，開封府置有專官領河渠事務甚明，而所管自亦兼及汴河。詳見《宋史》，卷92，〈河渠一‧黃河上〉，頁225～2258；（宋）杜大珪：《宋大詔令集》，卷160，〈政事十三‧官制一‧置河堤判官詔〉，頁606。

〔註66〕《長編》，卷62，「眞宗景德三年三月是月」條，頁1393。

〔註67〕《宋史》，卷167，〈職官七‧提點開封府界公事〉，頁3971。

〔註68〕《宋史》，卷94，〈河渠四‧京畿溝渠〉，頁2344。

〔註69〕《宋史》，卷93，〈汴河上〉，頁2324。

〔註70〕《長編》，卷260，「神宗熙寧八年二月丙戌」條，頁6347。

〔註71〕《長編》，卷104，「仁宗天聖四年秋七月乙巳」條，頁2412。

〔註72〕《宋史》，卷165，〈職官五‧都水監〉，頁3922；（宋）馬端臨：《文獻通考》，卷57，〈都水使者‧河渠署〉，頁518。

較繁細,對於京畿事務或主導,或兼辦,或協辦,不一而足,端視朝廷對相關事務的訓令而定。

府界提點公事曾於元祐元年三月廢止,宋廷下詔:「開封府界置提點刑獄官一員,依諸路提點刑獄職事,仍以葉溫叟爲之」〔註73〕;惟紹聖元年(1094)閏四月二日,朝廷又詔:「元祐罷提舉官,遂於府界置提刑司,今提舉官已復,提刑司可罷」〔註74〕,府界提點公事被府界提點刑獄司取代近九年之後,終於恢復。〔註75〕

貳、州 縣

轉運司、提刑司以下,州縣爲汴河維護管理的基層單位,其主要工作有水土保持、隄岸巡護、治安管理三種。

一、水土保持

水土保持的工作,以兩岸栽植榆柳爲主,榆柳之植,兼收護岸及美化之效。隋朝時,開封「八景」之一,即有「隋隄煙柳」勝景。五代時周景濬汴口,亦植榆柳護岸,《玉壺清話》記載:

> 周世宗顯德中,遣周景大濬汴口,周景心知汴口濬成,舟檝無壅,將有淮、浙巨商貿糧斛貫。萬貨臨汴,無委泊之地,建議世宗,乞令許京城民環汴栽榆柳、起臺榭,以爲都會之壯。〔註76〕

雖然周景包藏規利的企圖,但由此取得榆柳美化與護岸的功效。

宋初對黃、汴河等隄岸維護未有細部規定,早期在勸農的政策下,廣植桑棗,〔註77〕「令佐以春秋巡視其數」。〔註78〕太祖開寶五年(972)正月規定沿河州縣除所植桑棗外,又令州縣長吏依民別,「按戶籍高卑,定爲五等:第一等歲種五十本,第二等四十本,餘三等依此第而減之,民欲廣種樹者亦自任;

〔註73〕《長編》,卷372,「哲宗元祐元年三月癸酉」條,頁9011;又見《宋史》,卷17,〈哲宗一〉,頁321。

〔註74〕《宋會要》,〈職官〉43之7。

〔註75〕參見王曉龍:〈宋代開封府界提刑司考論〉,《河南大學學報(社會科學版)》,第48卷第3期,2008年5月,頁130~133。

〔註76〕(宋)文瑩撰,鄭世剛、楊立揚點校:《玉壺清話》,卷3,頁26~27。

〔註77〕(宋)宋綬、宋敏求編,司義祖校點:《宋大詔令集》,卷182,〈政事三十五·田農·勸栽植開墾詔〉,頁658。

〔註78〕《長編》,卷2,「太祖建隆二年是春」條,頁43;(宋)馬端臨:《文獻通考》,卷4,〈田賦四·歷代田賦之制後晉至宋神宗〉,頁54。

其孤寡癃病者，不在此例」，〔註79〕課以種植「榆柳及土地所宜之木」之責，以此汴河隄岸亦當在養護範圍。故而陸游（1125～1210）指自國都開封，東出通津門，舟行歷宋、亳、宿、泗諸州，俱見兩隄列植榆、柳、槐、楸，〔註80〕以堅隄岸，並嚴禁諸色人斫伐。〔註81〕仁宗天禧元年（1017）正月，韋繼昇、張君平即建議以沿河縣植榆柳數量，為令佐、使臣考課的依據。因此宋廷規定：

> 緣汴河州軍管勾河堤京朝官使臣、令佐等任滿，如委栽種及五萬株已上青活，河堤別無疎虞，新官點檢交割，取本州府官吏保明以聞。仍自〔齎〕赴闕，于中書、樞密院通下，候看詳應條，京朝官使臣與免短使、家便差遣，令佐免選。如不應條，不及數，顯有情偽，干繫官吏重行朝典。〔註82〕

可見沿汴河州軍管勾河堤京朝官使臣、令佐如能達到落實栽植榆柳數目，即有「京朝官使臣與免短使、家便差遣，令佐免選」的福利。

在宋廷政策的支持下，汴河兩岸榆柳成林，韋驤〈汴上榆柳〉詩云：

> 栽培芟治責官曹，官牒書為第一勞；擢幹不知多少樹，施功唯繫萬千艘。斧斤畏法誰能近，雨露流恩氣轉豪；今歲河堤新決壞，森然安用拂雲高。〔註83〕

本詩將植樹護岸以維繫汴河運輸功能的政策，表露無遺，內容也反映出百姓不得擅自砍伐岸木的規定。

汴河夾岸榆柳成景，後人歌誦詩篇數見於詩篇。黃裳〈登汴堤〉詩：

> 楊花榆莢衛行人，十里遙堤一色春；多為利名憐此景，未能憐得自

〔註79〕（宋）宋綬、宋敏求編，司義祖校點：《宋大詔令集》，卷182，〈政事三十五・田農・沿河州縣課民種榆柳及所宜之木詔〉，頁658～659。《宋史》，卷91，〈河渠一・黃河上〉，頁2257。
〔註80〕（宋）陸游：《渭南文集》（收入《四部叢刊初編》，上海：上海商務印書館，1922年），卷20，〈盱眙軍翠屏堂記〉。
〔註81〕（元）李好文：《長安志圖》（收入《景印文淵閣四庫全書》，臺北：臺灣商務印書館，1983年），卷下，〈退水槽〉。
〔註82〕《宋會要》，〈方域〉16之4～5；《宋史》，卷326，〈張君平〉，頁10525。按：《長編》，卷92，「天禧二年九月甲申」條，頁2127。記載：「沿河縣令佐使臣能植榆柳至萬株者書歷為課」，內容為追述語法，茲從《宋會要》繫年。
〔註83〕（宋）韋驤：《錢塘集》（收入《景印文淵閣四庫全書》，臺北：臺灣商務印書館，1983年），卷2，〈汴上榆柳〉。

由身。〔註84〕

劉弇（1048～1102）〈早發襄邑〉詩：

> 迢迢汴水吞窈冥，白榆多於天上星；林梢碎漏月痕白，草頭冷泣螢
> 腰青。雲霄九重近在目，鵷鷺百翮誰趨庭；雞聲馬蹄正立敵，斷送
> 垢褐疲吾形。〔註85〕

呂祖謙（1137～1181）〈自祁門至進賢路中懷舊二絕〉詩之一：

> 雨歇路逾滑，山空鳥不飛；却思無事日，騎馬踏泥歸。汴水夾榆柳，
> 今留胡馬蹤；如何進賢路，只是見青松。〔註86〕

在一片榆柳下，詩人或感懷人生，或自傷前途，或慨歎國運，也憑添了幾分
蕭瑟的景致。

　　大體而言，在宋廷長期的經營下，汴隄兩岸植栽不以榆柳爲限，陸游指
由京師東出通津門後，「舟行歷宋、亳、宿、泗，兩隄列植榆柳槐楸」，也可
知兩岸植樹，目的在護堤，樹種應有一定的彈性。〔註87〕

二、巡視維護

　　州縣對於境內所屬河道自有巡視督護之責，所謂「河」有二義，一者單
指黃河，一者泛指一般河流，尤其黃、汴河所經州縣，亦有重覆，因而宋廷
訓令，凡指「緣河」，部分包含汴河之防護在內。

　　黃、汴河對於京師河防與漕運的影響重大，因此至爲重視主管汴河官員
的職等和出缺情形，以及巡視隄岸的頻率，如眞宗咸平三年（1000）六月，
規定「緣黃、汴河令佐常巡護隄岸，無得差出，有闕，流內銓即時注擬，勿
使乏人」；〔註88〕六年（1003），規定沿黃、汴等諸州，知州、通判「兩月迭
巡河津」。〔註89〕景德二年（1005）十月，眞宗針對黃河再頒嚴飭之詔，規定
每月巡隄，有云：

〔註84〕（宋）黃裳：《演山集》（收入《景印文淵閣四庫全書》，臺北：臺灣商務印書
　　　　館，1983年），卷10，〈登汴堤〉。

〔註85〕（宋）劉弇：《龍雲集》（收入《景印文淵閣四庫全書》，臺北：臺灣商務印書
　　　　館，1983年），卷7，〈早發襄邑〉。

〔註86〕（宋）呂祖謙：《東萊詩集》（收入《景印文淵閣四庫全書》，臺北：臺灣商務
　　　　印書館，1983年），卷12，〈自祁門至進賢路中懷舊二絕〉。

〔註87〕（宋）陸游：《渭南文集》（收入《景印文淵閣四庫全書》，臺北：臺灣商務印
　　　　書館，1983年），卷20，〈盱眙軍翠屏堂記〉，頁12。

〔註88〕《長編》，卷47，「眞宗咸平三年六月丁未」條，頁1019。

〔註89〕《長編》，卷55，「眞宗咸平六年八月戊寅」條，頁1211。

緣河官吏雖秩滿，須水落受代，知州通判每月一巡隄，縣令佐官迭
巡，轉運使勿委以他職。又申嚴盜伐河上榆柳之禁。〔註90〕

其後再依淮南轉運使邵煜的建議令知州、通判兼河渠事。〔註91〕天禧四年
（1021）五月，又規定：

應緣河州軍，自今每歲令長吏等與巡河及本地使臣躬親檢視隄岸，
當浚築者，連署以聞，勿復減省功料，以圖恩獎，違者重置其罪。
〔註92〕

宋廷重視河政，要求地方官員增加汴河的巡視頻率，進而確立地方官員兼理
河渠的職事，與相關官員同蒞其事，使不得推諉塞責。至於河隄若有潰決，
亦得協助整治之相關事宜。〔註93〕

三、治安管理

州縣的治安維護，包含押運綱卒弊端的糾舉、盜匪的緝捕、堤岸榆柳盜
伐的防制、汴河流屍的收葬，盡是沿河州縣官員的督導範圍。〔註94〕平時由
巡檢與都監、監押負責，巡檢為警察官員身分，都監、監押為軍事官員，二
者協同管理督導汴河的運作，天聖五年（1027）之前為其本職，之後，應張
君平與樞密院之請，改置「捉賊使臣」以專其責，〔註95〕巡檢、都監、監押
等乃成為協同管理職官（詳後）。

參、汴　口

一般而言，各州縣對河渠整治的職權本無多大差異，但是河陰縣內有汴
口，主引黃河水入汴，以濟東南漕運，關係至為重大。河陰縣有二大問題：
一、汴口移易不定，黃河「向背不常，河口歲易」，因而每歲春首，即度地形，

〔註90〕《宋史》，卷91，〈河渠一・黃河上〉，頁2260。
〔註91〕《宋會要》，〈食貨〉46之3。
〔註92〕《長編》，卷95，「真宗天禧四年五月己卯」條，頁2194。
〔註93〕按：可參考（宋）鄭獬：《郧溪集》（收入《文淵閣四庫全書》，臺北：臺灣商
　　　務印書館，1983年），卷20，〈尚書比部員外郎王君（王仲莊）墓誌銘〉：「君
　　　嘗在下邑，領縣卒四千治汴渠，道經離驛，一夫渴飲於河清營。俄有營卒出
　　　唱曰：『渴飲者已戮死矣。』役夫大噪，將刦營取之。君趨往諭之。曰：『爾
　　　何敢草草如此？』眾皆引去，乃縛其唱言者，寘之法。」
〔註94〕《宋史》，卷326，〈張君平〉，頁10525；（宋）文瑩撰，鄭世剛、楊立揚點校：
　　　《玉壺清話》，卷4，頁37。
〔註95〕《長編》，卷105，「天聖五年六月庚寅」條，頁2442。

相水勢，擬訂擬開，擬備開等方案，以供因應；二、調度人力頻仍，每歲初須徵調數州之民治汴口，緊急洪汛亦須徵調軍隊支援。〔註96〕由是河陰縣官員職事最爲繁劇，據文同《丹淵集‧屯田郎中石君墓誌銘》記載：

> 景祐元年（1034）……調孟州河陰縣主簿，縣踞汴渠之咽，歲驅兵夫十萬餘厮，折實減堅，蔺捷以瀉其流，絕滎波直王城，會長淮，通東南之漕給中都，事務寂嚴劇。大農每歲度諸郡之穀，峙於縣以稟其用，所領内者，非精健有智數則禍其籍，而使令譖誣受賕矣。公始任即當此，眾未信其能評之，他負蟻入，公制以術，部後先無相躐，才鋒森然，批斷翦翦，無一粒宿于外，日日用此道，塗謠誦之，遂著名矣。〔註97〕

汴口管理頗爲專業，尋常官員無法駕御，宋廷任命河陰縣官員必須選擇「精健有智數」者，方能應其職事。

基本上，河陰縣官員與主管汴口官員或取職權相兼，或採業務協調，情狀不一，宋廷拔擢相關官員，略有兩大原則：

其一、知水事：任命熟知黃、汴河利害的官員，調節汴河水勢，以期將變數控制在最小，如宋初的宋雄、許元豹（一作許玄豹），俱以知水事獲得拔擢。《宋會要》記其事云：

> 先是，光祿少卿宋雄監河陰屯兵。雄習知河渠利害，因領護汴口，均節水勢，以濟江、淮漕運，居十數年，三遷將作監，不易其任，職務修舉，朝廷賴焉。於是，雄卒，三門發運使。水部郎中許元豹上書，請兼領以自效。乙未，命元豹兼河陰都監，知縣事。〔註98〕

因此自許元豹之後，宋廷「命知水事者爲都監」即成慣例。〔註99〕仁宗皇祐年間（1034～1038），張翬亦以知水事，嗣其父張君平之職，以尚書虞部員外郎任河陰發運判官，管勾汴口。〔註100〕

其二、久其任：水官更迭頻繁，影響汴口管理工作至鉅，因得視其業務情形

〔註96〕《長編》，卷233，「熙寧五年五月壬辰」條，頁5655～5656；《宋史》，卷93，〈河渠三‧汴河上〉，頁2316～2317。

〔註97〕（宋）文同：《丹淵集》（收入《景印文淵閣四庫全書》，臺北：臺灣商務印書館，1983年），卷36，〈屯田郎中石君墓誌銘〉。

〔註98〕《宋會要》，〈方域〉16之1。按：相關事蹟另見《長編》，卷56，「眞宗景德元年秋七月乙未」條，頁1246、《宋史》，卷264，〈宋琪‧宋雄〉，頁9132。

〔註99〕《宋會要》，〈方域〉16之1。

〔註100〕《宋史》，卷326，〈張君平〉，頁10526。

延長其任期，如神宗熙寧四年（1071）正月，內殿承制、閤門祗候、同勾當汴口李宗善明習水事，在汴口十二年，都水監請增秩禮賓副使，又延長任期。〔註101〕

汴口勾當官有兩員，內或小使臣一員勾當，並兼京西都大巡檢汴河隄岸、賊盜、斗門。神宗熙寧新政期間，宋廷推廣農田水利政策，大力實施淤田，因而兼管勾淤田，官高者同河陰縣兵馬都監，以便緩急，利於差借河陰縣教兵士，官低者唯領勾當汴口，調節水勢。〔註102〕

正因汴口勾當官員身分複雜，故史料呈現部分的紛亂現象，如仁宗天聖六年（1028）時康德輿，《長編》謂渠爲「都大巡檢汴河隄岸」，《宋史·河渠志》則指其「勾當汴口」，可見二職爲相兼，又因勾當汴口官有二員，且各有兼職，是以亦不乏同時出現「勾當汴口」和「都大巡檢汴河隄岸」的例子。〔註103〕

神宗熙寧新政後，隨著河政的變革和節約經費的考量，勾當汴口官員的任命內容即有變動，如熙寧八年（1075）七月，因實施固定汴口位址，「惟用貲家店舊口及遷左故道，歲減人夫、物料各以萬計」，「河防無事」，同判都水監侯叔獻建議由都水監「選舉小使臣二員，勾當汴口，兼領雄武埽；減罷本埽巡河使臣、京西都大使臣各二員；所領河清、廣濟依舊以六分爲額，減罷河清二指揮」，旋即施行。〔註104〕

熙寧十年（1077）權判都水監俞充認爲汴口近因裁減，矯革過中，事難濟辦。建議調整任命原則，「差大使臣勾當汴口，小使臣一人夾河巡檢，京西都大司差部役使臣二人，河清、廣濟指揮增爲八百人，汴口歲差廂軍千五百人」，詔從之。〔註105〕案亦由是可知平時養護汴口動用的人力規模。

第三節　巡警督護職官

巡警督護職官主管汴河隄岸的巡視警戒，以維持汴河的正常運作，其偵

〔註101〕《長編》，卷219，「神宗熙寧四年正月辛亥」條，頁5329。

〔註102〕《宋會要》，〈方域〉16之8。

〔註103〕參見《長編》，卷106，「仁宗天聖六年冬十月壬申」條，頁2483；《宋史》，卷93，〈河渠三·汴河上〉，頁2322。

〔註104〕《長編》，卷266，「神宗熙寧八年七月甲戌」條，頁6526。按：宋神宗熙寧年間積極嘗試固定汴口，以求降低維護成本，詳見拙著〈宋神宗時期汴河的利用政策與清汴工程〉，《人文與社會學報》，第4期（2004年6月），頁246～252。

〔註105〕《長編》，卷284，「神宗熙寧十年九月癸酉」條，頁6966。

察的內容包括了外在的盜賊和綱卒的弊端,以及汴河狀況的回報。北宋依實際需求特別派遣官員為總領汴河全線的巡河官外,一般專責職官則為固定的職銜,如巡檢、監押,相關職官為催綱、催綱官。巡檢為警察機關,監押為軍事單位,催綱官為漕運督導特任官,各有職司,然而巡察地分重疊,彼此職務相兼頻繁,難以盡明其業務分際。茲以巡河、巡檢、都監、催綱四大職系說明於後。〔註106〕

壹、巡　河

汴河之「巡河」官員分特任職官與一般職官,特任職官因需求而設置,名稱不定,如太宗特遣曾致堯行視汴河漕運。〔註107〕眞宗景德三年(1006)謝德權「提總京城四排岸,領護汴河兼督輦運」,並創汴河錐測法,建立汴河維護法的規模。〔註108〕仁宗嘉祐三年(1058)閏十二月,命比部員外郎李言之提舉汴口至泗州隄岸,內供奉官楊昭錫同提舉,其沿河使臣、令佐有不職者,許體量以聞。〔註109〕仁宗天聖元年三月,詔「自京至泗州催綱更不差使臣三人,只令內侍曾繼華乘遞馬往來覺察促綱運,巡捉偷糶拌和,提點地方巡河、都監、監押、巡檢、催綱使臣、令佐等」。〔註110〕上述諸人,似為巡河特任官,藉以加強職事,而所管地分則視詔令而定。

一般職官則有「都大巡河」,仁宗慶曆三年(1043)十一月,詔限職田,即列名其中,〔註111〕此後又見於神宗朝。〔註112〕然而任「都大巡河」一職者,史料惟見天聖元年(1023)夏四月,京西轉運使、祠部郎中孫沖「兼權滑州河陰至泗州都大巡河」,〔註113〕它處未見,可能是技術官僚不為修史者重視的緣故。

〔註106〕按:職系依《宋會要》,〈方域〉16之15,云:「非導洛司船輒載商人私物入汴者,雖經場務投稅,並許入告,罪賞依私載法,……仍責巡河、催綱、巡檢、都監司覺察。」據此劃分為四。
〔註107〕(宋)歐陽修:《歐陽文忠公集》(收入《四部叢刊初編》,上海:上海商務印書館,1922年),卷21,〈尚書戶部郎中贈右諫議大夫曾公神道碑銘并序〉。
〔註108〕《宋史》,卷309,〈謝德權〉,頁10166。
〔註109〕《長編》,卷188,「仁宗嘉祐三年閏十二月己卯」條,頁4541。
〔註110〕《宋會要》,〈食貨〉42之7。
〔註111〕《長編》,卷145,「仁宗慶曆三年十一月壬辰」條,頁3510。
〔註112〕《長編》,卷243,「神宗熙寧六年三月壬申」條,頁5927。
〔註113〕《長編》,卷100,「仁宗天聖元年夏四月己酉」條,頁2321。

貳、巡　檢

　　宋朝巡檢類別頗多，有沿邊溪峒都巡檢，或蕃漢都巡檢，或數州數縣管界、或一州一縣巡檢，「掌訓治甲兵、巡邏州邑、擒捕盜賊事」，「視其名以修舉職業，皆掌巡邏幾察之事」。〔註114〕故而就汴河的巡護而言，其巡檢應有二類：一爲一州一縣的巡檢或數州數縣的巡檢，即一般巡檢官員；一爲「視其名以修舉職業」，因此巡檢之外，另加飾辭，如「汴河沿隄巡檢」、「都大巡檢汴河隄岸」、「夾河巡檢」、「捉賊使臣」等。

　　宋初，汴河隄岸之巡視由內臣領「汴河沿隄巡檢」職銜負責，眞宗大中祥符三年（1010）正月廢除，「其緣開汴功料即分定地權，差內臣檢校」。〔註115〕此後，似依開汴河需求情狀，特派內臣按視。其沿汴巡視工作，即畫分地界，分爲汴口至京師，京師至泗州二段，各以「都大巡檢汴河隄岸」與「巡檢」（捉賊使臣）職稱任其事。

一、都大巡檢汴河隄岸

　　「都大巡檢汴河隄岸」又稱「都巡檢」，爲「勾當汴口」官員的兼職。如《長編》有云：

> 都大巡檢汴河堤岸康德輿言：「行視陽武橋萬勝鎭，宜存斗門。其梁固斗門三，宜廢去。祥符界北岸請爲別竇，分減溢流。」悉從其請。勾當汴口王中庸請增置孫村石限，亦從之。（原註：此據本志，但云勾當汴口康德輿，明年乃得爲都巡檢，與實錄異。今官名從實錄）。
>
> 〔註116〕

綜合上文與原註，不計時間先後次序，康德輿之身分有「都大巡檢汴河堤岸」、「都巡檢」二稱，顯然同職異名；再配合前述汴口設有「勾當汴口有兩員，內或小使臣一員勾當，並兼京西都大巡檢汴河隄岸、賊盜、斗門」〔註117〕的說法，則「都大巡檢汴河堤岸」職銜之前有「京西」二字。

　　由是論梅堯臣（1002～1060）〈送史供奉汴口都大〉詩，其云：

> 河爲中國患，亦爲中國利。其患齧隄防，其利通糧餽。分流入浚汴，萬貨都城萃。積淫或暴漲，旱暵或滯竭。疏導欲其宜，經度有所異。

〔註114〕《宋史》，卷167，〈職官七・巡檢司〉，頁3982。
〔註115〕《宋會要》，〈方域〉16之2。
〔註116〕《長編》，卷106，「仁宗天聖六年冬十月壬申」條，頁2483。
〔註117〕《宋會要》，〈方域〉16之8。

囊者多邀功,用之殊未至。十私而五公,歲久害愈熾。潰溢必歸尤,
廟堂難決議。明明聖天子,自選中常侍。銀璫插在貂,身小勇且智。
上從廣武城,下及淮與泗。迴險帖縈紆,所畫由所寄。嘗以勤厥身,
又能和眾吏。前日有盡心,于今病憔悴。此職方藉人,加餐當自勵。

〔註118〕

依其內容涉及的範圍可分析如下:一、史供奉「汴口都大」一職,即勾當汴
口官二員中之大使臣,其全稱為「京西都大巡檢汴河隄岸」;二、聖天子「自
選中常侍」任其職,顯見宋帝對汴河的重視;三、詩中「上自廣武城,下及
淮與泗」,似指都大巡檢汴河的權責範圍,應為夸飾法,以提高史供奉的重要
性,管理範圍當限制在「京西」,端指汴口至京城部分。

二、巡檢、捉賊使臣

自京城至楚州的巡護管理,宋初釐定州縣巡檢之職責,皆以才武大小使
臣充,各隨所在,聽州縣守令節制本寨事,並用取州縣指揮。〔註119〕但以事
多力分,仁宗天聖五年(1027),同提點府界縣鎮公事張君平與樞密院乃建議
另置「捉賊使臣」以代之。《宋會要》記其事云:

> (天聖)五年六月二十一日,同提點開封府界諸縣鎮公事張君平言:
> 「汴河至泗州千里,隄多盜賊剽劫,雖有縣鎮監押、巡檢,又緣地
> 理遙遠,各有煙火倉場,庫務所繫,欲乞每(缺「兩」)驛添置巡檢
> 使臣一位,卻廢自京至楚州夾河巡檢。樞密院請於沿汴每兩驛置捉
> 賊使臣一員,選差,與兵卒七十人,器甲六分,人船一隻,於空迴
> 處立廨舍,卻省夾河巡檢。從之。〔註120〕

由是可知三點:其一、仁宗天聖之前,汴河巡護官員為縣鎮監押、巡檢負責,
此後再命專職專官「捉賊使臣」領護其事,地方之監押、巡檢則轉為協同單
位;其二、對比張君平與樞密院用詞,「巡檢使臣」即「捉賊使臣」甚為明確,
由是而論,「捉賊使臣」即「視其名修舉職事」的巡檢官;其三、依張君平上
奏內容,「夾河巡檢」即一般巡檢,非為專有名詞。

〔註118〕 (宋)梅堯臣:《宛陵先生集》,卷52,〈送史供奉汴口都大〉;傅璇琮等主編:
《全宋詩》(北京:北京大學出版社,1991年),卷258,〈梅堯臣二七‧送史
供奉汴口都大〉,頁3226。按:後者「經度」誤作「徑度」。

〔註119〕 趙效宣:《宋代驛站制度》(臺北:聯經出版事業公司,1983年),頁317。

〔註120〕 《宋會要》,〈職官〉48之126。按:本事又見《宋史》,卷326,〈張君平〉,
頁10525~10526;《長編》,卷105,「仁宗天聖五年六月庚寅」條,頁2442。

靖康二年，又有「沿汴巡檢」一稱。其時汴河上流潰決者數處，決口有至百步者，塞久不合，乾涸月餘，綱運不通，南京與京師皆乏糧。高宗指揮都水使者陳求道措置，凡二十餘日而水復舊，綱運沓來，兩京糧始足。乃擇使臣八員爲「沿汴巡檢」，每兩員各將兵五百人，自洛口至西水門，劃分地界防察決溢。〔註 121〕是以此時的「沿汴巡檢」爲臨時派任之「視其名以修舉職業」的巡檢官員，主管京城至洛口部分，和以往夾河巡檢的法定人數不同。

汴河「巡檢」職系有別，職權亦有本兼各職，本職主汴河沿隄治安的維護，兼職爲身兼催綱官，如自京至汴口，以夾河巡檢武臣兼；京城至泗州，以沿汴捉賊巡檢、監押武臣兼。〔註 122〕俱見河務與綱運爲一而二，二而一之事務，職務相兼乃合理之發展。

參、都監、監押

宋設有都監司，其性質應爲軍事單位，其官屬有「都監」、「監押」。其路分都監掌本路禁旅屯戍、邊防、訓練之政令，以肅清所部。州府以下都監，皆掌其本城屯駐、兵甲、訓練、差使之事，資淺者爲監押。〔註 123〕按其業務有「肅清所部」之責，防治盜匪乃與巡檢重覆，因而亦負有巡護汴河之責。仁宗天聖年間，沿汴改置捉賊使臣以專其責，故而權責略減，乃爲協同職官。

沿河都監、監官等，職事所及，原本對經過綱運，並不負有「鈐轄斷絕」之責任。宋廷鑑於此弊，乃要求設置「催綱曆」以落實督導，仁宗天聖元年（1023）五月規定：

> 今後各於地分內促綱運，依日限出地分，及令本處使臣遞相置曆，
> 抄上到發月日，候催促出地分，於界首使臣處印押。如內有故，住
> 卻數日，亦須開說，即不得妄外取索綱運申報。〔註 124〕

蓋自是都監、監押等職，亦負有催綱之責。

肆、催綱、催綱官

汴河之設置宗旨在通南北運輸，以濟漕運，然而綱船水手梢工往往借故

〔註 121〕《宋史》，卷 94，〈河渠四·汴河下〉，頁 2335。
〔註 122〕《宋會要》，〈食貨〉45 之 1。
〔註 123〕《宋史》，卷 167，〈職官七·路分都監〉，頁 3980。
〔註 124〕《宋會要》，〈食貨〉42 之 8。

稽留，或偷糴拌和，藉故鑿沈船舶，因此沿途之稽查至爲重要。發運司爲綱運主管機關，自然有「催綱」業務。

宋初，發運司有使副，其一在眞州，催督江浙等路糧運；另一在泗州，催促自眞州至京糧運。〔註125〕亦有臨時委派者，如英宗治平三年（1066）六月，從三司之奏，以國子博士傅永爲淮南江浙荊湖發運司勾當公事，專責「點檢諸州軍糴納，并轉般倉卸納，及自裝發至京下卸，常往來覺察綱運中姦弊」，並「依時往山場按點鹽貨，催發鹽綱」。〔註126〕神宗熙寧七年（1074），規定發運使副只於眞州本司連書發遣，遇春運擁併，輪一員至揚、楚、泗州提舉催押末運入京。〔註127〕可見發運司亦有實質「催綱」的業務。

發運使副之催綱週期不定，故而另有常設催綱職守，其職稱有二種：「催綱」與「催綱官」。

「催綱」全稱爲「都大催綱」，北宋置「黃汴河、許汝石塘河都大催綱」一職。〔註128〕在汴河一線，自京至汴口催綱各一人，並以三班以上充；汴河至泗州催綱三人，以三班或內侍充，皆劃分地界督導汴河綱運運作。〔註129〕如仁宗時曾繼華取代之「自京至泗州催綱」三使臣即是，按曾繼華「乘遞馬往來覺察催促綱運，巡捉偷糴拌和，提點地方巡河、都監、監押、巡檢、催綱使臣、令佐等」，〔註130〕可知「催綱」之業務已兼及汴河的運作管理。

又「催綱官」之設，自京至汴口一人，並以夾河巡檢兼；汴河至泗州一人，並以沿汴捉賊巡檢監押武臣兼，〔註131〕對比沿汴捉賊巡檢爲每兩驛置一人的說法，應係以官高者兼任。

北宋沿汴的河隄巡視、治安維護、綱運督促等職官，本係分職庶事，多線並進，但隨著問題的發生與風險控管等考量，乃逐漸產生兼職，以及業務混編統合的情形。宋廷規定地方都監、監官使臣等，需置曆抄上綱運到發月日，實兼有催促綱運之責；又任滿得替時，需將栽種到榆柳數目，令州府與栽種榆柳一處繳連申奏，則亦負水土保持之責。〔註132〕依宋廷前後訓令，夾

〔註125〕韓桂華：〈宋代綱運研究〉，頁303。
〔註126〕《宋會要》，〈職官〉42之30。
〔註127〕《長編》，卷257，「熙寧七年十月壬辰」條，頁6281。
〔註128〕《長編》，卷145，「仁宗慶曆三年十一月壬辰」條，頁3510。
〔註129〕《宋會要》，〈食貨〉45之1。
〔註130〕《宋會要》，〈食貨〉42之7。
〔註131〕《宋會要》，〈食貨〉45之1。
〔註132〕《宋會要》，〈食貨〉46之8。

河巡檢及捉賊使臣皆兼催綱之職，而監押亦復及催綱，則明顯產生業務協調統合情狀，對於貫徹汴河為綱運之設，實有助益。

第四章　北宋中期以前汴河的利用政策與管理問題

第一節　北宋倚賴汴河的主客觀因素

在中國歷史上，對於都城的遷移、選址考量的理由不一，或建立於經濟富庶地區，以維持統治集團物資的需要；或選擇全國居中的地理位置，以利政令四達，制內禦外；或選擇有險可憑的自然條件，使其不易為外力摧毀，國家長治久安。﹝註1﹞對於北宋政府而言，選擇開封為都城，即有這三方面的猶豫。

北宋選擇定都於四戰之地的開封，不選擇具有天然險阻的長安、洛陽，主要的原因有三點：

一、關中的漕運日艱：隋、唐兩代的首都設在長安，雖然有天然的險阻可守，然而漕運的能量仍受限於黃河三門峽的瓶頸，並未因大運河的修建而改觀。

有唐一朝，東西漕運始終徘徊在水運或陸運兩者之間。水運過三門峽要靠縴夫挽船，每日不能進一、二百船，而船隻行進極慢，要通過三門峽全程，每船要走百日。﹝註2﹞因此終唐之世，首都長安始終是處在缺糧的危機之中，供天子六宮之膳的太倉儲糧常不及十日。唐德宗貞元二年（786）三月，江淮

﹝註1﹞ 王卓然、梁麗：〈北宋運河走向與政治經濟中心轉移〉，《華北水利水電學院學報（社科版）》，第23卷第5期（2003年7月），頁134～136。

﹝註2﹞ 史念海：《河山集》（北京：三聯書店，1963年），頁237。

漕米不至，「六軍脫巾于道，上憂之」，〔註3〕可見關中漕運的隱憂，爲了糧食供應問題無法解決，唐室不得不在洛陽設立東京，必要時皇帝攜帶百官前往東京就食。唐代開鑿開元新河，又曾嘗試水陸聯運，但仍未能克服黃河三門峽天險的困難，也無法根本改變運輸方式。〔註4〕於是五代之後，不再有定都關中的王朝，漕運受制於三門天險是一大原因。

二、政治重心東移：五代之時，無論是梁或唐，都曾歷經奠都洛陽或開封的反覆，關鍵乃是洛陽與開封各有其優缺點。

洛陽雖然有天然形勢可守，亦無三門峽之險，但是漕船則須溯黃河而上，漕運仍相當困難，晉高祖（936～942 在位）指洛陽「當數朝戰伐之餘，是兆庶傷殘之後，車徒既廣，帑廩咸虛，經年之輓粟飛芻，繼日而勞民動眾，常煩漕運，不給供須」，〔註5〕可見洛陽幾經戰禍，城郭殘破已甚，而且漕運勞民費財，已喪失定都的條件。

開封地處華北平原，位於黃河與北方的交會點，依傍汴水，爲交通便捷的水陸要衝，而汴水又與江淮相連，對於經濟命脈依仗東南的封建王朝具有更大的吸引力，統治者選擇於此，即是著眼於便利的漕運，開封乃取代長安、洛陽，成爲五代後梁、後晉、後漢、後周和北宋的首都。〔註6〕

三、後周世宗（921～959）奠定建都開封的基礎：後周世宗顯德二年（955）夏四月，下詔重新釐定開封都市計畫，築羅城〔註7〕，爲開封立下奠都的條件。另一方面，他開始整治開封附近的河道，通過發展漕運以支援軍事活動，將開封發展成爲水運中心。顯德二年，周世宗命武寧軍節度使武行德（908～979）「發民夫，因故堤疏導之，東至泗上」。〔註8〕四年（957）四月疏汴水北入五

〔註3〕 （宋）司馬光：《資治通鑑》，卷232，「唐德宗貞元二年三月」條，頁7469。

〔註4〕 參見趙岡：〈歷代都城與漕運〉，《大陸雜誌》，第84卷第6期（1992年6月），頁245。

〔註5〕 （宋）薛居正：《舊五代史》（臺北：鼎文書局，1981年，新校本），卷77，〈高祖本紀三〉，頁1020。

〔註6〕 王卓然、梁麗：〈北宋運河走向與政治經濟中心轉移〉，《華北水利水電學院學報（社科版）》，第23卷第5期（2003年7月），頁1 134～136。莫修權：〈漕運文化與中國城市發展〉，《建築》，第23卷（2003年1月），頁77。陳峰：〈略論漕運與北宋的集權統治〉，《歷史教學》，1986年第10期，頁14。

〔註7〕 （明）顧炎武：《歷代帝王宅京記》（收入《文淵閣四庫全書》，臺北：臺灣商務印書館，1983年），卷17。

〔註8〕 （宋）司馬光：《資治通鑑》卷292，「後周世宗顯德二年十一月乙未」條，頁9532。

丈河，由是齊魯舟楫，皆達於大梁。〔註9〕五年（958）三月，浚治汴口，導河流達於淮，通江淮舟楫之利。〔註10〕六年（959）二月，命王朴（906～959）入河陰按行河堤，立斗門於汴口，又命侍衛都指揮使韓通、宣徽南院使吳廷祚發徐、宿、宋、單等州丁夫數萬疏濬汴河；另發滑、亳二州丁夫濬五丈河，東流於定陶，入於濟，以通青、鄆水運之路；又疏導蔡河，以通陳、潁水運之路。〔註11〕數年之間，他以汴京爲中心，發展放射狀的水運網絡，其中以直接溝通江淮糧區的汴河最爲重要。

　　在政治、經濟條件的改變，以及歷史條件的因緣成熟下，宋太祖建都開封已非偶然的因素。

　　宋太祖在征服南越後，他對錢繆（852～932）誇稱有三帶。范鎮（1007～1087）《東齋記事・補遺》記載：

> 錢俶進寶帶，太祖曰：「朕有三條帶，與此不同。」俶請宣示，上曰：
> 「汴河一條，惠民河一條，五丈河一條。」俶大媿服。〔註12〕

此三帶供應北宋都城的軍需民食，反映後周世宗奠定的基礎，也反映開封建都的優越性。不過，開封直接面對強敵大遼，宋朝倚重兵立國，長此以往，必然形成國計重大的負擔，因而宋太祖遷都洛陽的想法，未曾斷絕。

　　開寶九年（976）四月，宋太祖西幸洛陽，極欲建都於此，群臣力爭以爲不可，《長編》記載君臣討論的情形如下：

> 鐵騎左右廂都指揮使李懷忠（926～992）乘間言曰：「東京有汴渠之
> 漕，歲致江、淮米數百萬斛，都下兵數十萬人，咸仰給焉。陛下居
> 此，將安取之？且府庫重兵，皆在大梁，根本安固已久，不可動搖。
> 若遽遷都，臣實未見其便。」上亦弗從。晉王又從容言曰：「遷都未
> 便。」上曰：「遷河南未已，久當遷長安。」王叩頭切諫。上曰：「吾
> 將西遷者無它，欲據山河之勝而去冗兵，循周、漢故事，以安天下

〔註9〕　（宋）司馬光：《資治通鑑》卷293，「後周世宗顯德四年四月乙酉」條，頁9569。

〔註10〕　（宋）司馬光：《資治通鑑》，卷294，「後周世宗顯德五年三月是月」條，頁9582。

〔註11〕　（宋）薛居正：《舊五代史》，卷119，〈世宗本紀六〉，頁1580、卷128，〈王朴〉，頁1681。另參見張曉東：〈周世宗的統一活動與漕運政策〉，《歷史教學問題》，2007年第2期，頁44～47。按：王朴傳繫於三月，茲從本紀。

〔註12〕　（宋）范鎮撰，汝沛點校：《東齋記事》（收入《歷代史料筆記叢刊》，北京：中華書局，1980年），〈補遺〉，頁45。

也。」王又言：「在德不在險。」上不答。王出，上顧左右曰：「晉
王之言固善，今姑從之。不出百年，天下民力殫矣。」〔註13〕
可知開封的漕運之便與洛陽、長安的山河之勝，各有其建都條件，端視君主
主觀的權衡，而開封得以勝出，全在有汴河漕挽東南財賦之利。

仁宗景祐三年（1036），孔道輔（987～1040）再度建議遷都洛陽，據形
勢之利，范仲淹（989～1052）以非太平之事加以反對，他認爲洛陽「空虛已
久，絕無儲積，急難之時，將何以備」，「太平則居東京通濟之地，以便天下；
急難則居西洛險固之宅，以守中原」。〔註14〕顯然，開封漕運的便利性仍是范
仲淹論述的重點。

基本上，宋朝在當時北強南弱的形勢之下，建都汴京並非善策，因此遷
都之議屢出。張方平〈論京師衛兵事〉對這種情結作了很好的註解：

> 京師本古之陳留郡，天下四通八達之地。自唐室已前嘗爲重藩，五
> 代朱溫始封梁王後，因其宮府廣而爲都，五姓相承，共十一帝，四
> 十九年，亂亡之速，自古無有；抑由都城四向，無險阻之形，藩籬
> 之固，逼近強敵，方鎮握強兵於外，乘禁衛之虛弱，末本倒置也。
> 國朝太祖皇帝深慮安危之計，始削諸節度之權，屯兵於內，連營畿
> 甸。又修完西京宮內，蓋有建都之意，然利於汴渠漕輓之便，因循
> 重遷。先帝通好北國，即叙西戎，爾時可以減戍消兵，致生民於富
> 厚矣。太平三十年，使軍士坐費倉庫，以困天下，非不深思遠謀也。
> 知祖宗本意依重兵而爲國，勢不可去也。〔註15〕

可見「利於汴渠漕輓之便，因循重遷」是北宋政府離不開汴河的原因。故而
范祖禹（1041～1098）指「國家建都於汴，實就漕挽東南之利，京師億萬之
口所食，贍軍養民，此乃國家之根本」，〔註16〕良有以也。

〔註13〕 《長編》，卷17，「太開寶九年四月癸卯」條，頁369。另參見（宋）司馬光：
《涑水紀聞》，卷1，頁7；（宋）邵伯溫撰，李劍雄、劉德權點校：《邵氏聞
見錄》（收入《唐宋史料筆記叢刊》，北京：中華書局，1983年），卷7，頁66。
按：記載略異。

〔註14〕 《長編》，卷118，「仁宗景祐三年五月戊寅」條，頁2783。（宋）范仲淹：《范
文正集》（收入《文淵閣四庫全書》，臺北：臺灣商務印書館，1983年），卷
19，〈論西京事宜箚子〉。

〔註15〕 （宋）張方平：《樂全集》（收入《文淵閣四庫全書》，臺北：臺灣商務印書館，
1983年），卷21，〈論京師衛兵事〉。

〔註16〕 《長編》，卷462，「哲宗元祐六年七月己卯」條，頁11037～11038。

　　至於宋廷倚賴汴河運輸仍有其客觀條件，在當時沒有較符合經濟效益的運輸方式與替代方案，致使汴河已成為帝國不可或缺的命脈。其客觀條件有以下四點：

　　一、海運技術不成熟，不足以取代相對風險較低的河運：在河、淮之間沒有天然河川南北直通下，海運其實也不失為一個良好的選擇，不過當時的航海知識與技術不足，海運風險已高，加上其時為帆船時代，必須靠季風助行，無法全年通行，而進入內河後，必須逆流而上，黃河河幅廣大，縴夫拉拽不易，實施的可能性極低。因此，宋人雖曾想以海運取代汴河漕運的部分功能，但未能成功。〔註17〕

　　二、其它具有競爭性的運河開發計畫，沒有實質成效：太宗太平興國三年（967）程能開白河以通荊湘的工程，期望透過白河連接蔡河，增加蔡河的運輸能量，以通湘、潭之漕，卻因地形問題無法成功。《宋史‧河渠四》記載：

> 白河在唐州，南流入漢。太平興國三年正月，西京轉運使程能獻議，
> 請自南陽下向口置堰，迴水入石塘、沙河，合蔡河達于京師，以通
> 湘潭之漕。詔發唐、鄧、汝、潁、許、蔡、陳、鄭丁夫及諸州兵，
> 凡數萬人，以弓箭庫使王文寶、六宅使李繼隆、內作坊副使李神祐、
> 劉承珪等護其役。塹山堙谷，歷博望、羅渠、少柘山，凡百餘里，
> 月餘，抵方城，地勢高，水不能至。能獻復多役人以致水，然不可
> 通漕運。會山水暴漲，石堰壞，河不克就。卒隳廢焉。〔註18〕

眞宗景德三年（1006），內侍趙守倫建議，自京東分廣濟河由定陶至徐州入清河（泗水），以達江、湖漕路。役成之後，眞宗遣使覆視，「以地有隆阜，而水勢極淺，雖置堰埭，又歷呂梁灘磧之險」，無法漕運而放棄。〔註19〕這些替代方案未能成功，造成汴河在黃河、淮河間獨擅其場。

〔註17〕《宋會要》，〈食貨〉43 之 10～11，有云：「熙寧七年（1074）京東路察訪鄧
　　　　潤甫（1027～1094）等言：山東沿海州郡地廣，豐歲則穀賤，募人為海運，
　　　　山東之粟可轉之河朔，以助軍食。詔京東河北路轉運司相度，卒不果行。」
〔註18〕《宋會要》，〈方域〉17 之 1、《宋史》，卷 94，〈河渠四‧白河〉，頁 2345。按：
　　　　當時由南陽縣北的下向口置堰，回白河之水入石塘、沙河，施工處在博望、
　　　　羅渠、少柘山和方城，南陽海拔約 127 米，而方城縣海拔 200 米以上，水自
　　　　然無法通流。參見史念海：《中國的運河》（西安，陝西人民出版社，1988 年），
　　　　頁 247～250。
〔註19〕參見《宋會要》，〈方域〉17 之 3、《宋史》，卷 94，〈河渠志四‧廣濟河〉，頁
　　　　2339、《長編》，卷 63，「眞宗景德三年七月丁卯」條，頁 1414。

三、利用民間運輸無法提供穩定的供給量：宋廷曾考慮過倚靠民間的力量運輸——如入中法，以節省政府漕運的龐大成本，降低政府的財政負擔。問題是若商人操贏居奇，政府反而可能未蒙其利，先受其害。曾鞏（1019～1083）《隆平集·程琳傳》記載：

> （程琳）在三司，或請募商人輸粟京師，罷江淮漕運。琳曰：「猾商要價而粟不至，奈何？」〔註20〕

全然倚賴商人無法確保京師糧儲的穩定量，故而入中法只能兼行，宋人大體也有共識。太宗明道二年（1033）八月，范仲淹上陳八事也提到：

> 今宜銷冗兵、削冗吏、禁游惰、省工作，既損京師用度，然後減江淮饋運，以租稅上供外，可罷高價入糴，則歲省數百萬緡錢，或上京師實府庫，或以給還商旅，商人既通，則榷貨務入便漸廣，而入中之法可以兼行矣。〔註21〕

程琳、范仲淹的觀念都呈現宋朝士大夫務實的一面。

　　四、北方自給自足的辦法未見成效：宋人為解決運河漕運的龐大成本，提出不少創意性的思考，如京畿附近的自給自足計畫也是釜底抽薪之策。

　　太宗至道元年（995）度支判官梁鼎（955～1006）、陳堯叟（961～1017）建言：

> 臣等每于農畝之際，精求利害之本，討論典故，備得端倪。自陳、許、鄧、〔潁〕暨蔡、宿、亳至于壽春，用水利墾田，先賢聖跡具在，防埭廢毀，遂成汙萊。儻開闢以為公田，灌溉以通水利，發江淮下軍散卒，給官錢市牛及耕具，導達溝瀆，增築防堰，每千人人給牛一頭，治田五萬畝，畝三斛，歲可得十五萬斛。凡七州之間，置二十七屯，歲可得三百萬斛，因而益之，不知其極矣。行之二三年，必可以置倉廩，省江淮漕運。〔註22〕

京西地帶的開發計畫，當生產有餘之時，自然可降低對江淮漕運的依賴。太宗派人經度後，決定局部實施。〔註23〕

　　翌年，太常博士、直史館陳靖也上言開發環京畿二十三州，雖然獲得太宗

〔註20〕 （宋）曾鞏：《隆平集》（臺北：文海出版社，1967年），卷8，〈陳琳〉。
〔註21〕 （宋）曾鞏：《隆平集》，卷8，〈范仲淹〉。
〔註22〕 《宋會要》，〈食貨〉7之1。
〔註23〕 《宋會要》，〈食貨〉7之2～3。按：宋廷令自鄧州試行，但募民耕墾，免其稅。

重視，但是終因「費官錢數多」，又有水旱災不可保之虞，最後放棄。〔註 24〕
不可保之虞即是擔憂它無法取代東南漕運的穩定性。

　　宋朝士大夫對於政府專取東南財賦以供應軍需民食，頗有不平之鳴，有
官員提出開發關中以自給自足的思考，鄭獬（1022～1072）〈汴河曲〉表達這
種觀點：

> 朝漕百舟金，暮漕百舟粟，一歲漕幾舟，京師猶不足。此河百餘年，
> 此舟日往復，自從有河來，宜積萬千屋。如何尚虛乏，僅若填空谷，
> 歲或數未登，飛傳日逼促。嗷嗷眾兵食，已憂不相屬。東南雖奠安，
> 亦宜少儲蓄，奈何盡取之，曾不留斗斛。秦漢都關中，厥田號衍沃。
> 二渠如肥膏，凶年亦生穀。公私富囷倉，何必收珠玉，因以轉實邊，
> 邊兵皆飽腹。不聞漕汴渠，尾尾舟銜軸，關中地故存，存渠失淘斸。
> 或能尋舊源，鳩工鑿其陸。少緩東南民，俾之具饘粥。茲豈少利哉，
> 可為天下福。〔註 25〕

鄭獬主張開發關中，以供應西北軍需，當可有效紓緩東南漕運的壓力，也是
一種卹民之道，惟史料中未見宋廷有相關的作為。

　　於是，在上述自然因素與人為變數的限制下，北宋政府不得不倚重汴河，
並以它建立轉輸制度。

第二節　北宋中期以前汴河的利用政策

　　宋初江南未定，汴河的功能著實有限，〔註 26〕初期也大致以清靜儉約為
原則，〔註 27〕不以征斂為事，汴河的漕運功能極為有限。太祖之所以執意疏

〔註 24〕　參見《宋史》，卷 173，〈食貨志上・農田〉，頁 4160～4161；《宋會要》，〈職官〉42 之 1。

〔註 25〕　（宋）鄭獬：《鄖溪集》（收入《文淵閣四庫全書》，臺北：臺灣商務印書館，1983 年），卷 23，〈汴河曲〉。

〔註 26〕　（宋）曾鞏：《元豐類稿》（收入《四部叢刊初編》，上海：上海商務印書館，1922 年，元刊本），卷 49，〈漕運〉：「宋興承周制，置集津之運，轉關中之粟，以給大梁，故用侯贄典其任，而三十年間縣官之用無不乏，及收東南之地，興國初，始漕江淮粟四、五百萬石至汴，至道間楊允恭漕六百萬石，自此歲增廣焉。」

〔註 27〕　《長編》，卷 100，「仁宗天聖元年春正月壬午」條，有云：「太祖、太宗因其蓄藏，守以恭儉簡易。」另參見夏露：〈略論宋初統治者的休養生息政策〉，《歷史教學》，1985 年第 4 期，頁 8～11。

濬汴河，除了經濟意義外，軍事設想可能也是原因之一。以後周世宗決定疏通汴河爲例，初始的目的即在針對南方的問題上。司馬光《資治通鑑》記載：

> 汴水自唐末潰決，自埇橋東南悉爲污澤。上謀擊唐，先命武寧節度使武行德發民夫，因故堤疏導之，東至泗上；議者皆以爲難成，上曰：「數年之後，必獲其利。」〔註28〕

此種觀念自然一直持續到北宋，所以北宋先南後北的策略，不但考慮到南唐與遼聯合所造成的腹背受敵之患，也考慮到平定江南之後的經濟利益，這些考慮在汴河的利用上都得以實現。

以軍事考量而論，開寶七年（974），宋太祖決定討伐江南，不但利用汴河演練水戰，而且發動戰艦順汴東下，直搗江南。〔註29〕就消極的觀點而言，遼人南下中原，宋人也大可循汴而下，以做偏安之計。景德元年（1004）宋遼戰爭，眞宗（968～1022）有意避敵，與群臣有以下的討論：

> 契丹侵澶淵，萊公（寇準，961～1023）相眞宗北伐，臨河未渡。是夕，內人相泣，明日參知政事王欽若（962～1025）請幸金陵，樞密副使陳文忠公堯叟（961～1017）請幸蜀，眞宗以問公，公曰：「此與昨暮泣者何異？」議數日不決。出遇高烈武王瓊（935～1006），謂之曰：「子爲上將，視國之危，不一言，何也？」王謝之。乃復入，請召問從官，至皆默然。楊文公獨與公同其說數千言，眞宗以一言折之，曰：「儒不知兵。」又請召問諸將，王曰：「蜀遠，欽若之議是也。上與後宮御樓船浮汴而下，數日可至。」殿上皆以爲然。〔註30〕

可見汴河亦有應國難之急的功能。而且不幸的，北宋末年，徽宗（1082～1135）竟循此途徑南幸避禍。〔註31〕

待江南平定後，汴河的利用才眞正進入攸關國計的時期，漕運量有顯著的增加。曾鞏論「漕運」云：

> 宋興承周制，置集津之運，轉關中之粟以給大梁，故用侯贊典其任，

〔註28〕（宋）司馬光：《資治通鑑》，卷292，「周世宗顯德二年十一月乙未」條，頁9532。

〔註29〕詳《長編》，卷15，「太祖開寶七年十月甲申」、「丙戌」條及「八年夏四月壬戌」諸條。

〔註30〕（宋）陳師道：《後山談叢》（收入《文淵閣四庫全書》，臺北：臺灣商務印書館，1983年），卷1。

〔註31〕（宋）李綱：《靖康傳信錄》（收入《叢書集成》，上海：商務印書館，1939年，海山仙館叢書本），卷2，頁15。

> 而三十年間縣官之用無不足，及收東南之地，興國初始漕江淮粟四
> 五百萬石至汴，至道間楊允恭漕六百萬石，自此歲增廣焉。〔註32〕

根據相關史料統計，北宋初期歲漕有限，漕事尚簡，太祖開寶五年（972）運江淮米不過數十萬石，漕運亦未有定制。及至太宗太平興國六年（981），汴河歲運江淮米三百萬石，菽一百萬石；黃河粟五十萬石，菽三十萬石；惠民河粟四十萬石，菽二十萬石；廣濟河粟十二萬石。凡五百五十萬石，非水旱大蠲，民租未嘗不及其數。蓋至是，汴河漕運量已達歲計之大宗。〔註33〕太宗至道（995～997）初，汴河運米五百八十萬石，眞宗景德三年（1006）六百萬石，大中祥符二年（1009）已達七百萬石，天禧年間（1017～1021）竟有高達八百萬石的案例。〔註34〕

北宋汴河漕運量得以長期穩定，關鍵在於太宗淳化四年（993）楊允恭（944～999）發展出轉般法，《長編》記載：

> 先是，三路轉運使各領其職，或廩庾多積，而軍士舟檝不給，雖以官錢雇丁男挽舟，而土人憚其役，以是歲上供米不過三百萬。允恭盡籍三路舟卒與所運物數，令諸州擇牙吏，悉集，允恭乃辨數授之。江、浙所運，止于淮、泗，由淮、泗輸京師，行之一歲，上供者六百萬。〔註35〕

楊允恭的轉般辦法，大體上是採取分段運輸的辦法，汴船不出江，「謂之裡河綱，每歲往來四運入京。」；江船不入汴，「據年額斛斗搬至眞、楚、泗州，卻運鹽歸本路」。〔註36〕因此，州縣漕運「雖有所費，亦有鹽以償之」。〔註37〕制度規畫頗爲周詳。基本上，糧運雖有波折，但不足的困擾不大。

北宋中期以前汴河的利用政策，大致保持著三個原則：一、主計大臣應久其任，以熟其事。程琳（988～1056）初任三司使，仁宗詔「自今三司使在職未久，毋得非次更易」。因而程琳在三司閱四年，遂得政。〔註38〕又如張方平兩爲

〔註32〕（宋）曾鞏：《元豐類槁》，卷49，〈漕運〉，頁316。
〔註33〕（宋）馬端臨：《文獻通考》，卷25，〈國用考三·漕運〉，頁244。
〔註34〕參見（宋）杜大珪：《名臣碑傳琬琰之集》，中卷20，歐陽修〈薛簡肅公奎墓誌銘〉；《宋史》，卷331，〈孫長卿〉。
〔註35〕《長編》，卷34，「太宗淳化四年十二月壬辰」條，頁761。
〔註36〕《宋會要》，〈食貨〉42之20。另參見（宋）王曾：《墨莊漫錄》（收入《四部叢刊續編，上海：上海商務印書館，1936年，明鈔本），卷4。
〔註37〕（宋）馬端臨：《文獻通考》，卷25，〈國用考三·漕運〉，頁248。
〔註38〕《長編》，卷114，「景祐元年五月乙丑」條，頁2675。

三司使，〔註39〕除考量個人才幹外，亦以嫻熟其事，方得再任。司馬光曾推崇陳恕（945～1004）久任之利，其〈上仁宗論理財三事乞置總計使〉云：

> 先朝陳恕在三司十餘年，至今稱能治財賦者，以恕為首，豈恕之材智獨異於人哉？蓋得久從事於其職故也。……三司使久於其任，能使用度豐衍，公私富實者，增其秩使與兩府同，而勿改其職。如此則異日財用之豐耗不離於己，不得諉之他人，必務為永久之規矣。〔註40〕

宋朝士大夫普遍認為財計非細事，必須久其任方得以全盤掌控。〔註41〕另一方面，宋人對於主持漕運大計的發運使任期也有同樣思維，以久其任，嫻熟相關事務為考量。如包拯（999～1062）論〈發運判官〉云：

> 臣竊以京師眾大之都，屯兵數十萬，財用儲廩皆仰給於東南，主是任者制置發運使最為今之劇職，固不可輕以授人，況朝廷參用兩制，假以事權，委付之重，不謂不至。伏見發運使許元先自判官凡涖職八年，東南利害無不周悉，所以歲運不乏者，蓋久任得人之明效也。緣施昌言許元績用頗著，切慮別有進擢，則後來雖有才者，必恐未能究財用出入之敝，則無緣辦集。臣欲乞依許元例，令置判官一員，於朝臣內選差素有公望幹才者充，如前久任，所以稔熟其事，嗣守成規，或昌言等緩急替移，免致敗事。〔註42〕

仁宗嘗謂執政曰：「發運使總領六路八十八州軍之廣，其財貨調用，幣帛穀粟，歲千百萬，宜得其人而久任之」，許元（989～1057）亦因此專寵甚久。〔註43〕

　　二、重視漕運大計，容許些許弊端：宋朝倚重汴河的漕運功能，而綱卒為漕運所繫，所以特別重視他們的福利，太宗曾嚴厲處分侵奪綱卒配給的主糧胥吏，《太宗實錄》記載一例：

> 汴河押運使臣決杖，配隸商州禁錮，斷主糧胥吏腕，徇於河側三日而後斬。初上或聞汴河漕運軍人至京頗有寒餓，乃令中官訪求，果

〔註39〕詳見《宋史》，卷318，〈張方平〉，頁10354～10356。

〔註40〕司馬光：〈上仁宗論理財三事乞置總計使〉，《宋名臣奏議》，卷102。《群書會元截江網》，卷9，〈計臣當久任〉。

〔註41〕（宋）呂祖謙：《宋大事記講義》（收入《文淵閣四庫全書》，臺北：臺灣商務印書館，1983年），卷4。

〔註42〕（宋）包拯：《包孝肅奏議集》（收入《文淵閣四庫全書》，臺北：臺灣商務印書館，1983年），卷3。

〔註43〕《長編》，卷169，「皇祐二年十一月壬辰」條，頁4064；佚名：《宋史全文》（收入《文淵閣四庫全書》，臺北：臺灣商務印書館，1983年），卷9上。

得百餘人有飢凍之色，詰其故，乃主糧吏奪其口食而自取之。上大
怒，故加其罪，給軍人衣服而慰撫焉。〔註44〕

由責罪之重可知，太宗在宣示他重視漕運的態度。

另一方面，押綱人員難免有隨身之物，宋初也允許個人攜帶一定份量的
隨身物件，保留綱卒的獲利空間。惟沒有設定重量與比例，綱卒難免藉機大
量攬搭民間商人物貨。太祖曾經針對四川的綱船「冒帶物貨私鹽，及影庇販
鬻，所過不輸稅筭」，下令全盤禁止攬搭，「每綱具官物數目給引，付主吏公
路驗認，如有引外之物，悉沒官」。〔註45〕然而畢竟是特例，沒有擴及全國。

基本上，只要不影響漕運大計，宋廷有意姑息這種私載行為，李攸《宋
朝事實》記載：

> 上聞汴水輦運卒有私貿市者，謂侍臣曰：「幸門如鼠穴，何可塞之？
> 但去其尤者可矣。篙工楫師，苟有少販鬻，但無妨公，不必究問，
> 冀官物之入，無至損折可矣。』呂蒙正曰：『水至清則無魚，人至察
> 則無徒，小人情偽，在君子豈不知之？若以大度兼容，則萬事兼濟。
> 曹參不擾獄市者，以其兼受善惡，窮之則奸慝無所容，故慎勿擾也。
> 聖言所發，正合黃老之道。」〔註46〕

輦運卒的買賣行為誠無法避免，因而給予較高的彈性。真宗大中祥符二年四月，
發運使李溥建議，糧綱卒隨行的少許物貨，經歷州縣，悉皆蠲免稅算。〔註47〕
不過此類太寬的標準，反而難以管理，仁宗天聖三年（1025）十二月又進一
步頒布詔令，規定「自今應請般小河運糧鹽人員坐船，許令只裝一半官物，
餘一半即令乘載家計」〔註48〕，規定也相當寬鬆。嘉祐年間始較嚴格，但考
量「不容私載，則必於官物為弊」，明令以二分為額，容載私物。〔註49〕這些

〔註44〕　（宋）錢若水：《太宗皇帝實錄》（收入《四部叢刊三編》，上海：上海商務印
　　　　書館，1936年），卷34，「雍熙二年冬十月己酉」條。

〔註45〕　《宋會要》，〈食貨〉42之1，有云：「開寶三年九月，訪聞押綱使臣并隨船人
　　　　兵多冒帶物貨私鹽，及影庇販鬻，所過不輸稅筭。」

〔註46〕　（宋）李攸：《宋朝事實》（收入《文淵閣四庫全書》，臺北：臺灣商務印書館，
　　　　1983年），卷16；（宋）朱熹：《宋名臣言行錄前集》（收入《文淵閣四庫全書》，
　　　　臺北：臺灣商務印書館，1983年），卷1；（宋）江少虞：《宋寶事實類苑》（上
　　　　海：上海古籍出版社，1981年），卷2，頁14。

〔註47〕　《長編》，卷71，「大中祥符二年四月壬辰」條，頁1601。

〔註48〕　《宋會要》，〈食貨〉42之10。

〔註49〕　《長編》，卷391，「元祐元年十一月丙辰」條，頁9505。按：其時刑部言：「按
　　　　綱船載私物明破二分，蓋慮不容私載，則必於官物為弊，若稍有過數便許人

制度的立意，都是在實務上予以舟人謀利的空間。

至於綱米損折，宋廷也有意姑息，容許折損率在百分之五左右，其目的
全在以尋求穩定的漕運供給量為考量，不在細節上錙銖必較。〔註50〕《長編》
記載發運使王鼎代舟兵求償私載費用的案例如下：

> 官舟禁私載，舟兵無以自給，則盜官米為姦。有能居販自贍者，市
> 人持以法，不肯償所逋，鼎為移州縣督償之。舟人有以自給，不為
> 姦，而所運米未嘗不足也。〔註51〕

本項史料呈現國法悖離的情形，舟兵假公濟私，逾制私載商人物貨，本當量
刑處置，是以商人有恃無恐，吞坑應付運費。發運使不追究舟兵，反而移送
州縣代為追還運費，可見維持漕運穩定的大原則。

宋人大抵認為制度上的通融，有助於轉般法的維持，如哲宗元祐七年
（1092）七月，持傳統觀點的蘇軾力主恢復祖宗精神，建議對於綱梢攬搭私
貨的行為，寬容以待，其〈論綱梢欠折利害〉有云：

> ……自熙寧以前中外並無倉法，亦無今來倉部所立條約，而歲運六
> 百萬石，欠折不過六、七萬石。蓋是朝廷捐商稅之小利，以養活綱
> 梢，而緣路官司遵守編敕法度，不敢違條點檢收稅，以致綱梢飽暖，
> 愛惜身命，保全官物，事理灼然。……若朝廷盡行臣言必有五利。
> 綱梢飽暖，惜身畏法，運餽不大陷失一利也。省徒配之刑，消流亡
> 賊盜之患，二利也。梢工衣食既足，人人自重，以船為家，既免拆
> 賣，又常修完，省逐處船場之費三利也。押綱綱梢既與客旅附載物
> 貨，官不點檢專攔，無由乞取，然梢工自須赴務量納稅錢，以防告
> 訐，積少成多，所獲未必減於今日，四利也。……祖宗以來，通許
> 綱運攬載物貨，既免徵稅，而腳錢又輕，故物貨通流，緣路雖失商
> 稅，而京師坐獲富庶。……若行臣此策，東南商賈久閉乍通，其來
> 必倍，則京師公私數年之後，必復舊觀，此五利也。〔註52〕

> 陳告給賞，綱運人兵實受其弊。」

〔註50〕 參見周建明：〈北宋漕運法規述略〉，《學術論壇》，2000 年第 1 期，頁 201。

〔註51〕 《長編》，卷 177，「至和元年九月立酉朔」條，頁 4278。另見（明）章如愚：
《山堂群書考索‧後集》（明正德戊辰年刻本，京都：中文出版社，1982 年），
卷 55。

〔註52〕 （宋）蘇軾：《東坡全集》（收入《文淵閣四庫全書》，臺北：臺灣商務印書館，
1983 年），卷 92，〈論綱梢欠折利害狀〉。

宋人普遍體認都城開封為四戰之地，必須倚靠重兵防衛，絕對需要充分的糧食供給，漕運容有些許弊端，應視為成本之一。

三、汴河漕運以六百萬石為定額，以免影響人民生計：《長編》記載宋廷制定發運司每年漕米六百萬石的決策過程如下：

> （天聖四年）閏五月戊申，定江、淮制置發運司歲漕米課六百萬石。
> 初，景德中歲不過四百五十萬石，其後益至六百五十萬石，故江、
> 淮之間，穀常貴而民貧。於是，都官員外郎吳耀卿請約咸平、景德
> 中歲漕之數，立為中制，故裁減之。然東南災儉輒減歲漕數，或巨
> 萬，或數十萬，又轉移以給它路者，時有焉。〔註53〕

可知宋廷歲漕定額六百萬石，隱含恤民的考量；再者，若東南有災儉，亦撥部分年額以賑濟之，即見宋廷並未竭澤而漁。

此類自我克制的觀念，史不絕書。如太宗至道元年（995）秋七月，江南轉運副使任中正初到部，適其歲豐稔，平糴有羨盈。發運使王子輿（？～1002）欲悉調餉京師，任中正曰：

> 東南歲輸五百餘萬，而江南所出過半。今雖有餘，而後或小歉，則
> 數不登，將急取吾民乎？〔註54〕

子輿乃止。以仁宗朝而言，君臣對於東南物資的徵調，也一直保持自我克制的基調，明道二年（1033）七月，范仲淹（989～1052）〈上仁宗封進草子乞抑奢侈〉云：

> 竊見貧民多食草子，名曰烏昧，并取蝗蟲曝乾，摘去翅足和野菜合煮
> 食，別無虛妄者。臣竊思之東南上供糧米，每歲六百萬石，至於府庫
> 物帛皆出於民，民於饑年艱食如此，國家若不節儉，生靈何以昭蘇。
> 臣今取前件草子封進，伏望宣示六宮藩戚，庶抑奢侈以濟艱難，仍乞
> 密下裁造務、後苑、文思院、糧料院，撿祖宗之朝，每歲用度之費數
> 目，比於今時，則奢儉自見。伏望聖慈特降進止，則天下幸甚。〔註55〕

皇祐三年（1051）十一月，仁宗謂輔臣曰：「江淮連年荒歉，如聞發運、轉運司惟務誅剝，以敷額為能，雖名和糴，實抑配爾。其減今年上供米百萬。」〔註56〕

〔註53〕　《長編》，卷104，「天聖四年閏五月戊申」條，頁2408。
〔註54〕　《長編》，卷40，「至道二年七月壬辰」條，頁843。
〔註55〕　范仲淹：《范文正集》（收入《文淵閣四庫全書》，臺北：臺灣商務印書館，1983
　　　　　年），補編卷1，〈上仁宗封進草子乞抑奢侈〉。
〔註56〕　《長編》，卷171，「皇祐三年十一月乙亥」條，頁4118。

五年（1053）六月，又詔「諸路轉運使上供斛斗依時估收市之，毋得抑配人戶，仍停考課賞罰之制」。〔註57〕這些案例，都可以證明仁宗朝漕運東南米糧，有一定的彈性，也儘量避免影響百姓的生計。

以杜奢節用，降低對百姓的徵斂，的確是北宋中期以前士大夫的主要論述，梅堯臣〈汴渠〉詩即是最佳的明證：

> 我實山野人，不識經濟宜，聞歌汴渠勞，謾綴汴渠詩。汴水源本清，
> 隨分黃河枝，濁流方已盛，清派不可推。天王居大梁，龍舉雲必隨。
> 設無通舟航，百貨當陸馳。人肩牛驟驢，定應無完皮。苟欲東南蘇，
> 要省聚斂爲。兵衛詎能削，乃須雄京師。今來雖太平，盡罷未是時。
> 願循祖宗規，勿益羣息之。譬竭兩川賦，豈由此水施？縱有三峽下，
> 率皆廬冗資。慎莫尤汴渠，非渠取膏脂。〔註58〕

梅詩肯定汴渠對宋朝軍需民食的貢獻，他強調愛民之道在「省聚斂」，造成民眾痛苦的，不是汴渠，而是政策。

宋朝政府重視漕運對國計民生的影響，因此汴河的利用取向也一直以漕運爲主，不敢輕議變革，直至神宗即位，欲大有爲，汴河的利用始趨於多元化。

第三節　北宋中期以前汴河的管理問題

汴河管理產生的問題，包括制度的不健全與執行失當，然此僅就表面而言。實際上，引黃河之水行運這種先天的條件，決定了汴河的利用和發展，它不但帶來了汴河的問題，也因種種條件的限制，決定了漕運政策行使轉般法。所以討論汴河管理產生的問題，脫離不了黃河的因素，制度與執行的缺失，充其量是這種限制下的代罪羔羊。

壹、汴河條件限制的問題

一、水勢湍急，調節十分困難

汴河西高東低，水位落差極大，尤其所取黃河水源，水勢盛大湍怒，有劉攽（1023-1089）〈汴上〉詩可證：

> 渾黃下湍流，地勢東南瀉。潛石激陰怒，烈風鎮相假。客行何艱哉？

〔註57〕《長編》，卷174，「皇祐五年六月壬辰」條，頁4214。
〔註58〕（宋）梅堯臣：《宛陵先生集》，卷35，〈汴渠〉。

極力無可者。永路未遽央，扁舟安得捨。端思九衢塵，快意堅車馬。
〔註59〕

汴河挾帶黃河的泥沙流瀉東下，水勢相當猛烈，祖無擇（1006-1085）〈汴水即事〉詩十分傳神的寫道：

波狂如箭雨如絲，汎汎扁舟鷩鳥飛，睡起嘔啞且鳴櫓，卻思村舍聽鄰機。〔註60〕

可見雨中的水勢，迅猛似箭，而扁舟搖蕩且令作者嘔吐不已。

　　秋冬之際，汴河水勢本應較小，詩人韓駒於此時順流東下，竟猶能日行三百里，所作〈夜泊寧陵〉詩云：

汴水日馳三百里，扁舟東下便開帆，旦辭杞國風微北，夜泊寧陵月正南。老樹挾霜鳴窣窣，寒花垂露落毿毿，茫然不悟身何處，水色天光共蔚藍。〔註61〕

相較於汴水順流而下的迅捷，對於逆水行舟的商旅，則猶如災難，快者只有日行百里，慢者唯一舍之距，劉攽〈汴渠掛帆〉詩即寫出其中的困境：

翩翩河中舟，一一西上水，彼船力有餘，我船力無幾。力薄日一舍，力壯日百里，遲速詎幾何，推分故爾耳。今晨東南風，帆席頻輕駛，舳艫密相銜，前後畧相似。如將平不平，頗復令人喜，因之念時事，冥寞付天理。〔註62〕

可知汴河水勢湍猛，行舟逆水西進，拉縴人力少者，日行一舍而已。

　　汴河水流太快引起的後遺症相當多，如船行不易及失事而死者眾，以致流屍之多，有目共睹。大中祥符五年（1012），李宗鄂指「汴渠流屍，蔽河而下，暴露灘渚，魚鳥恣噉」，〔註63〕其間當有眾多失事淪為波臣者。神宗元豐年間導洛通汴後，宋用臣曾以水流速度的差別，統計出汴河流屍由二千人銳減至五百餘人左右。〔註64〕據此可知，汴河水勢之急，並非誇大。於是宋廷

〔註59〕（宋）劉攽：《彭城集》（收入《文淵閣四庫全書》，臺北：臺灣商務印書館，1983年），卷4，〈汴上二首〉。

〔註60〕（宋）祖無擇：《龍學文集》（收入《文淵閣四庫全書》，臺北：臺灣商務印書館，1983年），卷4，〈汴水即事〉。

〔註61〕（宋）韓駒：《陵陽集》（收入《文淵閣四庫全書》，臺北：臺灣商務印書館，1983年），卷3，〈夜泊寧陵〉。

〔註62〕（宋）劉攽：《彭城集》，卷5，〈汴渠掛帆〉。

〔註63〕（宋）文瑩撰，鄭世剛、楊立揚點校：《玉壺清話》，卷4，頁37。

〔註64〕《長編》，卷310，「神宗元豐三年十二月甲戌」條，頁7526。

「築短牆爲之限隔，以防行人足跌、乘馬驚逸之患，每數丈輒開小缺，以通舟人維纜之便」的構想，〔註65〕更可以見出汴河對人民生命的威脅了。

黃河水勢盛大，汴口官員必須審慎控制汴口的大小，以調節水勢，如有疏虞，往往有潰決的災害，而調節不當，則又有漕運不濟的風險。因此史料不乏汴水消漲無常，影響漕運的情形。《長編》記載眞宗大中祥符二年九月汴河水勢變化如下：

> 初，汴水漲溢，自京至鄭州，浸道路。詔選臣知水者乘傳減汴口水
> 勢，圖上利害。既而水勢斗減，阻滯漕運，復遣使浚汴口。〔註66〕

可見黃河水流盛大迅湍是調節不易的主因，所以隋朝開鑿汴河至應天府城外，曾刻意將水勢作迂迴的設計以避免水患，然而成效相當有限。〔註67〕

汴口啓閉日期在清明日至冬至前二十日之間，通漕日理應有二百六十餘日，然而宋人指「一歲通漕，纔二百餘日」，〔註68〕代表調節黃河入汴水量的技術不佳，以致縮短了行運的時間。

二、冬季枯水期，汴口須行閉塞

冬季適逢黃河枯水期，汴水逐漸枯竭，必須閉塞汴口，〔註69〕然而在此之前，已是水落沙沈，行運極爲困難。

梅堯臣有數首送別詩，反映秋冬之際汴河水源枯竭的窘境，其送〈習景純將之海陵〉詩：

> 人言汴水駛，奈何巳冬乾，蔡雖平且慢，臘月行亦難。唯聽夜冰合，
> 爲君愁苦寒，暫維青絲絆，邀贈白玉盤。行人反飫我，拎理殊未安，
> 所忻能自養，不復道加餐。〔註70〕

〈醉中留別永叔、子履〉詩：

> 新霜未落汴水淺，輕舸唯恐東下遲，遠城假得老病馬，一步一跛令

〔註65〕（宋）王明清：《揮麈後錄》，卷7，「汴水湍急」條，頁168。

〔註66〕《長編》，卷72，「眞宗大中祥符二年九月甲子」條，頁1633。

〔註67〕（宋）孫升：《孫公談圃》，卷中，「隋開汴河」條，頁1～2。（明）陶宗儀：《說郛》（收入《文淵閣四庫全書》，臺北：臺灣商務印書館，1983年），卷15下。

〔註68〕《宋會要》，〈方域〉16之11。

〔註69〕（日）青山定男著、張其春譯：〈唐宋汴河考〉，《方志月刊》，第7卷第10期，頁29；全漢昇：《唐宋帝國與運河》，收入《中國經濟史研究》上冊（香港：新亞研究所，1973年），頁99。

〔註70〕（宋）梅堯臣：《宛陵先生集》，卷11，〈習景純將之海陵與二三子送拎都門外遂宿舟中明日留饌贈〉。

人疲。〔註71〕

〈送胡臣秀才〉詩：

> 汴水日夜淺，歸船不可留，天高雲就嶺，地冷鴈迴洲。江館魚堪食，
> 家林橘已收，平生素業在，莫見里人羞。〔註72〕

新霜水落前汴河水勢已不穩定，詩人急於送別，惆悵其來有自。

根據宋人說法，每歲閉汴口前，「已是霜降水落，迨至斷流，亦有澄沙」，〔註73〕有阻滯汴河漕運之虞，因此轉般法即規畫漕運兵士「放凍」休息的機會。

不過此時汴河非全然無水通運，惟深冬之際，黃河河面逐漸凍合，浮冰推擠入汴河，可能會衝決汴河堤岸，形成對京師河防的威脅。因此，神宗熙寧六年討論不閉汴口的利弊時，首要克服的對象即設定浮冰，最後在水官研議以木筏截留浮冰之後，方才實施。〔註74〕

不幸的，這種威脅就在不閉汴口的嘗試下發生。熙寧九年，文彥博奏不閉汴口利害指出：

> 范子奇乞冬月不閉汴口，是年凌凌，上下救護，晝夜打凌，不勝寒苦，終致府界凌破汴岸。自來汴岸止是夏秋水大，容有決溢之理，即未嘗有冬深決溢之患。後來朝旨卻令冬前閉口，顯是因不閉汴口，致凌凌壞堤。〔註75〕

顯然冬季枯水期之時，河淺易凍，浮冰盛行，是汴河每年必須閉口的主要原因。

三、泥沙淤積嚴重，維護成本高昂

依理論而言，水流愈快，愈不容易淤積，不過汴河除需承受黃河本身的大量泥沙外，沿汴所經為屬於黃土之黃淮平原，沙質隄岸易受侵蝕，以致河幅日廣，隄岸日低，亟須人工疏浚解決。

由梅堯臣〈汴水斗減舟不能進，因寄彥國舍人〉即可理解汴河泥沙淤積的情形，詩云：

〔註71〕（宋）梅堯臣：《宛陵先生集》，卷8，〈醉中留別永叔子履〉。
〔註72〕（宋）梅堯臣：《宛陵先生集》，卷6，〈送胡臣秀才〉。
〔註73〕《長編》，卷248，「熙寧六年十一月壬寅」條，頁6039。
〔註74〕《長編》，卷248，「熙寧六年十一月壬寅」條，頁6039。
〔註75〕（宋）文彥博：《潞公文集》，卷23，〈言運河〉，頁4。

> 朝落幾寸水，暮長幾寸沙；深灘鼇背出，淺浪龍鱗斜。秋風忽又惡，
>
> 越舫嗟初閣；坐想披垣人，猶如在寥廓。〔註76〕

「朝落幾寸水，暮長幾寸沙」之語，當爲實錄。仁宗嘉祐元年、嘉祐六年兩次大規模以木幹狹河，〔註77〕企圖以束水攻沙的理論，降低疏濬的成本，功效如何，無法獲得客觀的評估。

但是仁宗之後浚渫工程未能貫徹，已造成嚴重的影響，汴河河床高出平地甚多，使京師有河防之憂。張方平論「備姦」云：

> 伏以東南糧運在于汴渠，比來重惜民力，久不開濬。每歲霜寒水落，
>
> 沉沙塡淤，遂至渠底高于堤下民屋。〔註78〕

沈括《夢溪筆談‧雜志》云：

> 國朝汴渠，發京畿輔郡三十餘縣夫歲一浚。祥符中，閤門祗候使臣
> 謝德權領治京畿溝洫，權借浚汴夫。自爾後三歲一浚，始令京畿民
> 官皆兼溝洫河道，以爲常職。久之，治溝洫之工漸弛，邑官徒帶空
> 名，而汴渠有二十年不浚，歲歲堙澱，……。自汴流堙澱，京城東
> 水門下至雍丘、襄邑，河底皆高出堤外平地一丈二尺餘，自汴堤下
> 瞰民居，如在深谷。〔註79〕

沈括此項記載有誤，權借汴夫之人應是張君平，然而長年不疏濬汴河的後果，因此河底高出汴河一丈二尺有餘。

王鞏則認爲汴堤日高肇因於長期不疏濬與後期維修隄岸方式的改變：

> 偶張君平論京畿、南京、宿、亳、陳、潁、蔡等州積水，以南京言
> 之，自南門二堤直抵東西二橋，左右皆瀦澤也，漁舠鳴如江湖。君
> 平請權借汴夫三年，通泄積水，於是諸郡守令等始帶溝洫河道，三
> 年而奏功，凡瀦積之地爲良田。自是汴河借充他役，而不復開導；
> 至元祐五年，實七十年，又舊河並以木岸，後人止用土筏棧子，謂
> 之「外添裏補」，河身奔兌，即外補之，故河日加淺，而水行地上矣。
>
> 〔註80〕

綜合張方平、沈括、王鞏的看法，汴河的淤積雖然與人事問題息息相關，

〔註76〕（宋）梅堯臣：《宛陵先生集》，卷8，〈汴水斗減舟不能進因寄彥國舍人〉。
〔註77〕《宋會要》，〈方域〉16-6。
〔註78〕（宋）張方平：《樂全集》，卷19，〈備姦〉，頁23～24。
〔註79〕（宋）沈括：《夢溪筆談校證》，卷25，〈雜誌二〉，頁795～796。
〔註80〕（宋）王鞏：《聞見近錄》，「汴河舊底有石板石人」條，頁12。

但引黃河水源終是禍首，因此如何處理汴河易於淤積的問題，都是大有爲君主首當面對的課題。

四、汴口每年改易，徒耗功費甚鉅

黃河挾帶大量泥沙，容易淤積，河灘地有改變，每年必須因應黃河水勢，選擇口地。規模當參考熙寧年間周良孺之建議，有云：

> 汴水每年口地有擬開、次擬開、擬備開之名，凡四五處，雖舊河口勢別無變移，而壕寨等人亦必廣爲計度，蓋歲調夫動及四五萬，因此騷擾百端，民間良田莊井或標作河道，或指爲夫寨，以致洛、孟、汝、蔡、許、鄭之民仍年差調，力困不勝，加之歲用物料不訾，積年之弊，習以爲常。〔註81〕

可見爲應付歲開汴口，政府得事先擬定各種方案，預設開汴口地，及準備功料等，所動員人力眾多，耗費功料至鉅，而且騷擾地方，影響百姓生計，付出龐大的社會成本。

以熙寧四年（1071）爲例，「創開訾家店地，役夫兵四萬餘，一月計一百二十餘萬工」，〔註82〕不論是動員人力與開鑿時間皆至爲可觀。重點是黃河水勢不定，含沙量極高，完工「纔及三月，尋已淺澱」，形成無謂的成本浪費。

針對這種困擾，如何選擇適當口地，以求久遠之計，遂代有建議。例如真宗大中祥符年間，白波發運判官史瑩曾建議於汜水孤柏嶺下緣山趾開疊汴口，認爲如此可以正當黃河之衝，不虞水源匱乏。〔註83〕仁宗天聖中，張君平也曾建議審擇口地，以節省經費。

不過，受限於治水經驗與企圖心的不足，始終無法根本解決歲開汴口的耗費，「積年之弊，習以爲常」云云，則已將此種耗費視爲漕運成本之一了。

貳、汴河漕運管理的問題

一、轉般法的弊端

汴河最大的功用莫過於漕運，而轉般法運作是否得當，更關係到漕運是否順利。北宋定都開封後，倚賴東南漕米以濟國用。因爲汴河開放的時間有限，又必須與淮南運河配合，於是建立了節次相引的轉般法，以真（江蘇儀徵）、揚

〔註81〕《長編》，卷233，「熙寧五年五月壬辰」條，頁5655～5656。
〔註82〕《長編》，卷233，「熙寧五年五月壬辰」條，頁5655～5656。
〔註83〕（宋）王應麟：《玉海》，卷22，〈宋朝四渠〉，頁24。

（江蘇江都）、楚（江蘇淮安）、泗（安徽泗縣）轉般倉為中心，穩定供應京師糧需，凡各地糧米運京，發運使也可藉轉般倉米「代發」作調節；〔註84〕凡汴河冬季封閉期間，綱卒得以放凍；〔註85〕凡漕糧轉般，必與鹽法配合，以便糧舟不致空回，州縣經費亦得以維持；〔註86〕凡「汴船不入江，江船不入汴」，以減低沈溺風險。〔註87〕轉般法務期人力、財力、物力發揮最大功效，立意至為周密。

但是制度有效否，端賴實踐加以證明，轉般法施行後，糧米稽留地方過久，胥吏夤緣為奸，操舟者則多詣富饒郡縣貿易，船法盡壞。《長編》「仁宗嘉祐三年十一月己丑」記載：

> 其後發運使權益重，六路上供米團綱發船，不復委本路，獨發運使專其任。文移坌併，事目繁夥，有不能檢察，則吏胥可以用意于其間，操舟者賕諸吏，輒得詣富饒郡市賤貿貴，以趨京師。自是江、汴之舟，合雜混轉而無辨矣，挽舟卒有終身不還其家，而老死河路者，籍多空名，漕事大敝。〔註88〕

由「市賤貿貴，以趨京師」，知綱卒假公圖個人私利，非僅有礙漕運，且更有妨商賈；「江、汴之舟，合雜混轉而無辨」，知綱運發船秩序大亂；挽舟卒老死河路不得還家，「籍多空名」，知制度弊病已深，難見轉般之功效。發運使許元雖建議改革，但未能成功，轉般法終無法恢復舊觀。《文獻通考・漕運》記載轉般逐步破壞的情形，有云：

> 皇祐中，發運使許元奏：近歲諸路因循，糧綱法壞，遂令汴綱至冬出江，為他路轉漕，兵不得息，宜敕諸路增船載米，輸轉般倉充歲計，如故事。於是言利者多以元說為然。朝廷為詔如元奏。久之，而諸路綱不集。嘉祐三年，復下詔切責有司以格詔不行，及發運使不能總綱條，轉運使不能幹歲入，預敕江淮、兩浙轉運司，以期年功各造船補卒，團本路綱。期自嘉祐五年汴綱不得復出江。至期諸路船猶不足，汴綱既不得至江外，江外船亦不得至京師，失商販之

〔註84〕（宋）馬端臨：《文獻通考》卷25，〈國用考三，漕運〉，頁246。

〔註85〕《宋會要》，〈食貨〉46之16。

〔註86〕（宋）呂祖謙：《歷代制度詳說》（收入《文淵閣四庫全書》，臺北：臺灣商務印書館，1983年），卷4，〈漕運〉，頁17。

〔註87〕《宋會要》，〈食貨〉46之16～17。

〔註88〕《長編》，卷188，「仁宗嘉祐三年十一月己丑」條，頁4534～4535。

利，而汴綱工卒訖冬坐食，苦不足，皆盜毀船材易錢以自給，船愈
壞。漕歲額又愈不及，論者初欲漕卒得歸息，而近歲汴綱多傭丁夫，
每船卒不過一、二人，至冬當留守船，實無得歸息者。時元罷久矣。
後至者數奏請出汴船，執政守前詔不許，御史亦以爲言，治平三年，
始詔出汴船七十綱，未幾皆出江復故。〔註89〕

證明仁宗皇祐前，發運使貪權宜之便，不督責地方打造新船，反而命汴船出
江協助載運綱米，破壞轉般法的機制，又後人不思由根本檢討，因襲前例，
轉般法已無初創時期的效率。

　　再者，轉般倉儲浩繁，動用人力、物力極大，已引起時人相當大的詬病。
其批評當參考徽宗崇寧三年（1104）九月曾孝廣建議廢轉般倉的說法：

今眞州共有轉般七倉，養吏卒廩費甚大，而在路折閱，動以萬數，
良以屢載屢卸，故得因緣爲奸也。欲將六路上供斛斗，並依東南雜
運，直至京師，或南京府界卸納，庶免侵盜。其轉般七倉所置吏卒，
及造船場、春料場、排岸司工匠吏額等，及汴河二百納領船共六百
艘，逐路破兵梢、火夫等，亦當減省。既免侵盜乞貸之弊，亦使刑
獄少清。〔註90〕

可知轉般倉有「屢載屢卸，故得因緣爲奸」的積弊，以及「七倉所置吏卒，
及造船場、春料場、排岸司工匠吏額等，兵梢、火夫」的耗費。

二、漕運成本的浪費

　　由於汴河水流迅湍，漕船之大小與承載量皆受限制，所需之人力又較
多，因此成本負擔加重。仁宗至和元年（1054）九月，內侍楊永德建議沿汴
河置水遞舖，以專業的縴夫駐點，估計可節省役卒六萬，但因楊察、馬仲甫
反對，未能施行。〔註91〕不過，由此可以得知汴河漕運所需的人力相當可觀。
　　又據張擇端（1042～1107）「清明上河圖」觀察，船隻大者約十九名稍工，

〔註89〕（宋）馬端臨：《文獻通考》，卷25，〈國用三‧漕運〉，頁245。按：漕運制
　　　　度之實施成效，非止於制度層面，亦與執行者相關，如熙寧年間張藚任發運
　　　　副使，出汴舟補諸路之缺，而歲漕大至，幾七百萬斛，朝廷以爲能。參見（宋）
　　　　沈括：《長興集》（收入《文淵閣四庫全書》，臺北：臺灣商務印書館，1983
　　　　年），卷17，〈張公墓誌銘〉。
〔註90〕《宋會要》，〈食貨〉47之3。
〔註91〕《長編》，卷177，「至和元年九月辛酉朔」條，頁4278。

〔註92〕神宗時期汴河綱船有六千艘,則近十二萬名水手、稍工,而兩岸縴夫不計,可見動員人力龐大,更何況本圖反映清汴之後,水流平緩的運輸情形,如以舊汴河而論,則人數實難以覈計。不過新案不行,舊案執行仍有兵稍不足的困擾,曾兩度任職三司使的張方平(1007~1091)道出困境:

> 今以軍儲大計欲倉廩充實,諸河所般年額上供斛斗,據見今綱船兵
> 稍,常患不足,難更添數般運。〔註93〕

如果漕卒藉風水事故,盜賣糧米,鑿沉綱船,損失將無法評估。加上汴河本身的維護成本,則所費自然更大。

漕運成本隨著對汴河的依賴程度而日益增加,張方平於〈論京師軍儲事〉,即一般所謂的「漕運十四策」中指出:

> 祖宗受命,規摹畢講,不還周漢之宇,而梁氏是因,非樂是而處之,
> 勢有所不獲已者,大體利漕運而贍師旅,依重師而為國也。則是今
> 日之勢,國依兵而立,兵以食為命,食以漕運為本。今仰食于官廩
> 者,不惟三軍,至于京城士庶,以億萬計。大半待飽于軍稍之餘,
> 故國家於漕事最急。……。〔註94〕

上文充分說明汴河漕運關係著國家的命脈,其中糧運最為重要。也因此,漕運成本高昂自然成為一種無法避免的負擔。

三、糧價的不規則變動

轉般法的基本立意,在使漕運江淮六路糧米能夠穩定,不致受到豐歉的影響,以供應京師的國計需求。不過全盤依賴汴河行運,仍存有一定的風險,如一旦汴河乾淺,轉般法即無用武之地,為維持基本國計,則需高價收糴民間糧粖,惟一旦如此,即造成京師物價的非常規波動。〔註95〕《長編》載真宗景德二年(1005)十一月事云:

> 是歲,江浙大穰,穀價尤賤,舳艫銜尾,入湊京師。會淺水乾淺,
> 故輦下糧斛湧貴。丙寅,令減價糴官米以濟民。〔註96〕

〔註92〕張擇端:〈清明上河圖〉。
〔註93〕(宋)張方平,《樂全集》,卷23,〈論京師軍儲事〉。
〔註94〕(宋)張方平,《樂全集》,卷23,〈論京師軍儲事〉。
〔註95〕《長編》,卷79,「真宗大中祥符五年十一月丁未」條,頁1805,有載:「詔自今聽商賈以糧斛從便貨鬻,官司勿禁。時京師穀貴,上以斂糴增價侵民,故有是詔。」
〔註96〕《長編》,卷61,「真宗景德二年丙寅」條,頁1374。

汴河的運作影響京師物價如此，甚至需要罷糴以恤民。再者，若減價糴官米以濟民，則糧儲必減，此皆影響國計至大。

　　蔡襄（1012～1067）體認到汴河漕運爲軍國大計所在，卻可能造成東南人民的負擔，所作〈泗州登馬子山觀漕亭〉詩，反映一種微妙的矛盾心態：

> 廟社奠東都，恃德非恃險。聚兵三十萬，待哺無容歉。……唯餘汴渠利，直貫長淮陳。歲輸六百萬，江湖極收斂。挽送入太倉，因陳失蓋弇。將漕苟不登，汝職兹爲忝。或謂取太多，六路有豐儉。其間一不熟，饑殍誰能掩。一旦俾之粟，是人意常慊。區處失其宜，斯言反爲玷。嘗欲請增減，革孚亦須漸。連營今飯稻，香美若菱芡，因循未易論，官曹畏書檢。……。〔註97〕

蔡襄的詩中指出，汴渠歲漕東南六百萬石，自然會對地方造成糧價的波動，影響百姓生計；若欲改革，「區處失其宜，斯言反爲玷」，故主張「革孚亦須漸」。由「因循未易論，官曹畏書檢」可知，顯然他認爲主其事者的態度仍是關鍵。

　　宋人爲降低國計民生對汴河的依賴，除了另外尋求供輸管道外，以錢支餉，亦爲當時的方法之一。太宗端拱二年（989），國子博士李覺建議士卒薪餉折現錢法：

> 歲以來，都下粟麥至賤，倉庫充牣，露積紅腐，陳陳相因，或以充近賞給，斗直十錢，此工賈之利而軍農之不利也。夫軍士妻子不過數口，而月給糧數斛，即其費有餘矣。百萬之眾，所餘既多，游手之民，資以給食，農夫之粟，何所求售？……夫其糧之來也，至重至艱，官之給也，至輕至易，歲之豐儉，不可預期，儻不幸有水旱之虞，卒然有邊境之患，其何以救之。……諸軍傔人舊日給米二升，今若月給賦錢三百，人心樂焉。是一斗爲錢五十，計江、淮運米工腳，亦不減此數。望明敕軍中，各從其便，願受錢者，若市價官米斗爲錢二十，即增給十錢，裁足以當工腳之直，而官私獲利，數月之內，米價必增，農民受賜矣。若米價騰踊，即官復給糧，軍人糴其所餘，亦獲善價，此又戍士受賜矣。不十年，官有餘糧，江外之

〔註97〕　（宋）蔡襄：《端明集》（收入《文淵閣四庫全書》，臺北：臺灣商務印書館，1983年），卷3，〈泗州登馬子山觀漕亭〉。

運，亦漸可省也。〔註98〕

米價賤時增給錢，米價貴時復給糧，能兼收平衡物價與照顧軍人、農夫的收益，頗符合經濟原理。但究其實際，江淮糧米仍賴汴河以運，無法全盤解決問題。

四、商稅務的干擾

汴河漕運，凡綱船所載物貨，宋初亦需繳納商稅，至眞宗大中祥符二年（1009）四月，始因江淮發運使李溥奏，悉皆蠲免。〔註99〕李溥之用意，旨在能使漕運迅捷，然自此綱梢得以攬搭商貨，商賈亦多樂於附搭，以逃減賦稅。其後，綱船力勝統一訂定以二分爲額，梢工獲利仍然可觀。〔註100〕

質是之故，商稅務恐流失稅源，遂時而留阻綱船，以致誤其行程。仁宗皇祐三年（1051）九月規定「緣汴河商稅務，毋得苟留公私舟船」〔註101〕。然而商稅徵收與否，關係宋代國計另一重要的收入，是否通融綱船假公濟私的行爲，於北宋一代，士大夫之論皆顯仁智互見了。

治平四年（1067），神宗初即位，即出現發運司與商稅務意見的衝突情形。是時，三司擘畫禁止「汴綱私人物貨，許兵梢論訴，並依條斷遣」，其目的在增加商稅收入。江淮等路發運使沈立認爲「兵梢多是凶惡身分，衣糧尅折不全，惟務侵盜」，「若許告訴，則互相疑貳，經久轉至作弊，敗壞綱運」，他建議今後約束應係綱運，「今後不得大段搭載私物，及有稅物到京，並盡數送納稅錢，如違犯，並依條斷遣」，「許令兵梢首告指揮，乞不施行」。朝廷旋追回成命。〔註102〕基本上，籠統的約束條款，已給兵梢莫大的壓力，其附帶私物的福利也有被剝奪的疑慮。十一月，權發遣三司使公事邵必上言：

> 近准朝旨，下江淮發運司，定到綱船梢工私載，並科違制之罪；人員、綱官知情，即與同罪；物貨沒官及給告人充賞。今無故生事，

〔註98〕《長編》，卷30，「太宗端拱二年四月」條，頁 678～679。按：太宗覽奏嘉勉，未見實施。

〔註99〕《長編》，卷 71，「大中祥符二年四月壬辰」條，頁 1601。按：李溥言：「糧綱卒隨行有少物貨，經歷州縣，悉收稅算，望與蠲免。」從之。

〔註100〕（宋）陳均：《皇朝編年綱目備要》（臺北：成文堂出版社，1966 年），卷 29，有云：「每舟虛二分容私商以利舟人，又載鹽同運兵士稍便之。」

〔註101〕《長編》，卷 171，「仁宗皇祐三年九月己酉」條，頁 4108。

〔註102〕《宋會要》，〈食貨〉42 之 20～21。

　　創立法則，望賜追寢，且依舊法。〔註103〕

邵必指朝廷「無故生事，創立法則」，宋廷亦應聲改政，〔註104〕其關鍵實與北宋早期對於綱船刻意通融的政策立意有關。蓋維持穩定的漕運供應量爲立國之根本，非商稅之區區末利可比。

　　北宋汴河爲國家命脈所繫，因而對於汴河的維護、管理極爲重視，不過時移勢異，維護觀念隨著經驗的累積與主事者的任事態度，立國二百年來，乃發展出以轉般法爲主的漕運制度，唯制度可以隨需求而調整，然而大自然的變化終難控遏，河政的複雜度甚難想像。宋廷持保守而穩健的理財政策，也爲此付出極大的漕運與社會成本。

〔註103〕《宋會要》，〈食貨〉42之20～21。
〔註104〕《宋會要》，〈食貨〉42之21。

第五章　神宗時期汴河的利用政策
　　　　與清汴工程

第一節　熙寧新政下的汴河利用政策

　　自仁宗、英宗以降，宋朝國家財政收支逐漸不能平衡，如何杜奢節用，迭為朝臣重要的政綱。〔註1〕神宗承續這種根本精神，亟欲尋求解決問題之道。〔註2〕不過杜奢節用僅能濟一時之艱，卻未能除根本之難，更何況神宗有開疆拓土的企圖。〔註3〕神宗與王安石（1021～1086）君臣相濟，除注意節用外，更致力於開源，〔註4〕二人的理念在熙寧時期的汴河利用政策上，即可見其一斑。〔註5〕

　　據今人研究，王安石的理財政策，在於掌握了貨幣經濟的特質，所以引

〔註1〕　參見梁庚堯：〈市易法述〉，《臺灣大學歷史學系學報》，第10、11期合刊（1984年12月），頁172。

〔註2〕　（宋）彭百川：《太平治跡統類》（臺北：成文出版社，1966年，校玉玲瓏閣鈔本），卷29，〈祖宗用度損益〉，「神宗熙寧元年三月」條。

〔註3〕　《長編》，卷490，「紹聖四年八月庚子」條，頁11639，記載曾布語：「先朝經營財利，志在邊鄙，子孫承之，敢忘厥志？」

〔註4〕　參見梁庚堯：〈市易法述〉，頁176；崔英超：〈熙豐變法的蘊釀—談宋神宗變法思想的形成〉，《甘肅社會科學》，2002年第5期，頁126～129。

〔註5〕　按：王安石變法的主張與措施雖然受到神宗的重視，但二人關係仍時有變化，基本上熙寧時期依王安石理念施行，元豐之後則是神宗自己主持變法大局。參見崔英超、張其凡：〈論宋神宗在熙豐變法中主導權的逐步強化〉，《江西社會科學》，2003年第5期，頁119～122。

起持傳統自然經濟觀念人士的反對。〔註6〕他的說法頗切中安史之亂以來中古自然經濟逐漸轉變爲貨幣經濟的契機，〔註7〕也適度反映出這種經濟變化並沒有帶動政治上理財觀念的革新。王安石的理財觀念，具有類似近代成本與效率的概念——即經濟學上追求資本的邊際效率，〔註8〕因此，神宗時期積極檢討汴河的利用現狀，由改善汴河的營運方式，杜絕維護汴河的高昂成本，進而檢討汴河的根本問題。

綜觀熙寧新政對汴河的經營理念有三個面向，即是積極開發附加價值、節約營運成本，以及降低對汴河的依賴。

壹、開發附加價值

神宗即位後，「志在富國，故以勸農爲先」，〔註9〕熙寧二年（1069）二月任王安石爲參知政事後，乃積極變法，四月，遣劉彝（1022～1091）等八人行天下，相視農田水利，又下諸路轉運司各條上利害，再詔諸路各置相度農田水利官。六月，制置三司條例司具農田利害條約，詔頒諸路，有云：

> 凡有能知土地所宜種植之法，及修復陂湖河港，或元無陂塘、圩埠、堤堰、溝洫而可以創修，或水利可及眾而爲人所擅有，或田去河港不遠，爲地界所隔，可以均濟流通者；縣有廢田曠土，可糾合興修，大川溝瀆淺塞荒穢，合行濬導，及陂塘堰埠可以取水灌漑，若廢壞可興治者：各述所見，編爲圖籍，上之有司。其土田迫大川，數經水害，或地勢汙下，雨潦所鍾，要在修築圩埠、堤防之類，以障水潦，或疏導溝洫、畎澮，以泄積水。縣不能辦，州爲遣官，事關數州，具奏取旨。〔註10〕

〔註6〕 丘爲君：〈王安石變法失敗的原因——一個經濟學點的解釋〉，《史繹》，第 15 期（1978 年 9 月），頁 18～20。

〔註7〕 詳見全漢昇：〈中古自然經濟〉及〈唐宋政府歲入與貨幣經濟的關係〉，以上二文俱收錄於氏著《中國經濟史研究》上冊（香港：新亞研究所，1976 年）。

〔註8〕 按：所謂資本邊際效率，指每一資本資產每增加一單位時，從其增加的一單位，即邊際單位中所預期獲得超過成本的大收益率。詳趙鳳培譯：《凱因斯經濟學》（臺北：三民書局，1969 年），頁 89。

〔註9〕 《宋史》，卷 95，〈河渠五・河北諸水〉，頁 2366。按：王安石的理財主張可參見符海朝、馬玉臣：〈熙豐黨爭補論〉，《貴州文史叢刊》，2005 年第 7 期，頁 11～15。

〔註10〕 《宋史》，卷 95，〈河渠五・河北諸水〉頁 2367，又見（清）嵇璜等：《續通典》（收入《文淵閣四庫全書》，臺北：臺灣商務印書館，1983 年），卷 4，〈食

又詔「民修水利，許貸常平錢穀給用」，在此誘因之下，「四方爭言農田水利，古陂廢堰，悉務興復」〔註11〕。開發汴河水利的觀念，即在這種背景下提出。

熙寧二年（1069）閏十一月，提舉常平侯叔獻首倡汴水淤田之議。〔註12〕侯叔獻對汴河的利用現狀提出兩個看法：（一）汴河歲漕東南六百萬斛，浮江泝淮，數千里之遙，計其所費，大率數石而致一碩，雖然中都之粟饒足，而六路之民實受其弊。（二）京師帝居，天下輻湊，人物之眾，車甲之饒，不知幾百萬數；以數百萬之眾，而仰給於東南千里之外，實為失策之舉。

侯叔獻認為沿汴兩岸，有廣大的肥沃土地，而兩岸之間，大多是牧馬地及公私廢田，總計二萬餘頃，用以牧馬，不過用地之半，則是「萬有餘頃常為不耕之地」。因此，他建議依照地勢，行水植稻，於汴河南岸，增設斗門，泄其餘水，分為支渠，及引京、索河併三十六陂之水溉灌，則環畿甸地區，一歲可得穀數百萬碩以給兵食。〔註13〕

侯叔獻的奏報獲得認可，朝廷命楊汲提舉開封府界常平等事，協同經辦汴河淤田事務；翌年正月，又有進士程義路奏陳「汴、蔡等十河利害」，於是令他隨行以備指引。〔註14〕

發河水淤田的理論起源甚早，《史記》記載，秦鄭國渠以涇水「注填閼之水，溉澤鹵之地四萬餘頃」，於是「關中為沃野，無凶年」；〔註15〕《漢書》也記載西漢太始二年（BC95），趙中大夫白公奏請穿渠，引涇水而成「白渠」，灌溉渭中二百里土地，合計四千五百餘頃，人民因而富庶，歌曰：「田於何所？池陽、谷口。鄭國在前，白渠起後。舉臿為雲，決渠為雨。涇水一石，其泥數斗。且溉且糞，長我禾黍。衣食京師，億萬之口」。〔註16〕可見以二渠淤田對當地人民的裨益，唐人亦曾法其意開鑿六陡門。〔註17〕

貨四‧水利田〉，頁 1129。

〔註11〕參見《宋史》，卷 327，〈王安石〉，頁 10545；《續通典》，卷 4，〈水利田〉，頁 5283。

〔註12〕（清）蕭智漢：《新增月日紀古》（收入《歲時習俗資料彙編》，臺北：藝文印書館，1970 年），卷 8 下，〈十一月卷下十五日〉，記載侯叔獻官銜為提舉常平，茲從之。

〔註13〕《宋會要》，〈食貨〉61 之 97。

〔註14〕《宋會要》，〈食貨〉61 之 97。

〔註15〕《史記》，卷 29，〈河渠書〉，頁 1408。

〔註16〕（漢）班固：《漢書》，卷 29，〈溝洫志〉，頁 1685。

〔註17〕按：沈括「出使至宿州，得一石碑，乃唐人鑿六陡門，發汴水以淤下澤，民獲其利，刻石以頌刺史之功。」詳（宋）沈活：《夢溪筆談》，卷 24，〈雜誌一〉，

　　汴河之類的運河本應以漕運爲主，然而北宋曾因急難之需，利用運河水源淤田，大中祥符五年（1012），淮南路滁、和、揚、楚、灑五州發生旱災，眞宗詔發運使減運河水以灌民田。〔註18〕又景德初，李防知應天府，也曾鑿府西障口爲斗門，洩汴水，淤旁田數百畝，民甚利之。〔註19〕因而侯叔獻的建議，實不脫前人的舊法。〔註20〕

　　淤泥既然能增加土地的肥腴，宋廷乃積極進行，不過淤田固然會達到部分的成效，操作不當，則農民未得其利而先受其害。

　　熙寧三年（1070）八月，傳聞祥符、中牟的百姓因爲淤田的緣故，大受水患困擾，神宗問王安石，安石答以未聞此事，神宗乃派遣內侍前往視察。〔註21〕內侍調查的結果，似指向無水患事狀，九月，乃賜屯田員外郎侯叔獻、太常寺楊汲府界淤田各十頃。然而百姓受淤田之害的情狀史不絕書，《太平治跡統類》、《長編》猶記載侯叔獻等引河水淤田，決清水於畿縣、澶州間，壞民田廬塚墓，歲被其患，他州縣淤田類如此，而朝廷不知。〔註22〕由此可見，決汴水淤田的控管工作不夠精確。

　　發汴河水淤田控管不當，有時會影響到隄防的安全，沈括《夢溪筆談》曾指一案例，說：

　　　　熙寧中，滩陽界中發汴堤淤田。汴水暴至，堤防頗壞陷，將毀，人力不可制。都水丞侯叔獻時蒞其役，相視其上數十里有一古城，急發汴堤注水入古城中。下流遂涸，急使人治堤陷。次日，古城中水盈，汴流復行，而堤陷已完矣。徐塞古城所決，內外之水，平而不流，瞬息可塞。眾皆伏其機敏。〔註23〕

有時也會妨礙漕遭，熙寧六年（1073）六月，神宗批示：

　　　　汴水比忽減落，中河絕流，其窪下處才餘一、二尺許。訪聞下流公

　　　　「熙寧中」條，頁755；（宋）江少虞：《宋朝事實類苑》，卷58，〈淤田〉，頁764，亦摘錄本文。

〔註18〕《長編》，卷78，「眞宗大中祥符五年八月庚戌」條，頁1780。

〔註19〕《宋史》，卷303，〈李防〉，頁10039。

〔註20〕周建明：〈北宋漕運與水利〉，《阜陽師範學院學報（社會科學版）》，2001年第5期（總第83期），頁111～113。

〔註21〕《長編》，卷214，「熙寧三年八月己未」條，頁5198。

〔註22〕（宋）彭百川：《太平治跡統類》，卷13，〈神宗任用王安石〉，「熙寧六年九月」條；《長編》，卷247，「熙寧六年九月丙辰」條，頁6013。

〔註23〕（宋）沈活：《夢溪筆談》，卷13，〈權智〉，頁10。

私重船，初不預知放水淤田時日，以故減剝不及，類皆閣折損壞，

致留滯久，人情不安。可令都水應干官司分析上，下三司委差官，

同府界提點司自京抵陳留具有無損壞舟船，比較累人壞數聞。〔註24〕

上述案例雖經提點吳審禮等人調查，回報並無舟船損壞情事。〔註25〕不過必須注意的是，三司主管河渠事務和政策，自然會自我辯護，因而會有神宗差人訪聞和三司回報的差異。另一方面，舟船無損壞，並不代表放水淤田對漕運沒有影響，而宋廷所持的態度，則只是抱著改善技術，加強管理而已，因此仍積極在汴河兩岸尋找新的地點，開鑿斗門以進行淤田和徵稅的工作。如熙寧四年（1071）八月，「詔司農寺選官經量汴河兩岸所淤官陂、牧地、逃田等，召人請射租佃」；〔註26〕熙寧五年（1072）九月，「詔司農寺出常平粟十萬石，賜南京、宿、亳、泗州，募飢人浚溝河，遣檢正中書刑房公事沈括專提舉，仍令就相視開封府界以東沿汴官私田，可置斗門引汴水淤漑處以聞」；〔註27〕熙寧八年（1075）九月，提舉出賣解鹽張景溫建議，陳留等八縣鹼地可引黃、汴河水淤漑，朝廷調查後決定於次年差調夫役，興辦淤田工程。〔註28〕

就官方立場而言，淤田成效灼然，主其事者侯叔獻、楊汲等，皆因功賜府界淤田十頃；〔註29〕但就民間立場而言，卻惠而不實，凡「放水淤田地分，其未淤處，清水占壓民田」，既不能耕種且必須繳稅，〔註30〕而已淤處，淤泥甚薄，地利有限，反對者譏之為「蒸餅淤」。蘇軾《東坡志林‧汴河斗門》記載：

數年前朝廷作汴河斗門以淤田，識者皆以為不可，竟為之，然卒亦無功。方樊山水盛時放斗門，則河田墳墓廬舍皆被害，及秋深水退而放，則淤不能厚，謂之「蒸餅淤」，朝廷亦厭之而罷。偶讀白居易

〔註24〕《宋會要》，〈方域〉16之6、7。

〔註25〕參見《宋會要》，〈方域〉16之6、7；《長編》，卷245，「熙寧六年六月甲申」條，頁5967。

〔註26〕《長編》，卷226，「熙寧四年八月庚午」條，頁5506。

〔註27〕《長編》，卷238，「熙寧五年九月壬子」條，頁5796。

〔註28〕《長編》，卷268，「熙寧8年九月癸未」條，頁6572。

〔註29〕（宋）彭百川：《太平治跡統類》，卷13，〈神宗任用王安石〉，「熙寧6年九月」條。又《宋史》，卷355，〈楊汲〉，頁11187。亦云：「主管開封府界常平，權都水丞，與侯叔獻行汴水淤田法，遂釃汴流漲潦以漑西部，瘠土皆為良田。神宗嘉之，賜以所淤田千畝。」可見當時頗有成效。

〔註30〕《長編》，卷266，「神宗熙寧八年秋七月己巳」條，頁6523。按：如上引雖指受清水占壓民田可免稅，但畢竟是少數，且距淤田政策實施日程已六年左右。

> 甲乙判，有云：「得轉運使以汴河水淺不通運，請築塞兩河斗門，節
> 度使以當管營田悉在河次，在斗門築塞，無以供軍。」乃知唐時汴
> 河兩岸皆有營田斗門，若運水不乏，即可沃灌。古有之而不能，何
> 也？當更問知者。〔註31〕

蘇軾的分析再次暗諷汴河水流不穩定，以及淤田調控不當，使政策的美意大
打折扣，百姓褒貶不一，真正獲利者可能只有政府。〔註32〕

　　史稱熙寧年間，「人人爭言水利」，〔註33〕凡可興利的作為，宋廷皆熱衷
嘗試，如引汴河濁水淤田外，又有滲取汴河清水灌溉的作法。八年五月，右
班殿直勾當修內司楊琰建議在陳留縣界舊汴河下口，在新舊二隄之間修築水
塘，用碎甓築成「虛隄」五步，以滲取汴河清水入塘，灌溉開封、陳留、咸
平三縣之植稻。〔註34〕宋廷旋即令楊琰兼巡護惠民、蔡河、京、索、金水河
斗門隄岸河道，又令開封府界提點司提舉，俟灌溉有實保明以聞；〔註35〕六
月，又有轉引汴河水為蔡河和五丈河水源的建議，其時有詔糴京西米赴河北
封樁，患蔡河舟運不能達河北，故而水官侯叔獻、劉璯建議汴、蔡兩河間丁
字河故道，鑿隄置閘，引汴水入蔡以通舟運，〔註36〕在在反映政策的影響。

　　熙寧新政汴河的利用範圍大幅擴增，也成為備受訾議的面向。如司馬光
〈乞罷條例司常平使疏〉云：

> 臣竊觀方今四夷親附……，是宜為天下和樂無事之時，而中外恟恟
> 人不自安者，無他故也，正由朝廷有制置三司條例司，諸路有提舉
> 勾當常平、廣惠倉使者，爭獻謀畫，各矜智巧，變更祖宗法度，侵
> 奪細民常產，掊斂財利以希恩寵，非獨此青苗一事而已。至於欲計
> 畝率錢，顧人充役，決汴水以種稻及澆溉民田，及欲洩三十六陂水，

〔註31〕（宋）蘇軾：《東坡志林》（收入《歷代史料筆記叢刊》，北京：中華書局，1981
　　　　年），卷4〈汴河上斗門〉，頁77。
〔註32〕按：反對淤田者皆謂民河田、墳墓、盧舍皆被害，惟近人王興瑞、董光濤則
　　　　皆以為淤田成效灼著。參見王興瑞：〈王安石的政治改革與水利政策〉，《食貨
　　　　半月刊》，第2卷第2期，1935年6月，頁39、41；董光濤：〈宋代淤田推廣
　　　　之研究〉，《花蓮師專學報》，第3期，1980年，頁7～12。
〔註33〕《宋史》，卷95，〈河北諸水〉，頁2369。
〔註34〕《長編》，卷264，「神宗熙寧八年五月乙酉」條，頁6478。
〔註35〕《長編》，卷264，「神宗熙寧八年五月乙酉」條，頁6478。
〔註36〕詳《長編》，卷265，「熙寧八年六月丙午」條，頁6487；《長編》，卷266，「熙
　　　　寧八年七月甲申」條，頁6535。按：蔡河引汴河水以助行運並未成功，又詳
　　　　《宋史》，卷94，〈蔡河〉，頁2337～2338。

募人耕佃，若此之類，不可悉數。道路之人共所非笑，而條例司自以爲高奇之策。〔註37〕

司馬光代表保守派的意見，而王安石等「爭獻謀畫，各矜智巧」，皆可見他們積極在汴河的運輸功能外，開發其它附加價值的努力。

貳、節約維護成本

汴河援引黃河爲水源，產生極大的維護成本，約有以下三點：（一）動員人力眾多。汴口每歲隨黃河水勢向背改易，未有常處，因此每歲春初即調發洛、孟、汝、蔡、許、鄭等數州的民夫整治，動輒四、五萬人；（二）備用材料太多，徒增成本。每年擬訂備開口岸，有擬開、次開、擬備開等名稱，凡四、五處。雖然舊河口勢無變移，而壕寨等人亦必預先規畫，和準備材料；（三）騷擾人民的社會成本太鉅，有云：「民間良田、莊井，或標作河道，或指爲夫寨」，以致鄰近州縣民夫，「仍年差調，力困不勝」。〔註38〕最簡易的解決之道爲固定汴口位址，即可大幅降低預置成本和避免影響百姓生計，宋臣也迭有建議。

真宗大中祥符四年（1011），白波發運判官史瑩首倡固定汴口位址。他認爲於「孟州氾水縣孤柏嶺下緣南岸山址，導河入汴，甚爲便利」，引起真宗的重視，乃派遣勾當汴口楊守遵與史瑩偕同前往評估。楊守遵回報「役大而流悍，非人力可禦」。真宗又派遣內侍副都知閻承翰（947～1014）覆視，閻承翰也認爲不可，其議方寢。〔註39〕仁宗天聖年間（1023～1032），張君平再度建言「歲開汴口，當擇其地；得其地，則水湍駛而無留沙，歲可省功百餘萬」。〔註40〕然而當時技術觀念不夠成熟，未能施行。

鑑於汴口屢易的浪費，神宗熙寧四年（1071）十月，河陰同提舉催促輦運、都官郎中應舜臣再發節省經費的論調，主張將汴口永久設置於訾家口。有云：

汴口得便利處，可歲歲常用，何必屢易，公私勞費？蓋汴口官吏欲歲興夫役，以爲己利耳。今訾家口在孤柏嶺下，最當河流之衝，水

〔註37〕　（宋）司馬光：《溫國文正司馬公文集》（收入《四部叢刊初編》，上海：上海商務印書館，1922 年），卷 41，〈乞罷條例司常平使疏〉。
〔註38〕　《長編》，卷 233，「熙寧五年五月壬辰」條，頁 5655～5656。
〔註39〕　《長編》，卷 76，「大中祥符四年十月丁卯」條，頁 1738。
〔註40〕　《宋史》，卷 326，〈張君平〉，頁 10525。

> 必不至乏絕，自今請常用之，勿復更易。或水小，則爲輔渠於下流
> 以益之；大則開諸斗門以洩之。〔註41〕

舜臣認爲選擇沿用訾家口，只要規劃完整，可歲歲常用，不必屢易，獲得王
安石認同，乃擢舜臣權三司判官，〔註42〕並差楊永釗、周良孺與勾當汴口使
臣實地考察，最後決定沿用舊汴口。〔註43〕

熙寧五年初，大理寺丞、都水監主簿周良孺再度提議歲開舊口，最爲省
費。他推崇前此應舜臣主張復用舊口，役工才萬餘，四日即使水勢順快。因
此，假若黃河依舊掠南岸，應以例開舊口地爲便。於是朝廷派遣周良孺前往
評估，周良孺回報：

> 以今春河口，可役夫二千八百五十一人，一月計一十萬五十餘工，
> 比之（熙寧）四年所役工十減八、九，其糧食、物料不在數。〔註44〕

都水監也深表認同。是年五月，周良孺以此獲得拔擢爲殿中丞。〔註45〕

在節約營運成本的風潮下，熙寧六年（1073）十一月，權判將作監范子
奇則進一步建議不閉汴口，他說：

> 汴口每歲開閉，勞人費財，不惟民力重困，兼閉口後阻絕漕運。乞
> 每至冬，更勿閉口，以外江綱運直入汴至京，廢罷轉般，其年計必
> 大有所增，操舟兵士自可減省，上下酒稅課利亦當以故增多，公私
> 便利，無越於此。若謂經冬不閉，致湮河道，緣每歲閉口多在冬深，
> 已是霜降水落，迨至斷流，亦有澄沙，卻遇春水衝注，別無停積。
> 若後當淘浚修疊，自可約定年限，權行閉塞，比之歲歲興功，煩省
> 異矣。〔註46〕

范子奇的建言涵蓋面甚廣，涉及汴河的管理，漕運的轉般制度，以及通年運
輸的商稅利益，引起宋廷的重視，乃命汴口官吏評估可行性。

不閉汴口最主要的困擾是黃河流冰入汴，影響行運，因此汴口官吏提議
以木柭截口後，宋廷旋即實施不閉汴口，其時適逢高麗遣使入貢，即令使者

〔註41〕（宋）司馬光：《涑水紀聞》，卷 15，〈汴口改易〉，頁 300～301。另詳《長
　　　　編》，卷 227，「熙寧四年十月庚辰」條，5535，但文字略異。
〔註42〕（宋）司馬光：《涑水紀聞》，卷 15，〈汴口改易〉，頁 301。
〔註43〕《長編》，卷 227，「熙寧四年十月庚辰」條，頁 5535。
〔註44〕《長編》，卷 233，「熙寧五年五月壬辰」條，頁 5655～5656。
〔註45〕《長編》，卷 233，「熙寧五年五月壬辰」條，頁 5655～5656。
〔註46〕《長編》，卷 248，「熙寧六年十一月壬寅」條，頁 6039。

自汴泝流赴闕。〔註47〕

　　不閉汴口的目的在於將汴河的功能發揮至極限。但是它有兩個難以避免的變數，即冬季黃河流冰太多，以及水勢平緩，泥沙易於填淤的問題，自此二者即造成汴河維護的困擾。

一、汴河的流冰問題

　　熙寧六年十二月，不閉汴口計畫執行之初，發生汴河噎凌事件，宋廷派遣職方員外郎林積（1021～1091）前往監疏。〔註48〕其後汴河噎凌在雍邱縣界衝垮隄岸，漫流併入白溝河，水官檢視水口以東，汴身填淤，高水面四尺，後來方爲同判都水監李立之修塞。〔註49〕

　　以木柮截阻流冰的成效不彰，補救的方式即爲打撥。但打撥流冰的工作至爲艱困，役夫苦寒，死者甚眾。趙彥衛《雲麓漫抄》記載：

> 虜使來賀正，多值冰雪，有司作浮筏，前設巨碓以擣冰，謂之「冰
> 箪」；又以小舟搖蕩於其間，謂之「混舟」，其制始於王荆公當國。
> 熙甯中欲行冬運，汴渠舊制，有閉口，十月則舟不行；於是以小船
> 數十，前設碓以擣冰。役夫苦寒，死者甚眾。京師諺語有「昔有磨
> 磨漿水，今有碓擣冬凌」之誚。〔註50〕

魏泰《東軒筆錄》也記載此事：

> 汴渠舊例，十月關口，則舟檝不行。王荆公當國，欲通冬運，遂不
> 令閉口，水既淺澀，舟不可行，而流冰頗損舟檝。於是以船腳數千，
> 前設巨碓，以擣流冰，而役夫苦寒，死者甚眾。京師有諺語曰：「昔
> 有磨法磨漿水，今見巨碓擣冬凌。」〔註51〕

可見煩重的撥打流冰工作，造成百姓的困苦百端。執政亦不忍坐視，馮京（1021～1094）認爲「每年雖減梢芟一二百萬，然自汴口至泗州，用兵夫數亦不少，若苦寒一夕，凌排大積，如何施工？」呂惠卿（1032～1111）建言：「若晚閉

〔註47〕　《長編》，卷248，「熙寧六年十一月壬寅」條，頁6039。
〔註48〕　《長編》，卷248，「熙寧六年十二月甲申」條，頁6059。
〔註49〕　《長編》，卷248，「熙寧六年十二月戊子」條，頁6061。
〔註50〕　（宋）趙彥衛：《雲麓漫抄》（收入《歷代史料筆記叢刊》，北京：中華書局，
　　　　　1996年），卷1，頁10。
〔註51〕　（宋）魏泰：《東軒筆錄》（收入《唐宋史料筆記叢刊》，北京市：中華書局，
　　　　　1983），卷7，頁77。按：（宋）孟元老：《東京夢華錄》，〈汴河〉轉引文字略
　　　　　異，如「腳船數千」，又如「昔有磨磨漿水，今見碓擣冬凌」。

早開，似亦爲便。」神宗深知凡此問題，皆與汴河引黃河濁流有關，乃令諸執政詳加體問，「若成得清汴，即爲萬世之利」。〔註52〕神宗的「清汴」之說，本於熙寧六年七月的白溝河計畫，不過年初因爲主其事者侯叔獻分身前往汴口打凌而中止。〔註53〕神宗此時的指示，乃爲往後的清汴工程預留伏筆。

　　不閉汴口的評估是否確實，著實令人質疑，文彥博（1006～1097）也提出他的觀察，他說：

> 范子奇乞冬月不閉汴口，是年蹙凌，上下救護，晝夜打凌，不勝寒苦，終致府界蹙破汴岸。自來汴岸止是夏秋水大，容有決溢之理，即未嘗有冬深決溢之患。後來朝旨卻令冬前閉口，顯是因不閉汴口，致蹙凌壞堤。當時止罪縣界隄防之官，而子奇全不責問，仍不害其進用，士論不平，無如之何。〔註54〕

顯見不閉汴口在當時的風潮下，是一項政治正確高過事實評估的作爲。

　　當時議者認爲汴流冬季不須閉口亦可通行漕運，未料屢次發生「河冰壅水溢岸」的情事，熙寧七年二月，詔都大提舉汴河隄岸屯田郎中王庠，巡河西頭供奉官劉溫其並勒停，贊善大夫知雍邱縣陳敦，都監供備庫副使許湘主簿李偶各衝替。〔註55〕熙寧八年十一月，又發生河道凍合，「汴水凌牌擁遏京城中」，恐隄防別有疏虞，樞密使吳充（1021～1080）請詔都水監速閉汴口。神宗急批指揮，「令判監一員往汴口監督，連夜閉塞，無信妄說利害，小有遷延。」尋又詔：「聞汴口嘗有不閉口指揮，致無準備，其令歲備閉口材料，毋得誤事！」〔註56〕可見不閉汴口固然能節約成本，但所繫京師安危至重，自然不能因小失大。因而不閉汴口的原則，已隨實務的需求調整爲歲備閉口材料的措施了。

二、汴河的淤積問題

　　汴河淤積的問題由來已久，自不閉汴口政策實施後更形惡化，熙寧七年八月，因汴口泥沙淤積已成新灘，汴口閉與不閉，都水監內部官員意見相左。同判都水監宋昌言、李承之、丞王令圖等主張權閉汴口，候水涸增修隄岸、

〔註52〕《長編》，卷252，「熙寧七年夏四月癸巳」條，頁6175～6176。
〔註53〕《宋史》，卷94，〈白溝河〉，頁2342。
〔註54〕《長編》，卷278，「熙寧九年十月是月」條，頁6813。
〔註55〕《長編》，卷250，「熙寧七年二月甲戌」條，頁6086。
〔註56〕《長編》，卷270，「熙寧八年十一月癸亥」條，頁6620。

斗門，畢工後再評估；同判都水監候叔獻、丞劉瑨則主張不閉汴口，祇於孔
固斗門下權作截河堰，引水入斗門，候修畢隄岸再行開堰。神宗從叔獻等議。
〔註57〕

　　神宗的考量似乎在成本上著眼，但異議者仍多，最主要的癥結是汴河以
黃河為水源基礎，對京城河防有潛在的威脅，御史知雜事張琥奏云：

> 候叔獻乞不閉汴口，創築橫隄，并置梢水澄，修舊斗門，疏洩水勢
> 還河，萬一深冬冰塞，斗門溢水衝溢新堰，大則都城可虞，小則沿
> 汴居民被害；雖省一、二十萬物料，增置梢澄，所費亦不少。乞依
> 舊塞汴口。〔註58〕

惜不報。其後御史盛陶又陳汴河開兩口非便，朝廷再命宋昌言相度，遂塞甞
家口。既而水勢不調，屢開屢塞，最後費六十萬工乃濟漕運，論者歸罪於宋
昌言閉塞甞家口。《長編》載其事之經過云：

> 安石初主不閉汴口之議甚力，馮京獨不以為然。安石罷相數月，昌
> 言等請權閉，而候叔獻請勿閉。既從叔獻請不閉，其後卒使昌言閉
> 之。尋以汴水絕流，更命程昉開撥，時七年十一月己亥也。叔獻素
> 與昌言不協，及安石復相，叔獻因譖昌言附會馮京，變易安石在相
> 府時所行事。安石怒。會汴水復絕流，叔獻屢言由昌言塞甞家口所
> 致，於是遣叔獻復通甞家口，昌言懼，求出，得知陝州。〔註59〕

盛陶所指的汴河開兩口，應是指應舜臣、范子奇在歲開固定汴口和不閉汴口
下的折衝，同時保有甞家口及其輔渠，以維持汴河水流的穩定。盛陶謂其非
便，指二者造成汴河泛漲的主因，但安石檢視水歷，認為渠等不明究竟，妄
加推論所致。〔註60〕

　　汴口閉與不閉，外在環境──黃河的變化最為關鍵，以當時對自然環境掌
握的不足，自然難作正確的判斷。

　　汴河或泛漲，或淤積，或斷流，多少和泥沙淤積有關，宋廷調整關閉汴

〔註57〕《宋會要》，〈方域〉16之7；《長編》，卷255，「熙寧七年八月丙戌」條，頁
　　　　6241。
〔註58〕《長編》，卷255，「熙寧七年八月甲午」條，頁6244。
〔註59〕《長編》，卷263，「熙寧八年閏四月乙未」條，頁6420～6421。按：（宋）司
　　　　馬光：《涑水記聞》，卷15，〈汴口改易〉，頁300～301，亦記載其事經過。
〔註60〕《長編》，卷263，「熙寧八年閏四月乙未」條，引《王安石日錄》，頁6421～
　　　　6424。

口整治的思維，另行嘗試平時保養河川的作法，乃大力推廣「濬川杷」。

「濬川杷」的構想源自選人李公義。熙寧五年，李公義獻「鐵龍爪揚泥車法」以疏濬黃河。其法為「用鐵數斤為爪形，以繩繫舟尾而沈之水，篙工急櫂，乘流相繼而下，一再過，水已深數尺」。宦官黃懷信以為可用，而患其太輕。王安石令黃懷信、李公義同議增損，乃別製「濬川杷」。其法為「以巨木長八尺，齒長二尺，列於木下如杷狀，以石壓之；兩旁繫大繩，兩端矴大船，相距八十步，各用滑車絞之，去來撓蕩泥沙」。〔註61〕它的原理係以外力攪拌泥沙，使其順激流而下，以達到不淤積的目的。熙寧七年十二月，首次試用於大名府，不及一月而罷。熙寧九年十二月，范子淵自以為疏濬黃河功效灼然，自薦試用於汴河。王安石、文彥博頗質疑其功效。〔註62〕時人或云：

> 子淵于河上令指使分督役卒用杷疏治，各置歷書，其課曰：某日於某埽濬若干步，深若干尺。其實水深則杷不能及底，虛曳去來，木淺則齒礙沙泥，曳之不動，卒乃反齒向上而曳之。所書之課，悉妄撰不可考驗也。故天下皆指濬川杷為兒戲。〔註63〕

不過宋廷所遣覆覈官員累經測試，咸認為成效卓著，〔註64〕因而熙寧十年三月，又應范子淵之請，利用「七八月間水湍急，用疏導汴流」。〔註65〕秋七月，神宗命入內供奉官馮宗道前往監視范子淵疏濬汴河事狀。〔註66〕九月，再應范子淵請，「將杷具、舟船等盡分與逐地分使臣，令於閉口之後，河道內先檢

〔註61〕《宋史》，卷92，〈黃河〉，頁2282。另見《長編》，卷248，「熙寧六年十一月丁未」條，頁6042。

〔註62〕《長編》，卷279，「熙寧九年十二月癸未朔」條，頁6828；又詳《宋史》，卷313，〈文彥博〉，頁10262。

〔註63〕《長編》，卷279，「熙寧九年十二月癸未朔」條，頁6827～6829。

〔註64〕《長編》，卷279，「熙寧九年十二月癸未朔」條，頁6827，「命知制誥熊本與都水監、河北轉運司官同相視疏濬汴河及衛州運河利害以聞」。《長編》，卷281，「熙寧十年三月甲戌」條，頁6887。按：本次按視不實，熊本因此落職，范子淵追一官，詳（宋）楊仲良：《長編紀事本末》（臺北：文海出版社，1967年，光緒十九年廣雅書局刊本），卷77，〈濬汴河〉，頁12。

〔註65〕《長編》，卷281，「熙寧十年三月甲戌」條，頁6887。

〔註66〕《長編》，卷283，「熙寧十年秋七月辛亥」條，頁6930。按：以濬川杷疏濬河川的效益，宋廷一直有人質疑，蔡確曾劾濬河事，所逮證佐二百餘人，獄久不決，神宗頗有疑慮，故有監視之命。又按：濬川杷的疑慮可分為二部分，其一為根本無效，為冒功之具；其二為操作人員圖船行便利，虛應故事，致其功效備受質疑，另參見《長編》，卷279，「熙寧九年十二月癸未朔」條，頁6827～6829。

量淤澱去處，至春水接續疏導」。〔註67〕

　　水部官員動輒以人力與自然抗衡，追求末利的作爲，引起宣徽南院使、判應天府張方平的憂慮，他說：

> 祖宗受命，規模畢講，不還周、漢之舊，而梁氏是因，豈樂而處之？勢有所不獲已者，大體利漕運而贍師旅，依重師而爲國也。則是今日之勢，國依兵而立，兵以食爲命，食以漕運爲本，漕運以河渠爲主。國初浚河渠三道，通京城漕運。……惟汴河所運，一色粳米，相兼小麥，此乃太倉畜積之實。今仰食于官廩者，不惟三軍，至于京師士庶以億萬計，大半待飽于軍稍之餘，故國家於漕事至急至重。京，大也；師，眾也。大眾所聚，故謂之京師。有食，則京師可立；汴河廢，則大眾不可聚。汴河之於京師，乃是建國之本，非可與區區溝洫水利同言也。近歲已罷廣濟河，而惠民河斛斗不入太倉，大眾之命惟汴河是賴。今陳說利害，以汴河爲議者多矣，臣恐議者不已，屢作改更，必致汴河日失其舊，國家大計殊非小事。願陛下特回聖鑒，深賜省察，留神遠慮，以固基本。〔註68〕

張方平所謂「汴河之於京師，乃是建國之本，非可與區區溝洫水利同言」的觀察，頗切中神宗以前的思考點和當今不同的關鍵。由每歲開閉汴口造成高昂的維護成本和對百姓的騷擾，發展爲固定汴口的思考，進而不閉汴口的操作，成本是否有減省？百姓的勞役騷擾是否降低？在冬季打凌的工作不斷下，實在需要進一步的評估。

　　另一方面，王安石積極調整汴河的功能與利用的面向，同樣也激起保守派的反對，黃庶（1018～？）作〈汴河〉詩：

> 汴都峩峩在平地，宋恃其德爲金湯。先帝始初有深意，不使子孫生怠荒。萬艘北來食京師，汴水遂作東南吭。甲兵百萬以爲命，千里天下之腑腸。人心愛惜此流水，不啻布帛與稻粱。漢唐關中數百年，木牛可以腐太倉。舟檝利今百於古，奈何益見府庫瘡。天心正欲醫造化，人間豈無針石良？窟沉但去錢穀蠹，此水何必求桑羊。〔註69〕

〔註67〕《宋會要》，〈職官〉5之46；《長編》，卷284，「熙寧十年九月甲戌」條，頁6967。

〔註68〕《長編》，卷269，「熙寧八年十月壬辰」條，頁6591～6592。

〔註69〕（宋）黃庶：《伐檀集》（收入《景印文淵閣四庫全書》，臺灣：臺灣商務印書館，1983年），卷上，〈汴河〉。

黃庶的主張不外乎輕政簡稅，不要動輒更張河事，大抵秉持宋初以來的觀點。

不過，王安石面對這些反對意見，反擊亦不遺餘力，曾作〈和吳御史汴渠〉詩：

> 鄭國欲弊秦，渠成秦富彊，本始意巳陋，末流功更長。維汴亦如此，
> 浚源在淫荒，歸作萬世利，誰能弛其防。夷門築天都，橫帶國之陽，
> 漕引天下半，豈云獨荊揚。貨入空外府，租輸陳太倉，東南一百年，
> 寡老無殘糧。自宜富京師，乃亦窖蓋藏，征求過鳳昔，機巧到莛芒。
> 御史閔其然，志欲窮舟航，此言信有激，此水存何傷？救世詎無術，
> 習傳自先王，念非老經綸，豈易識其方。我懶不足數，君材仍自強，
> 他日聽施設，無乃棄篇章。〔註70〕

此詩反映吳御史的主張大抵是汴河漕取東南，造成南方百姓的疾苦，因此反對汴河進一步的開發與利用。由「此水存何傷」一句，也可知吳御史認爲汴河存在一天，百姓痛苦難有泯除之時，不過王安石頗不以爲然。

由黃庶主張的輕稅簡政，以降低汴河的運輸能量，到吳御史直接廢除汴河的想法，代表當時對汴河工程大事更張的作爲，已引起部分士大夫的反彈。

參、降低依賴汴河

加強漕運管理，也能節省成本，三司使薛向在此方面曾做了許多的努力，如（一）淘汰老舊冗員，精簡人事支出。〔註71〕（二）募客舟與官舟分運，以相檢察，革除舊弊。〔註72〕但這兩種方法都只能治標，無法解決京師隨時可能面臨的缺糧危機。就整個國家財政計畫而言，降低對汴河的依賴，是可以考量的施政方向。神宗熙寧二年七月施行均輸法，〔註73〕目的即在利用市場機能，調節物資的供給與需求，以降低運河的負擔。〔註74〕其精神見諸於王安石所奏之「乞制置三司條例」中，有云：

〔註70〕（宋）王安石：《臨川先生文集》（收入《景印文淵閣四庫全書》，臺灣：臺灣商務印書館，1983 年），卷 5，〈和吳御史汴渠〉。

〔註71〕《宋會要》，〈食貨〉43 之 1。

〔註72〕《宋史》，卷 175，〈漕運〉，頁 4253；（元）富大用：《古今事文類聚外集》（收入《景印文淵閣四庫全書》，臺灣：臺灣商務印書館，1983 年），卷 8，〈始募客舟〉，頁 24。

〔註73〕（清）黃以周：《長編拾補》（收入《續修四庫全書》，上海：上海古籍出版社，1995 年），卷 5，「熙寧二年秋七月辛巳」條。

〔註74〕參見李曉：〈論均輸法〉，《山東大學學報》，2001 年第 1 期，頁 78～83。

　　臣以謂發運使摠六路之賦入，而其職以制置茶鹽礬稅爲事，軍儲國用，多所仰給，宜假錢貨，繼其用之不給，使周知六路賦之有無而移用之，凡糴買稅歛上供之物，皆得徙貴就賤，用近易遠，令在京庫藏年支見在之定數，所當供辦者，得以從便變賣，以待上令，稍收輕重歛散之公上，而制其有無，以便轉輸，省勞費，去重歛，寬農民，庶幾國用可足，財不匱矣。所有本司合置官屬，許令辟舉，及有合行事件，令依條例以聞。奏下制置司參議施行。〔註75〕

王安石欲將物資調節的工作交由發運使負責，當然的前提是「揀擇能吏」，〔註76〕周知六路財賦，裨能在物資轉運之初即加管控，以免造成供需失調、物價波動，而影響小民生計。

　　因此熙寧二年七月，立淮浙江湖六路均輸法，命發運使薛向領之，賜內藏庫錢五百萬緡、米三百萬石爲糴本，以調節物資上供量。〔註77〕

　　均輸法如能實行，必定會對供應京師的物資造成質與量的改變，糧食重貨轉易爲錢物輕貨，漕運的成本自可減省。但可能有與民爭利之嫌，終未竟其功。〔註78〕

　　其次，宋廷曾實施坐倉法，以調節京師的需求，也是降低對汴河依賴的一種辦法。《宋史‧食貨志》云：

　　熙寧二年，令諸餘糧願糴入官者，計價支錢，復儲其米於倉。王珪（1019～1085）奏：「外郡用錢四十，可致斗米於京師。今京師乏錢，反用錢百坐倉糴斗米，此極非計。」司馬光曰：「坐倉之法，蓋因小郡乏米而庫有餘錢，故反就軍人糴米，以給次月之糧，出於一時急計耳。今京師有七年之儲，而府庫無錢，更糴軍人之米，使積久陳腐，其爲利害，非臣所知。」呂惠卿曰：「今坐倉得米百萬石，則減東南歲漕百萬石，轉易爲錢，以供京師，何患無錢？」光曰：「臣聞江淮之南，民間乏錢，謂之錢荒。而土宜稻，彼人食之不盡。若官不糴取，以供京師，則無所發泄，必甚賤傷農矣。且民有米而官不

〔註75〕王安石：《臨川先生文集》，卷70，〈乞制置三司條例〉。
〔註76〕王安石：《臨川先生文集》，卷62，〈看詳雜議‧議曰廢江淮荊浙發運使〉。
〔註77〕（明）陳邦瞻：《宋史紀事本末》，卷8。
〔註78〕參見范純仁：《范忠宣奏議》（收入《景印文淵閣四庫全書》，臺北：臺灣商務印書館，1983年），卷上，「奏乞罷均輸」，頁44。

用米，民無錢而官必使之出錢，豈通財利民之道乎？」不從。〔註79〕
王珪、司馬光與呂惠卿三人之間的爭論，因無其他文獻可供參考，無法比較
何者爲是。但就呂惠卿的主張分析，自不脫離政府照顧軍人家庭、兼收調節
京師物價的美意，至於規畫是否允當，則非吾人所知。

　　以上所舉藉由對京師物資供給、需求的管控以節省運輸成本的精神，後
來由市易法所承續。〔註80〕由是可以獲得一個概念，即北宋政府利用貨幣功
能調節市場的工作，其部分原因，乃是試圖降低對汴河的依賴。

第二節　清汴概念的發展與元豐二年的導洛通汴工程

　　汴河的不可靠性與經費耗費的問題，一直是神宗熙寧以來討論的重點。
水源問題可以說是這些問題的根本。顯然，如果在承認只能藉黃河之水以濟
汴河行運的前提下，北宋政府所能做的，就衹有控制汴河泛濫或淤淺的變數
而已。直至熙寧六年，「清汴」的概念產生，汴河的利用始有了革命性的轉變。

　　「清汴」的「清」和「濁」相對，「清汴」代表不倚賴黃河濁流的新汴河
清流工程。狹義單指引清水入汴行運而言，廣義指不引黃河濁流，改導引其
它清水入汴京附近的人工運輸渠道，除汴河外，白溝河以及替代汴河的運河
工程，並皆含蓋在內。〔註81〕所以「清汴」概念上不等於原本的汴河，其中
的關鍵，當由「汴」字本爲地名。《宋史・汴河上》記載：

> 至道元年九月，帝以汴河歲運江淮米五七百萬斛，以濟京師，問侍
> 臣汴水疏鑿之由，令參知政事張洎講求其事以聞。其言曰：「……至
> 敖山北，（石門）渠水至此又兼䣄之水，即春秋晉、楚戰於䣄。䣄又
> 音汳，即『汳』字，古人避『反』字，改從『汴』字。渠水又東經
> 滎陽北，㴩然水自縣東流入汴水。」。〔註82〕

可見汴水係指人工開鑿於汴地的運河，是以用法上較爲開放，無一定的取向。

　　「清汴」的積極意義在排除以黃河濁流爲水源基礎的天然障礙，尋求維護

〔註79〕《宋史》，卷175，〈坐倉〉，頁4243～4244。
〔註80〕梁庚堯：〈市易法述〉，頁181。
〔註81〕《長編》，卷278，「熙寧九年冬十月是月」條，頁6813。按：文彥博曰：「如
　　　　前時兩議清汴，已有勞費，並無成功」，所指兩議「清汴」，即指熙寧六年的
　　　　白溝河之役和熙寧八年的古索水、金水、蔡水匯流入汴計畫，詳後文。
〔註82〕《宋史》，卷93，〈汴河〉上，頁2319。

汴河（包含其它替代運河）的最低成本和能終年行運的方法。神宗時期經由水官的反覆考察，陸續進行三次清汴的規畫：熙寧六年的白溝河之役，熙寧八年的古索水、京水、蔡水匯流入汴計畫，以及元豐二年（1079）的導洛清汴工程。

壹、第一次清汴計畫—白溝河之役

　　白溝河本為無山源河渠，每歲雨水充足則可通流，纔勝百斛船，踰月不雨即竭。〔註83〕李壁注王安石〈白溝行〉詩云：「余頃因使燕，亦嘗過所謂白溝者，河甚淺狹，可涉。」〔註84〕可見其利用價值不高。不過宋廷始終對白溝河非常矚目，太宗至道二年（996）三月，內殿崇班閻光澤、國子博士刑用之建議「請開白溝，自京師抵彭城呂梁口，凡六百里，以通長淮之漕」，其目的似有意藉以分擔汴河的功能，因此朝廷調發諸州丁夫數萬整治，以閻光澤護其役。當時異議者頗多，又有宋州通判王矩上表，極陳其不可，且言刑用之有私心，因此該役中輟。〔註85〕

　　神宗熙寧六年八月，都水監丞侯叔獻再度建請儲三十六陂及京、索二水為源，倣真、楚州開平河置牐，則可四時行舟，因廢汴渠。〔註86〕叔獻建議不取黃河濁流為源，改取近畿河川清水為源，貫注白溝河以取代汴渠的說法，後來習稱為「清汴」。〔註87〕

　　依照白溝河之役的規畫，是將白溝河、灘河簽直至淮八百里。灘河本名為睢水，《水經注》記述睢水的最後歸宿是東南流入於泗水。〔註88〕比對太宗年間白溝河工程，以及真宗年間的廣濟河連結泗水工程，〔註89〕它的路線可能是由白溝河連接灘河，往南藉泗水以達於淮。〔註90〕

〔註83〕《宋史》，卷94，〈白溝河〉，頁2342。

〔註84〕（宋）李壁：《王荊公詩注》（收入《景印文淵閣四庫全書》，臺北：臺灣商務印書館，1983年），卷7，〈白溝行〉。

〔註85〕《宋史》，卷94，〈白溝河〉，頁2342。

〔註86〕《宋史》，卷94，〈白溝河〉，頁2342。

〔註87〕按：諸史以白溝河之役為「清汴」。詳《長編》，卷246，「熙寧六年八月丁亥」條，頁5993；又詳《歲時習俗資料彙編》，卷8下，〈八月卷下十六日〉，頁2976～2977，但時間誤記為至道，「劉瑠」誤為「劉瑜」。

〔註88〕桑欽撰，酈道元注，楊守敬、熊會貞疏：《水經注疏》，卷24，〈睢水〉，頁2027。

〔註89〕《宋史》，卷94，〈廣濟河〉，頁13～14，有云：「（真宗景德）三年，內侍趙守倫建議：『自京東分廣濟河由定陶至徐州入清河（即「泗水」），以達江湖漕路。』役既成，……帝以地有隆阜，而水勢極淺，雖置堰埭，又歷呂梁灘磧之險，非可漕運，罷之。」

〔註90〕《宋史》，卷94，〈白溝河〉，頁16。

泗水又名清河，〔註 91〕是淮南地區上達河北、山東的重要水路。晁補之
（1053～1110）〈拱翠堂記〉云：

> 蕭之南，稍東五里，曰泉水。泉（山）旁土腴潤，宜九穀百果，眾
> 物皆夥。其南踰百里，至於汴，舳艫萬艘，以輸賦于京師；以下入
> 于江、淮、浙、荊、湖、閩、廣。其北不五十里，至於泗，商賈游
> 士之載者，自大野以東西，通于齊、魯、趙、魏之衝；以下達于淮
> 入海。……惟其憧憧而過者，皆有求於汴泗，而無求於泉山。〔註 92〕

可見以自然河川泗水為主軸，對汴河有很大的替代性，但是以往的開發計畫
未能成功，因此規模不若汴河。侯叔獻的白溝河計畫，顯然也承續了以往連
接泗水的開發宗旨，且想進一步取代汴河。

白溝河之役在擺脫人工河道對黃河的依賴，故而另闢水源，連接京師附
近的塘、濼、河，以補充白溝河水源的不足；並利用以閘代堰的觀念，採眞、
楚州平河置牐的方式，減緩水源的流失。

白溝河計畫跳脫汴河惟黃河是賴的模式，但該項計畫完成後是否可以完
全取代汴河？又有無必要取代汴河？是一個相當複雜的問題。神宗、王安石、
馮京間曾有以下的討論：

> 熙寧六年六月十六日，管勾都水監丞侯叔獻言：「近準詔從所請開白
> 溝等河，欲以白溝為清汴，儲三十六陂，及京、索二水為源，做眞
> 做楚州開平河置牐，四時行舟，因罷汴渠。」上曰：「叔獻開白溝河
> 功料未易辦，乃欲來年即廢汴渠，宜更遣官覆驗。且汴渠水運甚廣，
> 河北、陝西資焉。又都畿公私所用良材，皆自汴口而至，何可遽廢？」
> 王安石曰：「此役若成，亦無窮之利，當別為漕河以通黃河，一支漕
> 運河，乃為經久耳。」馮京曰：「若白溝成，與汴、蔡皆通運輸，為
> 利愈大。臣恐汴河終不可廢。」上然之。〔註 93〕

白溝河開濬成功，自然有其經久之利，但若與汴河同時行運，其利益將更加
廣溥。於是宋廷派遣劉璿覆視，劉璿建議將白溝河、濰河簽直至淮八百里，

〔註 91〕 （宋）鄭樵：《通志》（臺北：臺灣商務印書館，1987 年），卷 40，〈地理〉一，
「泗水」條，頁 542 下；《宋史》，卷 94，〈廣濟河〉，頁 13。

〔註 92〕 （宋）晁補之：《雞肋集》（收入《唐宋史料筆記叢刊》，北京：中華書局，1983
年），卷 30，〈拱翠堂記〉。

〔註 93〕 《宋會要》，〈方域〉17 之 1；《宋會要》，〈食貨〉61 之 102；另見《長編》，
卷 246，「熙寧六年八月丁亥」條，頁 5993～5994。

分二年興修；至於是否需要廢棄汴河，則俟白溝河功畢後另行相度。神宗旋詔改二年爲三年，餘皆從之；並命侯叔獻以同判都水監參預其事。〔註94〕

　　對白溝河計畫持反對意見的是張方平，張方平認爲：

> 由畿縣至南京城西北，開鑿民田，引而東南，遶城爲河兩重；又濬
> 商丘之址，決其水，所謂商丘海者幾爲乾涸，塹壞本朝建國之地，
> 凌犯大辰運曆之主，於社稷之靈，實爲非便。〔註95〕

張方平建議再遣親信大臣前往檢視，若無益於事，則請於春日興夫開修之前即行填塞，「復其土水之本原，上安神靈，以固基本」。〔註96〕張方平的主張應是在熙寧六年底，即白溝河計畫執行初期奏上，但與白溝河計畫的停止執行是否有關，則難論斷。熙寧七年（1074）正月，侯叔獻受命提舉汴河隄岸打凌，分身困難，建議暫停白溝河之役，調派役夫前往自盟河興辦水利工程，〔註97〕白溝河計畫自此未見再度實施。

　　白溝河計畫所以中輟，主要原因可能在於非能短期奏效，而與其同時進行的不閉汴口計畫，只要能克服流冰問題即可四時行舟，相較便捷，因此，宋廷貫注精神在試辦不閉汴口的可行性。其後，不閉汴口所引發的經冬打凌的問題，讓神宗認眞思考，如果有不引黃河濁流的「清汴」，即爲「萬世之利」，〔註98〕臣僚得其風向，迅即提出第二次清汴計畫。

貳、第二次清汴計畫－京畿水系滙流計畫

　　第二次清汴計畫肇自熙寧八年（1075）二月，建議者爲同管勾都水監丞程昉等人，有云：

> 嘗乞以京西三十六陂爲塘，瀦水入汴通運。其陂內民田，欲先差官
> 量頃畝，依數撥還，或給價錢。又采買材木遙遠，清汴牆欲作二三
> 年修，仍選知河事臣僚再按視措置。〔註99〕

〔註94〕《宋會要》，〈方域〉17之1；《宋會要》，〈食貨〉61之102；另見《長編》，
　　　　卷246，「熙寧六年八月丁亥」條，頁5993～5994。
〔註95〕（宋）張方平：《樂全集》，卷25，〈論併廢汴河箚子〉，頁23～24。
〔註96〕（宋）張方平：《樂全集》，卷25，〈論併廢汴河箚子〉，頁23～24。
〔註97〕《宋會要》，〈方域〉16之32；《長編》，卷249，「熙寧七年春正月乙丑」條，
　　　　頁6077。
〔註98〕《長編》，卷252，「熙寧七年四月癸巳」條，頁6421，原註。
〔註99〕《長編》，卷260，「熙寧八年二月丙戌」條，頁6347。又見《宋會要》，〈方
　　　　域〉16之17。

針對程昉等人的建議，朝廷派遣翰林侍讀學士陳繹（1021～1088）、入內都知張茂則等覆視清汴水源。他們認為「管城、新鄭、密縣界處泉源甚壯，將來引水入汴，預須疏導，可濟行運」；若水源不足，可「於正月開汴口取一河未渾之水，即閉汴口，疏古索水、金水、蔡水三水入汴，已見清汴必成之理」。至於「其置牐疏密，土工物料，見令楊琰等計置」。朝廷命其評估完畢後，再詳細報告所應施行細節；又命開封府界提點司、京西北路轉運司計置工料。〔註100〕

然而翌年正月，即「詔罷檢計清汴」，全案中輟，〔註101〕原因不詳。由其計畫內容推論，所需人力、物力不在少數，而所耗時日亦不短，恐無法滿足當下立竿見影的亟盼；又由元豐年間之清汴計畫反觀，水源不足問題亦在所難免。因此，該年九月，命權同判都水監劉瑾提舉賣修置清汴材木，〔註102〕又詔樞密院將未斥賣的木材，「令主管官司盡付宿、泗州買石段，入內供奉官曹貽孫管押上京，增修諸門」。〔註103〕清汴材料至此完全斥賣完畢，清汴的觀念遭到嚴重的挫折。

汴河乃大宋帝國之命脈，操作方式如輕動燥進，終非適宜之計，熙寧九年十月，文彥博剴切奏陳：

> 臣以開引黃河透御河不便，已具箚子開陳。竊以今水監之官，尤為不職，皆不熟計利害，容易建言，惟望僥倖恩賞，多從其請，便為主張。中外雖知其非，不敢異議，以避沮害之責。事若不效，建言之人都無譴罰，如前時兩議清汴，已有勞費，並無成功，朝廷置而不問。范子奇乞冬月不閉汴口，是年靡凌，上下救護，晝夜打凌，不勝寒苦，終致府界靡破汴岸。自來汴岸止是夏秋水大，容有決溢之理，即未嘗有冬深決溢之患。後來朝旨卻令冬前閉口，顯是因不閉汴口，致靡凌壞堤。當時止罪縣界隄防之官，而子奇全不責問，仍不害其進用，士論不平，無如之何。臣謂今之水官，更當澄清選擇，況朝廷物力未豐，不當更容狂妄之人橫費生民膏血也。〔註104〕

由此可見，當時不惜成本，動輒更張的汴河整治工程，引起保守派的疑慮。

第二次清汴計畫失敗後，朝廷內外所力行的，則是維持不閉汴口，重新

〔註100〕《長編》，卷260，「熙寧八年二月丙戌」條，頁6347。
〔註101〕《長編》，卷272，「熙寧九年春正月己巳」條，頁6659。
〔註102〕《長編》，卷277，「熙寧九年九月己巳」條，頁6783。
〔註103〕《長編》，卷284，「熙寧十年九月乙亥」條，頁6968。
〔註104〕《長編》，卷278，「熙寧九年十月」條，頁6812。

考慮控制汴河淤積、氾濫的變數，或以濬川杷疏濬，或於冬季備舟船打撥凌排，聊以維持其四時行運的規畫。

參、第三次清汴計畫—導洛通汴工程

神宗熙寧年間的清汴計畫所以不能貫徹，計畫過於龐大，而成效在未定之天，恐怕是最主要的原因。不過熙寧十年（1077）七月，黃河的一次大漲，造成地理環境的變化，卻又給清汴工程提供了一個轉機。元豐元年（1078）五月，西頭供奉官張從惠奏請導洛入汴，有云：

> 汴河歲歲閉塞，又修隄防，勞費一歲，通漕才二百餘日。往時數有人建議引洛水入汴，患黃河齧廣武山，須鑿山嶺十五丈至十丈通汴渠，功大不可爲。自去年七月，黃河暴漲異於常年，水落而河稍北去，距廣武山麓有七里遠者，退灘高闊，可鑿爲渠，引洛水入汴爲萬世之利。〔註105〕

知孟州河陰縣鄭佶亦以爲言。〔註106〕

張從惠奏中所言的「往時數有人建議」，應是指仁宗時的郭諮。郭諮曾指出：「作汴乘索河三十六陂之流，危京師，請自鞏西山七里店孤柏嶺下鑿七十里，導洛入汴，可以四時行運」。仁宗令都水監楊佐偕同前往考察，返回後，不及論功而卒，其事亦廢。〔註107〕而今黃河潛在的威脅大爲縮減，導洛入汴的可行性大增，一時朝臣乃爭相建言。同年六月，權判都水監丞范子淵亦建議由氾水鎮北門導洛水入汴通漕，可以省開閉汴口功費。神宗命其候來年取旨。〔註108〕

是年底，朝廷命范子淵再次相度地形。十二月六日，范子淵回報：「奉詔相視導洛通汴。今自河陰縣西十里簽河處步量至洛口，地形西高東下，可以行水，乞差知水臣僚再按視」，〔註109〕並獻呈導洛通汴十利以聞。十利包括：一、每歲可省開塞汴口的功費；二、黃河不隨汴河注水京城地帶，可節省防河勞費；三、汴隄無衝決之虞；四、漕舟無激流衝盪覆溺的顧慮；五、人命

〔註105〕《宋會要》，〈方域〉16之11。
〔註106〕《宋會要》，〈方域〉16之11；《長編》，卷297，「元豐二年三月庚寅」條，頁7224。
〔註107〕《宋史》，卷326，〈郭諮〉，頁10532。
〔註108〕《宋會要》，〈方域〉16之10。
〔註109〕《宋會要》，〈方域〉16之10。

無非橫損失；六、可四時通漕無滯；七、京洛可直接與東南百貨交通；八、每歲可免河水不應，防阻漕運；九、江淮漕船可免爲舟卒鑽鑿沈溺，以盜官物，又可減沂流牽挽人夫；十、沿汴巡河使臣、兵卒、薪樬皆可裁省。〔註110〕

由范子淵的十利分析，實不脫神宗時「開源節流」的理財精神，如節流規畫，有一、二、九、十合計四項，開源則有六、七、八合計三項。最重要的是范子淵所稱十利，有九利與黃河有關，由此益見黃河影響漕運成本之鉅，對人民生命財產之危害。導洛通汴工程，即是要永遠擺脫倚賴黃河所帶來的不可測危害和無謂的成本耗費。

熙寧年間的清汴計畫，如白溝河之役，以及匯古索水、金水、蔡水注汴河計畫，或因工程浩大而委棄，或因水源不足而中輟，所以范子淵特別提出補充水源計畫。他指出：

> 汜水出玉仙山，索水出嵩渚山，亦可引入汴，合三水積其廣深，得二千一百三十六尺，視今淮流贏九百七十四尺。以河流湍緩不同，得其贏餘，可以相補。猶懼不足，則勞隄爲塘，滲取河水，每百里置木牐一，以限水勢，隄兩旁溝、湖、陂、瀹皆可引以爲助。禁伊、洛上源私取水者。大約汴舟重載，入水不過四尺，今深五尺，可濟漕運。起鞏縣神尾山至任家堤四十七里，以捍大河；起沙谷至河陰縣十里店，穿渠五十二里，引洛水屬於汴渠。總計用工三百五十七萬有奇。〔註111〕

范子淵疏奏後，神宗重其事，命史館修撰直學士院安燾、入內都知張茂則前往視察。〔註112〕翌年正月，二人覆奏竟持完全相反的意見，一一反駁范子淵的計畫。

他們認爲該項計畫有四個問題：（一）索水在汴口下四十里，不可引；洛、汜二水積其廣深纔得二百六十餘尺，不足用。（二）滲水塘引入大河，緩則填淤，急則衝決。（三）洛水唯西可分引入城，下流連歸洛河，禁之無益。（四）限節水牐因「地勢高下不齊，不能限節水勢」。〔註113〕他們又指該項工程有一個風險，即「黃河距廣武山有纔一、二里者，又方向著南岸，退灘堅土不及

〔註110〕詳《宋會要》，〈方域〉16之11；《長編》，卷297，「元豐二年三月庚寅」條，頁7224。
〔註111〕《宋會要》，〈方域〉16之11～12。
〔註112〕《宋會要》，〈方域〉16之12。
〔註113〕《宋會要》，〈方域〉16之12。

二分，沙居十之八。若於其間鑿河築隄，至夏，洛水內溢，大河外漲，有腹背之患。新隄一決，新河勢必填淤，則三百餘萬工皆爲無用」。最重要的是，安燾、張茂則認爲范子淵的建議，本意在節省汴口歲歲勞費，「今則埽隄之類，歲計恐不啻汴口之費，而又有不可保之虞」。「財力在人，猶可爲之，唯是水源不足，則人力不可彊致。蓋伊、洛山河，盛夏雖患有餘，過此常苦不足。疑謀勿成，唯陛下裁之」。〔註114〕

　　神宗對清汴的期待已非一日，安燾、張茂則的反對意見並沒有動搖他的意志。元豐二年二月，詔入內東頭供奉官宋用臣，趁河水尚未通注汴河，先往按視導洛通汴利害以聞。〔註115〕宋用臣旋以秉承意旨，修正范子淵的計畫，計有五點：（一）自任村沙谷口至汴口開河五十里，引伊、洛水入汴，每二十里以𨫼楗建置一處束水結構，以調節湍急的水勢，以水深一丈爲原則，通濟漕運。（二）引古索河爲源，注房家、黃家、孟家三陂，並於三十六陂高仰處，瀦水爲塘，備洛水不足則決以入河。（三）自汜水關北開河五百五十步，通連黃河，上下置牌啓閉，以通黃、汴二河船筏。（四）節洛河舊口，置水㵎通黃河，以泄伊、洛暴漲之水。古索河暴漲，即以魏樓、滎澤、孔固三斗門泄洪。（五）以范子淵修護黃河南岸堤埽，以防侵奪新河。不含黃河隄岸工程，預估導洛通汴工程總計用工九十萬七千有餘。〔註116〕

　　宋用臣參考了安燾、張茂則的反對意見，因此計畫頗爲周詳。他規畫的基本水源爲伊、洛水；備用水源是以古索水爲基礎的塘陂所建立人工水庫—水櫃；調洪機制爲黃河支渠和相關水㵎、斗門；黃河暴漲可能引發的京師危機，也藉著加強建構黃河南岸隄埽，降低其風險，總計所費功料亦較范子淵建議節省數倍。

　　元豐二年三月後，導洛通汴工程即積極進行。三月十三日，詔發壯役兵二千、京東路廂軍一千、濱州修城揀中崇勝兵五指揮，並赴洛口工役。〔註117〕二十一日，詔入內東頭供奉官都大提舉導洛通汴，前差盧秉罷勿遣。〔註118〕二十三日，詔近已詔宋用臣都大提舉導洛通汴司，可令范子淵俟修黃河南岸畢，留卒二千給用臣工役，仍令轉運副使李南公專應副，河南府都巡檢一人

〔註114〕《宋會要》，〈方域〉16之12。
〔註115〕《長編》，卷297，「元豐二年三月庚寅」條，頁7225。
〔註116〕《宋會要》，〈方域〉16之12。
〔註117〕《宋會要》，〈方域〉16之12。
〔註118〕《宋會要》，〈方域〉16之12。

往洛編欄，用臣支賜，依所寄諸司使給。〔註 119〕四月十二日，詔司農寺出坊場錢十萬緡，賜導洛通汴司增給吏兵食錢；內以二萬緡給范子淵，爲固護黃河南岸薪芻之費。〔註 120〕十七日，詔導洛通汴用是日甲子興工，遣禮官祭告，如河道侵民塚墓，量給錢，令遷避；無主者，官爲收瘞。〔註 121〕六月四日，賜導洛通汴司開河築隄役兵特支錢。〔註 122〕十七日，提舉導洛通汴司言清汴成，已引洛水入新口斗門，通流入汴，候水勢調均，可塞汴口；又乞徙汴口官吏、河清指揮於新開洛口，從之。〔註 123〕

導洛通汴凡用工四十五日，「自任村沙谷口至河陰縣瓦亭子，并氾水關北通黃河，接運河，長五十一里，兩岸爲隄，總長一百三里」。〔註 124〕至七月二日，汴口閉斷黃河水，神宗遣禮官致祭，〔註 125〕導洛通汴工程至此大功告成；而黃河南岸隄埽工程隨後亦成，詔以廣武上、下埽爲名。〔註 126〕

自導洛通汴工程完工後，神宗指示由宋用臣、范子淵具總從事官吏第賞；〔註 127〕同時御史何正臣也劾安燾、張茂則覆覈不實，乞「重行誅竄」，故詔燾、茂則各罰銅二十斤。〔註 128〕九月，以子淵、用臣諸人倡議導洛水入汴及築隄捍河畢功，命知都水監丞、主客郎中范子淵爲金部郎中，陞一任；同判都水監、入內東頭供奉官、寄禮賓使、遙郡刺史宋用臣爲寄六宅使、遙郡團練使，給寄資全俸；入內東頭供奉官王修己等三十七人各進一官，功優者減磨勘年或指射差遣，選人循兩資；餘官減磨勘三年者九人，二年者五人；三司軍大將等遷兩資者五十六人，遷一資者八十一人，仍等第賜錢。〔註 129〕十一月，

〔註 119〕《宋會要》，〈方域〉16 之 13。
〔註 120〕《宋會要》，〈方域〉16 之 13。
〔註 121〕《宋會要》，〈方域〉16 之 13。
〔註 122〕《宋會要》，〈方域〉16 之 13。
〔註 123〕《宋會要》，〈方域〉16 之 13。
〔註 124〕《宋史》，卷 94，〈汴河下〉，頁 2328。另參《宋會要》，方域 16 之 13，其中時間誤爲「四百五日」；《長編》，卷 298，「元豐二年五月甲寅」條，頁 7257。又參（明）章如愚：《群書考索》，卷 55，「財賦門」，頁 8。按：其中日期亦誤寫爲「四十三里」。
〔註 125〕《宋會要》，〈方域〉16 之 13。
〔註 126〕《宋史》，卷 92，〈河渠二·黃河中〉，頁 2285。
〔註 127〕《宋會要》，〈方域〉16 之 14；《長編》，卷 299，「元豐二年七月戊申」條，頁 7282。
〔註 128〕《宋會要》，〈方域〉16 之 14；《長編》，卷 299，「元豐二年七月戊申」條，頁 7283。
〔註 129〕《宋會要》，〈方域〉16 之 14；《長編》，卷 300，「元豐二年九月丁卯」條，

又詔金部郎中、權判都水監范子淵減磨勘二年，餘推恩有差，獎勵其疏濬汴河之勞。〔註130〕

　　不過必須注意的是，先前安燾等人擔憂的水源不足問題，已然呈現。元豐三年（1080）初，發運司曾以漕運不通，奏請置草屯浮堰阻水以濟急。〔註131〕二月，都大提舉導洛通汴宋用臣上言：「洛水入汴至淮，河道甚有闊處，水行散漫，故多淺澀，乞計功料修狹河。」從之。隨後用臣上狹河六百里，爲二十一萬六千步。詔給坊場錢二十萬緡，仍伐並河林木，以足梢樁之費。〔註132〕

　　宋用臣奏請狹河動及六百里，可見導洛通汴後，水源大幅減小，以致水位降低，欲藉狹河提昇其水位。事實上，宋用臣等爲掩飾其錯估水源，曾經主張汴河水面闊八十尺，束水處面闊四十五尺的建議，但爲神宗駁回，改爲百尺。〔註133〕是年十月，狹河工程畢事，〔註134〕導洛通汴的工程方稱完備。而本役所狹河道面闊百尺，〔註135〕與以往水道面闊百五十尺至二百尺的規模相較，〔註136〕可見此時水源評估的誤差。

第三節　導洛通汴工程的成效與管理

壹、導洛通汴工程的成效與汴河管理政策的調整

　　黃河湍急的水勢和流冰問題帶來四方面的危害：（一）行船風險的不測，以及控船成本的增加；（二）漕運折耗的增加，無論實質的風濤之險，或是虛

頁 7297。

〔註130〕《宋會要》，〈方域〉16 之 15；《長編》，卷 301，「元豐二年十一月癸巳」條，頁 7325。

〔註131〕按：《宋會要》，〈方域〉16 之 16，有云：「五月一日江淮等路發運司言：導洛通汴司已修狹河道，更不置草屯浮堰，從之。時以汴水淺澀，發運司請積爲堰，壅水通漕舟，至是後自請罷。」由此可得知三年初已措置草屯浮堰。

〔註132〕《長編》，卷 302，「元豐三年二月丙午」條，頁 7354；《宋會要·方域 16 之15》。

〔註133〕《長編》，卷 303，「元豐三年四月庚戌」條，頁 7383。

〔註134〕《宋史》，卷 94，〈汴河〉下，頁 3。

〔註135〕《宋會要》，〈方域〉16 之 15。

〔註136〕按：青山定男認爲汴河河幅因時因地而不同，大概在百尺至三百尺之間，詳青山定男：〈唐宋汴河考〉，《方志月刊》，第 7 卷第 10 期（1934 年 10 月），頁 30。又（宋）司馬光：《涑水紀聞》，卷 9，頁 166，指張鞏大興狹河之役，使面俱闊百五十尺，可爲河幅參考值。

報、盜賣的藉口；（三）商旅不便的耗損，含運輸量的降低和商稅的無形損耗；
（四）京師的洪汛危機，隄岸的衝擊和龐大的營運成本。導洛通汴工程最具
體的成效即是河水由湍急轉為安流，溺水而死的人數較往年大幅減少。都大
提舉汴河隄岸司報告：

> 泗州普濟院，自元豐二年七月洛水入汴，至三年閏九月止，得流屍
> 五百四十人，比常年減千五百人。蓋以安流少所拋失，難責以及數。
> 其每歲度僧，亦乞依例。〔註137〕

可見引洛水入汴後，河流平緩，行船風險大幅降低，展現清汴的初步成效。
由反對新政者言論亦可見微知著，如蘇軾〈次韻答陳之方秘丞〉說：

> 南風吹清汴，西去無停楫，恨不留君談，一使眾坐厭。〔註138〕

此詩呈現清汴水流和緩，逆水西行猶無停楫的景象。而蘇轍〈轉對狀〉也指
出清汴水腳已損於舊，〔註139〕即是清汴和緩的證據。

清汴和以往的引黃河濁流為源的汴河大異其趣，宋廷大幅調整汴河的管
理政策，其方向有五點：

（一）調整淤田政策

汴河舊引黃河濁流，故得以行淤田之法。自清汴完成後，元豐二年六月，
神宗詔令宋用臣主管導洛通汴事宜一年，如洛水通快，即責范子淵閉黃河水
口。其沿汴淤田既非濁水，「可並閉塞，併水東下，接應江淮漕運」。〔註140〕

（二）停止疏濬工程

導洛通汴的目的既為「清汴」，河沙淤積已不是重要問題，元豐二年七月，
都大提舉通汴司認為洛河清水入汴已成河道，疏濬司依舊攪起沙泥，卻致填
淤。因而宋廷停止濬川杷的疏濬工作。〔註141〕

（三）裁減漕運人手

神宗認為過去「河水湍怒，綱運阻難，增置河隄使臣、河清軍士、技頭
水手、廨舍、營房、請受水腳工錢，及汴口每年開閉物料、兵夫之費」，而今

〔註137〕《長編》，卷310，「元豐三年十二月甲戌」條，頁7526。
〔註138〕（宋）蘇軾：《經進東坡文集事略》（收入《四部叢刊初編》，上海：上海商務
印書館，1922年）卷9，〈次韻答陳之方秘丞〉
〔註139〕（宋）蘇轍：《欒城集》，卷40，〈轉對狀〉。
〔註140〕《宋會要》，〈方域〉16之13。
〔註141〕《宋會要》，〈方域〉16之15。

汴河安流，相關費用自可裁省。乃令轉運使盧秉條析以聞。〔註142〕盧秉旋授權江淮發運副使，於三年五月奏稱：「黃河入汴，水勢湍激，綱船破人數多。今清汴安緩，理宜裁減。欲令六百料重船上水減一人，下水減二人；空船上水減二人，下水減三人；餘以差減」，〔註143〕依汴船二百綱，六千艘的數額而論，減省的漕運人力成本相當可觀。

（四）降低河防警戒標準

自引洛水入汴後，水勢趨緩，防河兵士調配的彈性加大，元豐三年春正月，神宗體量防河兵士的辛勞，親批「今汴流京岸止深八尺五寸，應接向東重綱，方得濟辦。若便差人防護，則無時可以放散。況今水流調緩，不須過爲支梧。」又詔提點司相度，據彼處隄岸去水所餘尺寸更行增長，方聽上河。〔註144〕可見河防標準已大幅降低。

（五）汴河四時行運

舊例發運司歲發頭運糧綱入汴在清明日。自導洛入汴，訂二月一日。三年元月，發運司請求不必以二月爲限，爲宋廷允肯，〔註145〕自此汴河達成四時行運的目標，除非遭逢河面結冰，否則通行無礙。〔註146〕周邦彥（1058～1123）〈汴都賦〉歌誦導洛通汴工程的貢獻如下：

> 厥有建議，導河通洛，引宜禾之清源，塞擘華之渾濁，慮廣堤而節暴，紆直行而殺虐。其流舒舒，經炎涼而靡涸。於是自淮而南，邦國之所仰，百姓之所輸，金穀財帛，歲時常調。舳艫相銜千里不絕，越舲吳艬，官艘賈舶，閩謳楚語，風帆雨楫，聯翩方載，鉦鼓鏜鞳，人安以舒，國賦應節。〔註147〕

賦文如此，容或有誇飾之處，然而清汴水流和緩，利於運輸，已是不爭的事實。

〔註142〕《宋會要》，〈方域〉16 之 13～14。又詳《長編》，卷 299，「元豐二年七月戊辰」條，頁 7264。

〔註143〕《宋會要》，〈方域〉16 之 16。

〔註144〕《長編》，卷 302，「元豐三年春正月乙丑朔」條，頁 7342。

〔註145〕《長編》，卷 302，「元豐三年春正月癸巳」條，頁 7351。

〔註146〕（宋）黃裳：《演山集》，卷 1，〈汴河解凍郭公域將行以詩奉寄〉。按：黃裳爲元豐五年進士，故而本詩在導洛清汴工程之後所作，即使汴河改善仍無法暢行。

〔註147〕（宋）周邦彥：〈汴都賦〉，（宋）呂祖謙編：《宋文鑑》（收入《文淵閣四庫全書》，臺北：臺灣商務印書館，1983 年），卷 7。

貳、汴河功能的擴張

　　神宗時期的導洛通汴工程可謂是劃時代的創舉，臣僚乃爭相獻譽，元豐三年六月，參知政事章惇（1035～1105）上「導洛通汴記」，神宗詔以「元豐導洛記」爲名，刻石於洛口廟，〔註148〕以記載其萬世之功業。神宗元豐時期的汴河利用政策保持積極的傳統，除了節流的目的之外，更重視開源的工作。其作爲大抵可由兩方面分析，一是漕運路線的整合，二是汴河課利事業的開發。

一、漕運路線的整合

　　清汴的成功，激發京東路轉運司的聯想，認爲整合上供路線於汴河單一水路，可以大幅降低人事和作業成本。京東路轉運司建議：

> 廣濟河用無源陂水，常置壩以通漕，歲上供六十二萬石。間一歲旱，底著不行，欲移人船於淮陽軍界上吳鎮、下清河及南京穀熟、寧陵、會亭，臨汴水共爲倉三百楹，從本司計置七十萬石上供，置輦運使，隸轉運司，歲減船三百五十、兵工二千七百、綱官典三十三、使臣十一，爲錢八萬二千緡。〔註149〕

朝廷下提點刑獄司案實，認爲轉運司所言可行。元豐五年（1082）二月，乃罷廣濟河輦運司及京北排岸司，移上供物於淮陽軍界計置入汴，以清河輦運司爲名，命朝奉郎張士澄都大提舉。〔註150〕

　　改廣濟河漕運由汴河上供，目的不外乎追求漕運的效率與經費的節省，但其效益如何，卻頗令人懷疑。元豐五年七月，御史王亙即曾進奏云：

> 昨廢廣濟河輦運，自清河轉淮、汴入京，臣每見累官京東、博知利害者詢之，皆以爲未便。如廣流安流而上，與清河泝流入汴，遠近險易，較然有殊，望更體量。〔註151〕

〔註148〕《長編》，卷305，「元豐三年六月乙卯」條，頁7429；又詳《宋會要》，〈方域〉，16之16。

〔註149〕《長編》，卷323，「元豐五年二月癸亥」條，頁7783。

〔註150〕《長編》，卷323，「元豐五年二月癸亥」條，頁7783；另參《宋會要》，〈食貨〉47之112；《宋史》，卷94，〈廣濟河〉，頁2340。

〔註151〕《宋會要》，〈食貨〉47之2。按：《宋會要》記載上言者爲御史「栢」，據《長編》，卷328，「元豐五年七月庚子」條，頁7904，指其名爲「王亙」。又《宋史》，卷94，〈廣濟河〉，頁14，載其名爲「王植」，按（宋）李燾：《皇宋十朝綱要》，卷8，「御史」中皆無以上諸人，惟「諫官」中見「王亙」（頁219），故從《長編》。

將京東十七州的物資由清河上溯入汴，對轉運司亦較爲省事，但對州縣卻造成勞逸不均。京東東、西路北部各州循濟水經梁山濼入廣濟河甚爲便利，〔註152〕南部各州循清河入廣濟河雖較困難，仍並未浪費行程；〔註153〕如今一律改由淮陽軍界上供，實不免捨近求遠。〔註154〕王亘奏呈後，工部曾被命相度清河、廣濟河同時行運的可能性。〔註155〕翌年（1084）八月，汴河隄岸司建議於「通津門裡汴河東城裡三十步內」，就便開河一道，以通廣濟河，「應接行運」。〔註156〕儘管如此，或許因功效不彰，清河輦運司未見被廢。直至哲宗朝宣仁太后（1033～1094）當政，元祐元年（1086）三、四月間，京東的漕運始回歸廣濟河，〔註157〕廣濟河漕運方恢復舊觀。

由廣濟河漕運的功能轉由改置清河輦運司利用汴河上供，可證明北宋以汴河爲主軸的運輸觀念持續擴張，此亦落實在由京師運糧至洛陽的行動上。元豐六年（1083）十一月，提舉導洛通汴司宋用臣奏：「被旨歲運糧百萬石赴西京，見今洛水安流，誠可漕運。已計置截撥東河糧綱至洛口，以淺船對裝，計會本路轉運司下卸」。〔註158〕不過，歷經一年的試辦，以不合經濟效益，元豐八年（1085）放棄歲運百萬石赴西京的計畫。〔註159〕

由這一連串的行動中，實不難看出神宗與朝臣對導洛通汴工程的信心，渠等並皆認爲導洛通汴後對節省漕運成本有相當大的貢獻。

二、課利事業的開發

導洛通汴後，汴河安流，運輸條件大幅改善，元豐三年五月，導洛通汴司改稱「都提舉汴河隄岸司」，〔註160〕遂規畫以汴河爲核心的國營事業，其方

〔註152〕（宋）王曾：《王文正公筆錄》，記載：「國初方隅未一，京師儲廩仰給惟京西、京東數路而已，……京東自濰密西州郡賦稅，悉輸沿河諸倉，以備上供。清河起青淄、合東阿，歷齊鄆，涉梁山濼、濟州入五丈河，達汴都、歲漕百餘萬石。所謂清河即濟水也」；又詳（明）李濂：《汴京遺跡志》，卷7，「五丈河」，引前文。

〔註153〕此處之清河爲泗水之謂。

〔註154〕（日）池田靜夫：〈宋代汴河水運の研究〉，《文化》，第5卷第5號，頁564～565。

〔註155〕《長編》，卷339，「元豐六年九月丙午」條，頁8160～8161。

〔註156〕《長編》，卷348，「元豐七年八月丙戌」條，8348。

〔註157〕《宋史》，卷94，〈廣濟河〉，頁2340。

〔註158〕《長編》，卷341，「元豐六年十一月丙午」條，8195～8196。

〔註159〕《宋史》，卷175，〈漕運〉，頁4255。

〔註160〕《長編》，卷304，「元豐三年五月甲申」條，頁7410。

向為壟斷汴河行運，以及擴大汴河國營事業的規模。其政策發展有下述三個面向。

其一、壟斷汴河行運。壟斷方式為實施官般法，其規畫至為嚴謹，如設商品集散場—堆垛場。元豐二年十月，都大提舉導洛通汴司奏云：

> 汴河綱船，久例附載商貨入京，致重船留阻；兼私載物重四百斤以上，已抵重刑。今洛水入汴，不致湍猛，欲自今商貨至泗州，官置場堆垛，不許諸綱附載，本司置船運載至京，令輸船腳錢。〔註161〕

以往綱船稍工、水手私載商貨不整，〔註162〕比例約佔綱船運輸量的十分之二，一般稱之為力勝斛斗，〔註163〕為梢工的私利。神宗即位之初，三司曾有意加以禁絕，因恐影響漕運的運作，發運使沈立、權發遣三司使公部必建議仍從舊例，〔註164〕故而沿襲至今。至是宋廷既解決汴河湍急之險，綱船載重量增加，通行暢快，因而規畫由官方措置堆垛場，全面施行官般法，並禁止綱船附載商貨。堆垛場陸續增置，計有京城、洛口、〔註165〕泗州三處。為了因應增置堆垛場以施行官般官賣，導洛通汴司將專屬運輸船隊擴增至一千五百艘。〔註166〕

其二、控管民間船舶的運輸。宋廷首先將泗州至汴京的民間運輸船全數登記在案，禁止增加，並將力勝錢調漲三分之一。〔註167〕所謂力勝錢即船舶通行費。〔註168〕其次，加強管制民間的私載行為，二年四月規定「非導洛司

〔註161〕《宋會要》，〈方域〉16之15。

〔註162〕（宋）李廌：《師友談記》（收入《叢書集成初編》之六二一，上海：商務印書館，1936年，百川學海本），「國朝法」條，有云：「國朝法，綱船不許住滯一，所過稅場，不得檢稅，……蓋以舟不住，則漕運甚速，不檢則許私附商販無明條許人，而有意於相容，為小人之啗利，有役之也。」

〔註163〕參見《宋會要》，〈食貨〉43之14，載「建炎二年正月十八：契勘發運司見行糧綱船例皆四、五百料以來，於法許載二分私物」；又《宋會要》，〈食貨〉42之10，云：「（天聖三年）十二月十二日，詔今裝載楊楚通泰真滁海濠州、高郵、漣水軍處稅倉和糴斛鬥，並依裝轉般運倉斛鬥空重力勝例，並以船力勝五十碩為準，實裝細色斛鬥四十碩。」

〔註164〕《宋會要》，〈食貨〉43之15。

〔註165〕（宋）楊仲良：《長編紀事本末》，卷94，〈變新法〉，頁2。

〔註166〕《長編》，卷300，「元豐二年十月己亥」條，頁7307。

〔註167〕《長編》，卷300，「元豐二年十月己亥」條，頁7307，其理由應是導洛通汴後，水勢調緩，逆流不須過為費力，因而增收民間費用。

〔註168〕《宋會要》，〈食貨〉42之20～21。（日）加藤繁：《中國經濟史考證》，卷2，「宋代商稅考」，頁635。

船輒載商人私物入汴者，雖經場務投稅，並許入告，罪賞依私載法。即服食、器用日費，非販易者勿禁；官船附載發箔、柴車、竹木亦聽。仍責巡河、催綱、巡檢、都監司覺察」，〔註169〕因而汴河運輸悉為官方壟斷。但是民間或以竹筏載運，三年六月禁以「竹木為牌筏，入汴販易」。〔註170〕五年二月，再禁以下水空船私載貨物。〔註171〕汴河運輸的管理日趨嚴密，《長編》記載元豐七年（1084）七月事，有云：

> 詔：「西河下水私船載穀，應輸力勝錢，而迴避詐匿不輸者，計不輸
> 物數論。如非提舉汴河提岸司船栰，輒載西河鹽、棗、穀，陶器、
> 皂莢過西京及入汴者，雖經場務出引投稅，許人告捕，罪賞依私載
> 法。」都大提舉汴河隄岸宋用臣並請下戶部著為令。〔註172〕

至是，民間船舶不論籍記與否，繳交船舶通行費、商稅與否，汴河全線一律不准私載商貨，提舉汴河隄岸司完全控制了汴河的行運。

其三、創辦汴河國營事業。神宗時期特重財政的改善，因而開源的工作不絕如縷，如創置磨茶事業。元豐中，宋用臣都提舉汴河隄岸，創奏修置水磨，凡在京茶戶擅磨末茶者有禁，並赴官請買，而茶鋪入米豆、雜物拌和者有罰，募人告者有賞。〔註173〕京畿水磨悉皆官營，禁民間私營，其表面上的目的是要控制茶的品質，以防止阻礙漕運，但實際上是欲將磨茶事業國營化。〔註174〕依據劉摯的評估，每年大約可獲得二十萬貫的收益。〔註175〕然而為維持此項國營事業，政府耗費的維護成本在此數倍，又有虛耗汴水，阻隔行船的問題，因而評價不一。〔註176〕

又沿汴兩岸房廊之出租，沿汴商行之官營也於元豐四年（1081）八月提出，《長編》記載：

> 都大提舉汴河隄岸宋用臣言：「本司沿汴及京城所房廊地並召人僦，

〔註169〕《宋會要》，〈方域〉16 之 15；《長編》，卷 303，「元豐二年四月庚申」條，頁 7390。

〔註170〕《宋會要》，〈方域〉16 之 16。

〔註171〕《長編》，卷 323，「元豐五年二月庚午」條，頁 7788。

〔註172〕《長編》，卷 347，「元豐七年七月庚戌」條，頁 8326。

〔註173〕（宋）馬端臨：《文獻通考》，卷 18，〈榷茶〉，頁 176。

〔註174〕朱重聖師：《北宋茶之生產與經營》（臺北：學生書局，1985 年），頁 259。

〔註175〕（宋）劉摯：《忠肅集》（收入《叢書集成初編》，上海：上海商務印書館，1936年），卷 5，〈乞罷水磨茶場〉，頁 70～71。

〔註176〕《宋史》，卷 94，〈汴河下〉，頁 2329～2330。

納官課，紙、紅花、麻布、酵行皆隸本所，爲堆垛場，令馮景拘攔
賣紙及送紙。行班文昌於開封府侵奪課額，欲乞據本司已立逐行外，
餘令馮景拘攔，所貴課額各辦。」詔：「八月以前已賃提岸司及京城
所房堆垛物在地者，更不起遣，餘無得妄拘攔，騷擾行市」。〔註177〕

汴河隄岸司所主管的課利事業頗爲複雜，依據元祐元年戶部侍郎李定（1028
～1087）後來的清查，尚包括汴河隄岸房廊、水磨、茶場、京東西沿汴船渡、
京岸朝陵船、廣濟河船渡、京城諸處房廊四壁花果、水池、冰雪窖、菜園、
萬木場、四壁果市、京城豬羊圈、東西麵市、牛圈、垛麻場、肉行、西塌場
等，名目不一而足。〔註178〕其經營範圍之廣，及於民生各種必需品，與導洛
清汴的原始宗旨已大相逕庭。

　　清汴的目的在四時行運，以增加運輸能量，在神宗朝的檢討中，清汴展
露這方面的成效，宋臣普遍認爲清汴是亙古未有的偉大工程，因而似乎有意
迎合此種認知，刻意將廣濟河漕運路線轉由汴河逆流上供；另一方面，宋廷
依使用者付費的觀點，大幅增加了三分之一船舶通行費，並且進一步禁止私
人船舶搭載商貨，藉以壟斷汴河的運輸。此外，宋廷更以汴河爲興利事業的
基礎，或興置官營磨茶，或創置堆垛場，或出租沿汴房廊，逐步擴大國營事
業的規模，致有與民爭利的嫌疑，也釀成後代的爭端。

〔註177〕《長編》，卷315，「元豐四年八月己巳」條，頁7627。
〔註178〕詳《長編》，卷356，「元豐八年五月乙未」條，頁8512；又詳（宋）楊仲良：
　　　　《長編紀事本末》，卷94，〈變新法〉，頁4。另參見李燾：《皇宋十朝綱要》，
　　　　卷10下，頁258。

第六章　哲宗時期汴河的利用政策與河、洛、汴問題的糾結

第一節　宣仁太后垂簾時期清汴政策的檢討

　　宋神宗時期基於富強的企圖，積極調整汴河的利用方向，或取汴河水淤田，以豐裕北方的物資生產，或實施坐倉法、均輸法、市易法，以降低偏賴南方的物資供給，其後，更是調整汴河的使用現狀，藉以降低維護汴河的高昂成本，因此由固定歲開汴口位址，進而不閉汴口，希冀提高汴河的使用效率，以增加汴河商稅的收入。然而，不閉汴口帶來不可預期的洪汛危機，以及兵梢的打凌成本。因此，神宗斷然實施導洛通汴工程，企圖引洛河清流入汴，排除過去引黃河濁水入汴行運所引發的不可測危機。當時評估清汴工程成效卓著，符合原本的預期，即水流平緩，以及達成四時行運的目標。主其事者宋用臣等人乃進一步建言以清汴爲基礎，建立官般制度，並成立汴河沿岸的國營業務。這些興利的作爲，和不特定的人爲弊端，頗爲異議者所詬病。元豐八年（1085）三月，神宗崩逝，哲宗即位，由宣仁太后垂簾聽政，汴河的利用政策即進入新的局面。

　　宣仁太后（1033～1094）幼即與英宗同育禁中，治平二年立爲皇后，神宗即位，遵爲皇太后，年方三十五歲。史稱太后明睿習史，輔佐英宗憂勤備至，[註1] 對於政事應有一定的參預。神宗在位期間，她也多次建明，如勸神

〔註1〕　（宋）王稱：《東都事略》（收入《善本叢刊》，臺北：國立中央圖書館，景印

宗不可輕易用兵，張端義（1179～？）《貴耳集》記載：

> 宣仁太后勸神廟不可輕用兵，當以兩國生靈為重，縱使獲捷獻俘，
> 不過主上坐正殿受賀而已，生靈肝腦塗地萬萬矣。此真女主堯舜，
> 神廟自此兵議少息。〔註2〕

宣仁太后對政局雖然有影響力，但是裁抑外家的立場始終堅定，〔註3〕處事見解亦不平凡，時人頗多讚譽，有「女主堯舜」、「人中堯舜」的稱頌。〔註4〕哲宗親政後，張商英（1043～1121）曾攻訐宣仁太后為呂后（BC241～BC180）、武曌（624～705），〔註5〕所比喻亦為不世出女主。綜合各項史料推測宣仁太后剛毅賢明，應為不易之論。不過宣仁太后以完成神宗遺志為詞，與神宗在位時期施政有極大的差異卻是不爭的事實。

　　宣仁太后與哲宗皇帝御延和殿，垂簾聽政，方逾月，所實行者二事，一、召司馬光、呂公著（1018～1089）等于外，並以手書問以今日設施所當先者。二、詔停罷新政有明顯民怨者，如散遣修京城役夫，罷減皇城內覘者，止御前工作，出近侍無狀者三十餘人，戒敕中外無敢苛刻暴斂，廢導洛司物貨場，及民所養戶馬，寬保馬限。宣仁太后對於新法積弊已了然於胸，各項詔書訓令皆從中旨，大臣不與。〔註6〕由訓令內容，汴河隄岸司主管的業務及汴河相關的課利事業即是主要的檢討重點。

〔　〕　宋紹熙間眉山程舍人刊本），卷14，〈英宗宣仁聖烈皇后〉，頁263。

〔註2〕　（宋）張端義：《貴耳集》（收入《宋元筆記小說大觀》，上海：古籍出版社，2001年），卷中，頁4283。

〔註3〕　按：約有二個案例表明宣仁太后公私分明，裁抑外家態度堅定，一是熙寧中上元宣仁太后御樓觀燈，召外族悉集樓上，神宗欲推恩，宣仁答曰：「大者各與絹兩匹，小兒各與乳糖獅子兩簡。」賞賜之薄，內外咸歎仰后德為不可及。參見（宋）曾慥：《高齋漫錄》（收入《文淵閣四庫全書》，臺北：臺灣商務印書館，1983年）。二是宣仁聽政後，弟士林管當御藥院，將遷官。她建請「願毋以妾故，亂祖宗法」，深得好評。詳（宋）王稱：《東都事略》，卷14，〈英宗宣仁聖烈皇后〉，頁263。

〔註4〕　參見（宋）張端義：《貴耳集》，卷中，頁4283；（宋）孫覿：《鴻慶居士集》（收入《文淵閣四庫全書》，臺北：臺灣商務印書館，1983年），卷12，〈朱侍御書二〉。

〔註5〕　（宋）王稱：《東都事略》，卷102，〈張商英〉，頁1571。

〔註6〕　（宋）陳均：《皇朝編年綱目備要》，卷21；（宋）王稱：《東都事略》，卷14，〈英宗宣仁聖烈皇后〉，頁265；（宋）杜大珪：《名臣碑傳琬琰之集》，中卷51，蘇軾〈司馬文正公光行狀〉；《宋史》，卷242，〈英宗宣仁聖烈高皇后〉，頁8625。

其時宣仁太后令戶部侍郎李定條析都提舉汴河隄岸司所領事務及提舉京城所課利範圍；又詔在京并京西及泗州所置物貨等場並罷，在京委監察御史黃降、駕部員外郎賈種民，京西令本路轉運使沈希顏，泗州令權發遣江淮等路發運副使路昌衡點磨物數，計會當職官吏交割椿管，條析措置結絕事件以聞。〔註7〕

同年五月，李定提出相關報告，宣仁太后乃裁定三點：（一）課利事務保留汴河隄岸及房廊、水磨茶場、京東西沿汴船渡、京岸朝陵船、廣濟河船渡、京城諸處房廊、四壁花果、水池、冰雪窖、茶園等。（二）廢除萬木場、天漢橋，及四壁果市、京城豬羊圈、東西麵市、牛圈、垛麻場、肉行、西塌場等，東南及西河客人物貨亦廢罷。（三）現管官吏人等并京東西路力勝殘，令賈種民相度措置，洛口兩岸灘地令提舉京西北路常平張綬相度措置。（四）所有廢罷窠名所收課利悉皆送內藏庫作帳椿管，以備支用。〔註8〕又旋罷廢提舉汴河隄岸司，改隸都水監。〔註9〕

在神宗朝汴河課利事業的弊端之所以未顯，完全是主其事者宋用臣爲神宗親信，他人不敢置喙，今則時移勢異，在檢討的聲浪中，相關弊端被大量舉發。七月，殿中侍御史黃降奏稱：

> 伏見沿汴狹河堤岸空地，先有朝旨，許人斷賃。而宋用臣挾持恣橫，風諭沿汴官司，拘攔牛馬果子行，須就官地爲市交易。并其餘諸色行市，不曾占地，亦納課錢，以至市橋亦有地稅。殘民損國，無甚于此！雖今例廢罷，改正施行，緣近降朝旨，不曾該載，人戶至今未得自便。臣欲乞朝廷詳酌指揮。〔註10〕

強令商人就官地爲市，以課租稅，實是蠻橫，未佔官地者，亦須納稅，亦屬無理之極，即知汴河隄岸司專權蠹民的情形。於是，宋廷詔令沿汴官司拘攔牛馬、果子行，併磨團戶斛斗、茶紙等諸色行市及市橋地課，並罷。〔註11〕十一月，再以「興利苛細」，〔註12〕將主持汴河隄岸司課利事務的宋用臣以「出

〔註7〕　《長編》，卷354，「元豐八年四月辛未」條，頁8472。
〔註8〕　《長編》，卷356，「元豐八年五月乙未」條，頁8512；（宋）楊仲良：《長編紀事本末》，卷94，〈變新法〉，頁4～5。
〔註9〕　《長編》，卷356，「元豐八年五月庚子」條，頁8514；（宋）楊仲良：《長編紀事本末》，卷94，〈變新法〉，頁4～5。
〔註10〕　《長編》，卷358，「元豐八年七月庚戌」條，頁8568。
〔註11〕　《長編》，卷358，「元豐八年七月庚戌」條，頁8568。
〔註12〕　《長編》，卷361。「元豐八年十一月癸巳」條，頁8638。按：言者謂其興利

納違法」外貶，〔註13〕顯見宣仁太后對於當時的汴河國營業務苛細繁瑣頗不以爲然。至是，汴河課利事務及其掌管機構幾皆停廢。

元祐之政旨在息民省事，呂公著上奏云：

> 況今日正是息民省事之時，既不外輕用兵革，內無土木橫費，自然國計易給，兼罷得上件掊斂，則民力漸寬舒。只如近日方罷導洛司堆垜場，沿汴稅額已有增數。此古人所謂百姓足，君孰與不足。〔註14〕

呂公著對神宗時期之興利擾民並不認同，而「沿汴稅額已有增數」云云，亦顯見強制性的汴河官般官載法，商賈利用的意願不高，且民怨頗深，也印證元豐五年八月王安禮（1034〜1095）與神宗之前的討論，並非空穴來風。《長編》載其事如下：

> 時京城置堆垜場，物貨居積，商賈患之。安禮奏曰：「堆垜所獲之息既微，而商稅正額必損，徒有利民之名，而無富國之實，願罷之。」上曰：「卿可否與馮景謀。」景，內侍也，實總其事。既而會其息緡，不滿十萬，上曰：「近聞市易變染幣帛，此誠可鄙。千金之子，猶恥居肆，況朝廷乎？」上且有意於改作，會有沮滯者，其事竟寢。〔註15〕

這些神宗朝隱而未見的弊端，在元祐更化時一一浮現，所謂時移勢異，元祐既無對外用兵的企圖，相關政策的調整實屬必然，也突顯其正當性。

汴河課利事務大幅變革之際，水磨茶場也在討論之列，議者初欲罷水磨，戶部侍郎李定「以失歲課，持不可廢」。〔註16〕元豐八年八月詔水磨茶場隸太府寺，仍屬戶部左曹。〔註17〕九月，令左曹疾速措置經久利害以聞。〔註18〕

汴河水磨茶場設於元豐中，實際時間不詳。元豐五年都提舉汴河隄岸司建議於通津門外汴河，「置水磨百盤，放退水入自盟河」，本意取其河水入淮，於公私無害，〔註19〕未料其後竟成民患。

　　苛細，故有是命。

〔註13〕《宋會要》，〈方域〉16之7。

〔註14〕《長編》，卷357，「元豐八年六月戊子」條，頁8551。

〔註15〕《長編》，卷329，「元豐五年八月丙辰」條，頁7919。

〔註16〕《宋史》，卷184，〈食貨下六・茶下〉，頁4507。

〔註17〕《宋會要》，〈食貨〉56之23；《長編》，卷357，「元豐八年六月乙丑」條，頁8529。按：《長編》指隸右曹，茲依相關訓令以「左曹」爲是。

〔註18〕《長編》，卷359，「元豐八年九月乙未」條，頁8593；又見〈宋會要〉，〈食貨〉56之24。

〔註19〕參見《宋會要》，〈職官〉26之15、《長編》，卷333，「元豐六年二月癸丑」條，

元祐元年閏二月，劉摯（1030～1097）站在義理上，請莫爲水磨小利而輕忽恤民之道，上〈乞罷水磨茶場〉云：

臣伏見京師所置水磨茶場，前後累有臣僚論列，乞行寢罷，尚未蒙指揮。臣契勘官自磨茶之初，猶許公私交易，故商販之茶，或不中官則賣之鋪戶。自去年二月，遂禁鋪戶不得置磨。然都下雖禁，猶有府界縣可以交易。當年七月，遂并府界一切禁其私易。於是商賈以茶至者，觸藩抵禁，須至盡賣入官，而又使牙儈制之，不量茶之色品，一切痛裁其價，留滯邀過，其狀百端。此商旅之所以不敢行。商旅不行，故沿路征商之（稅），其虧額已多。又磨河之水下流雍散，浸瀦民田，被害者數邑，聞去年已被省稅矣。臣疑所得未必能當所失，而民間食貴茶，場戶常失業，抵冒刑罪，又備賞錢，利害細瑣，其狀不一。至於傷國大體，則臣未暇論之。竊聞臣僚所言，多送戶部，戶部送太府，太府送本場，本場次第上之。蓋所司奉取利而已，安肯爲朝廷論義理哉。臣亦聞議臣之語曰：「歲可得息錢二十萬緡，以助經費，何可廢也？」此亦以利言之者也。……宋用臣未建此策以前，不聞國用有闕此二十萬緡也。……伏望聖慈，早賜出自睿斷，罷水磨茶場，以通商賈，以養細民，以完州縣稅額，以免農民水害，而上以副仁聖惠綏天下之意。〔註20〕

本奏大意指政府爲壟斷水磨茶的利益，遂禁止商家不得在京城地帶磨茶，商家改以府界茶入京販易，宋廷又旋加禁止，要求商家磨茶入官，因此，表面上雖有國營磨茶的利益，實則有商稅的損失，而磨茶退水浸瀦民田，又有退稅的損失，以及百姓騷動的社會成本。

蘇轍（1039～1112）則以具體的數字，分析水磨茶入不敷出的情形，所進〈乞廢官水磨狀〉云：

近歲京城外創置水磨，因此汴水淺澀，阻隔官私舟船。其東門外水磨，下流汗漫無歸，浸損民田一、二百里，幾敗漢高祖墳，賴陛下仁聖惻坦，親發德音，令執政共議營救；尋詔畿縣於黃河春夫外，

頁 8027。

〔註20〕 （宋）劉摯：《忠肅集》（收入《叢書集成初編》，上海：上海商務印書館，1936年），卷5，〈乞罷水磨茶場〉，頁 70～71。按：上奏時間應於閏二月，參見《長編》，卷370，「元祐元年閏二月辛亥」條，頁 8938。

更調夫四萬，開自盟河，以疏洩水患，計一月畢工。然以水磨供給
京城內外食茶等，其水止得五日閉斷。以此工役重大，民間每天顧
夫二百錢，一月之費，計二百四十萬貫。而汴水渾濁，易至填淤，
明年又預開淘，民間歲歲不免此費。聞水磨歲入不過四十萬貫，前
戶部侍郎李定以此課利，誤惑朝聽，依舊存留。……況今水患近在
國門，而恬不為怪，甚非陛下勤恤民物之意。而又耗減汴水，行船
不便。乞廢罷磨，任民磨茶。〔註21〕

蘇轍發現水磨創置以來，過度耗損汴水，致有礙漕運，而退水入自盟河，因
汴水渾濁，導致該河淤填嚴重，使京東有水患之憂，且佔瀦民田廣達一、二
百里，尚須雇工修濬，入不敷出，顯然是本末倒置的作法，即使目的在為國
興利，卻是得不償失。

劉摯與蘇轍的奏章指水磨茶的利潤有二十萬緡與四十萬緡的差別，據《文
獻通考》及《宋史》的記載，應以二十萬為正確〔註 22〕。根據二人的觀察，
國營水磨茶有商稅的損失、退水佔瀦民田的退稅，以及每年疏濬自盟河的鉅
額耗費，不但妨阻漕運，而且徒留與民爭利的口實。

其他進諫諸臣，則有侍御史黃降、劉次莊等。〔註23〕延至元祐元年（1086）
閏二月，在京水磨茶場終於罷廢，「結絕官物由戶部措置施行」。〔註24〕

汴河課利事務的廢止，目的在使汴河回歸專於漕運的宗旨。這個宗旨，
與神宗熙寧年間張方平的歷次建議相同。〔註25〕

神宗時廣濟河漕運改由清河入汴是否合乎經濟效率也被提出來討論。元
豐八年十一月，壽州壽春縣令充曹州教授周諝奏稱：

所謂廣濟河實京師漕運三河之數，下則通於江、淮、二浙，上則達

〔註21〕《長編》，卷 370，「元祐元年閏二月辛亥」條，頁 8938～8939。又見（宋）
蘇轍：《欒城集》，卷 37，〈乞廢官水磨狀〉。
〔註22〕參見（宋）馬端臨：《文獻通考》，卷 18，〈征榷五‧榷茶〉，頁 176；《宋史》，
卷 184，〈食貨下六‧茶下〉，頁 4507。按：二書指元豐中，宋用臣都提舉汴
河隄岸，創奏修置水磨，凡在京茶戶擅磨末茶者有禁，並許赴官請買，而茶
鋪入米豆雜物採和者募人告，一兩賞三千，及一斤十千，至五十千止。商賈
販茶應往府界及在京，須令產茶山場州軍給引，並赴京場中賣，犯者依私販
臘茶法。諸路末茶入府界者，復嚴為之禁。訖元豐末，歲獲息不過二十萬，
商旅病焉。
〔註23〕《長編》，卷 370，「元祐元年二月丁巳」條，頁 8953。
〔註24〕《長編》，卷 370，「元祐元年閏二月丁巳」條，頁 8955。
〔註25〕（宋）張方平：《欒全集》，卷 27，〈論汴河利害事〉。

於京師，故京東一路所產，與夫江、淮、二浙皆得以有無相易，而致諸京師；京東之民，賴此爲業者眾矣。故祖宗以來，輦運之官置之於曹，京東錢穀皆自濟至於曹，自曹至於京師，不過四、五百里耳。比者李察迎宋用臣清汴之策，遂移輦運置於淮揚，京東錢穀自濟入泗，由泗入清汴而達於京師，迂曲遼遠近二千里。臣欲乞輦運復置於曹，則不惟便於上供，而京東之民亦得蒙其利也。〔註26〕

宋廷隨即詔令戶部條析利害以聞。元祐元年（1086）三月，三省回奏：「廣濟河輦運因李察等言廢罷，改置清河輦運顯是迂遠」，詔知棣州王諤措置興復。〔註27〕都水監建議：「廣濟河以京、索河爲源轉漕京東歲計，今欲依舊即于宣澤門外置槽架作，通流入咸豐門裏，由舊河道復廣濟河源，應接漕運。」從之。〔註28〕廣濟河改由清河入汴，本係展現清汴工程成效的一環，由「迂遠」的用詞觀察，顯是捨近求遠，同年十二月重行恢復廣濟河漕運。〔註29〕

　　元祐諸臣對導洛通汴的設施與利用政策皆有主張，清汴雖爲萬世之利，實際上卻是潛伏弊端。以水櫃爲例，水櫃本欲用以濟助汴河漕運，然而有名無實，即以神宗元豐年間，汴水淤淺，史料亦未曾有決水櫃以濟行運的記載。其後更因擴大面積，反致佔壓民田，對此蘇轍迭有奏章。元祐元年三月，蘇轍〈乞給還京西水櫃所占民田狀〉云：

> 右臣訪聞頃年宋用臣引洛水爲清汴，水源淺小，行運不足，遂於中牟、管城以西強占民田，瀦畜雨水，以備清汴乏水之用。方用臣貴盛，州縣皆不敢爭，但中牟一縣田八百五十餘頃。伏惟陛下卹養小民，過於赤子，無名侵奪，聖意不然。臣欲乞指揮汴只（應爲口）以東州縣，各具水櫃所占頃畝數目，及每歲有無除放二稅？仍具水櫃委實可與不可廢罷，如決不可廢，即當如何還民田？以免怨望。謹錄奏聞，伏候勅旨。〔註30〕

八月，〈再論京西水櫃狀〉云：

〔註26〕《長編》，卷361，「元豐八夫十一月丁巳」條，頁8651～8652。按：哲宗即位未改年。

〔註27〕《宋會要》，〈方域〉16之21。

〔註28〕《長編》，卷375，「元祐元年四月己亥」條，頁9088。

〔註29〕《宋會要》·〈方域〉16之21。

〔註30〕（宋）蘇轍：《欒城集》，卷37，〈乞給還京西水櫃所占民田狀〉。按：時間見《宋史》，卷94，〈河渠四·汴河下〉，頁2330。

右臣三月中奏乞令汴口以東州縣，各具水櫃所占頃畝，及每歲有無除放二稅，仍具水櫃可與不可廢罷，如決不可廢，即當如何給還民田，以免怨望。尋蒙朝旨，令都水監差官相度到中牟管城等縣水櫃，元舊浸壓頃畝，及見今積水所占，及退出數目，應退出地皆撥還本主，應水占地皆以官地對還，如無田可還，即給還元估價直，聖恩深厚，棄利與民，無所靳惜，所存甚遠。然臣訪聞水所占地，至今無官地可以對還，而退出之田，亦以迫近水櫃，爲雨水浸淫占壓，未得耕鑿，知鄭州岑象求近奏稱，自宋用臣興至水櫃以來，元未曾以此水灌注清汴，清汴水流自足，不廢漕運，乞盡廢水櫃，以便失業之民。臣愚以爲信如象求之言，則水櫃誠可廢罷，欲乞朝廷體念二縣近在畿甸，民貧無告，特差無干礙水部官重行體量，若信如象求所請，特賜施行不勝幸甚，謹錄奏聞，伏候勅旨。〔註31〕

元祐元年十月，在蘇轍、劉摯的累次建議下，水櫃盡皆廢罷。〔註32〕

　　清汴的目的乃在終年行運，然而冬季之時流冰橫溢，官兵有打凌之苦，元祐二年冬，汴口再度恢復閉口，以除其患。〔註33〕

　　神宗時的導洛通汴計畫，若果真理想符於實際，有其功效，元祐諸臣自然無異議。無奈理想與實際兩者差距太大，且又弊端叢生，是以遭到無情的批判。

　　導洛通汴工程的主體—洛口至京師部分，宋用臣原欲取水深一丈通漕西、北二邊，以與國防計畫相結合。不過蘇轍〈言水陸運米難易〉指此類想法爲迂見，說：

元祐三年春，關中水旱。……有吳革者……因議水陸運米以濟關中之策，朝廷下戶部，且使革領其事。……復謂之曰：「至如水運，亦且不易。汴河自京城西門至洛口水極淺，東南綱船底深不可行。且方春綱先至者，皆趨酬得力綱，輒令曲去，人情必大不樂。及至洛倉廩疏漏，專斗不具，雖卸納亦不如法。白波綱運，昔但聞有竹木，不聞有糧食，此天下之至險，不可輕易。」……予爲刷汴岸淺底船，

〔註31〕（宋）蘇轍：《欒城集》，卷39，〈再論京西水櫃狀〉。按：本奏日期參考《長編》，卷386，「元祐元年八月辛亥」條，頁9399～9400。

〔註32〕《宋史》，卷94，〈河渠志四‧汴河下〉，頁2330；《長編》，卷390，「元祐元年十月壬子」條，頁9492。

〔註33〕《長編》，卷407，「元祐二年十二月是冬」條，頁9917。

> 量載米以往。未幾，予罷戶部，聞所運米中路留滯，雖有至洛口，
> 散失敗壞不可計。〔註34〕

顯見非僅導洛通汴工程的利用偏離主旨，甚至工程本身也在在都是問題。劉弇（1048～1102）《龍雲集》云：

> 元豐中，議臣懲創湍悍，以爲異時霖霆決溢最患之大者，而又苦於
> 方冬閉涸不通，則於是請導洛水，自大梁以東，絕睢陽，抵盱眙，
> 一切畚客土、築兩壖而狹之，謂爲清汴。然成未再期間，則澱淤膠
> 澁，舟上下相軋失便，則首擊尾掫，雖槅師檋徒徃襪氣奪色，而
> 隨以惡聲，蓋有日矣。……。〔註35〕

劉弇的說法反映出洛河水源不足的問題，可以補充史料指計畫執行之初，發現水源問題未盡完善，乃於元豐三年，藉狹河工程縮小水流面積，提昇水位，暫時解決水源不足的問題。不過反觀前述水櫃置廢一事，水源問題似乎又不存在。其惟一合理的解釋，則是水源不足嚴重，水櫃杯水車薪，不足以成事，因此最直接便捷的方式，即是再引黃河之水入汴。無怪乎蘇轍屢屢提到清汴易於填淤，致元祐三年，洛口至京需以「淺底船」運米。

　　元祐群臣的主要看法是如果汴河無黃河之水添注，即無法行運，那麼何必執著於「清汴」的名實呢？導洛通汴的結果既是如此，元祐諸臣所面臨的問題，是究竟要汴河回歸到原有的面貌？還是進一步想辦法閉斷黃河口，達成清汴計畫原先的理想？最後在考慮京師河防的因素下，他們選擇了前者。

第二節　清汴與黃河問題的糾結

　　汴河貫穿黃淮平原，銜接黃、淮兩大巨川，在南北交通上有其重要的地位。也因爲如此，汴河設計之初，主要的考量在交通運輸的便捷上，而不在於它的洩洪功能。換言之，汴河並不在北宋京師河防計畫之列，儘管當時河患的問題已日趨嚴重，汴河擁有的基本洩洪功能，卻因河勢正向開封，而刻意忽略，且爲防止京師水患，寧可於黃河對岸另開一減水河，專負調節宣洩河水之責，以避免京師的水患。

〔註34〕（宋）蘇轍撰　俞宗憲點校：《龍川略志》（收入《唐宋史料筆記叢刊》，北京：中華書局，1982年），卷5，〈言水陸運米難易〉，頁29～30。

〔註35〕（宋）劉弇：《龍雲集》（收入《文淵閣四庫全書》，臺北：臺灣商務印書館，1983年），卷28，〈第八〉。

綜上以觀，汴河與黃河關係實在非常微妙，黃河穩定時，汴河防洪的貢獻不大，黃河不穩定時，汴河則不能有任何疏洩的功能。其惟一被考慮的，只有閉塞汴口與否而已，汴河不能徹底發揮洩洪功能，原因其來有自，且於宋都汴京後更加嚴重。王曾（978～1038）指出：

> 汴渠派分洪河，自唐迄今，皆以爲莫大之利，然亦其事實，抑有深害。何哉？凡梁宋之地，畎澮之利，湊流此渠，以成其大；至隋煬將幸江都，遂析黃河之流，築左右隄三百餘里，舊所湊水，悉爲橫絕，散漫無所，故宋亳之地，遂成沮洳卑隰。且昔之安流，今乃湍（湍），覆舟之患，十有二三。昔之漕運，冬夏無限，今則春開秋開（應爲閉），歲中漕運，止得半載；昔之泝沿相？？兩無艱阻，今則逆流而上，乃重載而行，其爲難也甚矣，沿流而下，即虛舟而往，其爲利也背矣。矧自天子建都，而汴水貫都東下，每歲霖潦決溢爲慮。由斯觀之，其利安在？然歷世浸遠，詎可卒圖？異日明哲之士，開悟積惑，言復囊（跡），始信茲言之不謬。〔註36〕

自隋煬帝析黃河之水入汴河後，汴河「舊所湊水，悉皆橫絕」，宋亳低窪地區皆沮洳卑隰，原有的溝洫灌溉功能遭到破壞。其後宋都汴京，外則有黃河氾溢之憂，內則有汴河漲溢之慮，即使有漕運功能也未見能盡得其利。王曾的論述與神宗時之導洛通汴計畫契機實有相近似處。所不同的，王曾由京師的河防危機著眼，導洛通汴計畫則由改善漕運條件入手，二者於河水入汴的潛在危機雖曾有考量，但顯然的，卻沒有提出根本解決的方法。

神宗下令執行導洛通汴計畫時，對於河防的潛在威脅，認爲可以藉由技術來解決，因此不接受安燾、張茂則的警告，只採納宋用臣的建議，加強黃河南岸的防護，建廣武埽以防止河水侵奪清汴。但問題的關鍵是在導洛通汴後，利用了黃河的舊跡，因此河防的壓力沈重，一旦廣武埽潰決後果即不堪設想。

學者岑仲勉在分析導洛通汴對黃河的影響時，未注意到廣武埽的問題。他認爲洛河爲黃河支流，因此導洛或引黃河水入汴，基本上是沒有太大差別的。〔註37〕顯然，他忽略汴河疏導洛水與疏導黃河的水流量有明顯的差距，

〔註36〕（宋）王曾：《王文正公筆錄》（收入《百川學海》，上海：博古齋影印本，1921年），「汴渠派分洪河」條，頁10～11。

〔註37〕岑仲勉：《黃河變遷史》（臺北：里仁書局，1982年），頁380。

再者，與他所主張的汴河分淤功能也有矛盾。〔註38〕

　　導洛通汴計畫輕忽「黃河外漲，洛水內溢」的風險，只知黃河水漲有廣武埽可以支梧，伊洛水漲有洛口可作宣洩，殊不知雨季之時，黃、洛二水同時增漲爲尋常之事，若廣武埽難以承受，京師即有河防之憂。

　　清汴工程方逾年，元豐三年六、七月間，原武埽累有危急，宋廷除加強工事防護外，又詔水官在雨季期間，莫以廣武、雄武上下埽據地形保無疏虞，須預作措置，免貽朝廷之憂，並遣外都水監丞陳祐甫相視；〔註39〕其後，又以官兵盛暑晝夜施工，詔賜雄武、廣武上下埽役兵特支錢，賜部役官夏藥，皆可見宋廷於黃河南岸加強工事情形。〔註40〕是月，河決澶州孫村陳埽及大吳、小吳埽。〔註41〕次年黃河復決小吳埽，全河北注入御河入海，宋廷決定不加修復，委李立之經畫，伺機重修堤岸。〔註42〕

　　清汴工程使黃河失去一條重要的減水河，又貫注全力增築原武、廣武二埽，自然壓力全往黃河北堤，形成黃河改道的重要關鍵。

　　神宗元豐五年十月，提舉汴河隄岸司奏陳：

> 洛口廣武埽大河水漲，淪塌隄岸，壞下牐斗門，萬一入汴，人力無
> 枝梧，密邇都城，不可不深慮。〔註43〕

本次廣武埽告急，經都水使者范子淵前往救護，總算沒有潰決。〔註44〕六年三月，修築黃河另一隄岸——原武埽，權閉汴河魏樓、孔固、滎澤三斗門，卻又使汴水大爲增長，開遠門浮橋以上皆爲浮冰阻塞，汴水有潰決之憂，不得不決隄宣洩。〔註45〕蓋由是，吾人已可知河、洛、汴問題的糾結。

　　廣武埽構築在黃河退灘之上，受到黃河更大的壓力，元豐水臣爲了洩洪，乃有開鑿減水河計畫。當然這等於間接肯定了汴河的減水功能，未嘗不是一

〔註38〕岑仲勉：《黃河變遷史》，頁366。
〔註39〕《長編》，卷306，「元豐三年七月甲子」條，頁7436。
〔註40〕《長編》，卷306，「元豐三年七月戊辰」條，頁7437。
〔註41〕《長編》，卷306，「元豐三年七月庚午」條，頁7438。
〔註42〕《宋史》，卷92，〈河渠二·黃河中〉，頁2286。按：六月戊午，詔：「東流已填淤不可復，將來更不修閉小吳決口，候見大河歸納，應合修立堤防，令李立之經畫以聞。」
〔註43〕《長編》，卷330，「元豐五年十月辛亥」條，頁7946～7947。
〔註44〕《宋史》，卷92，〈河渠二·黃河中〉，頁2287。
〔註45〕《長編》，卷331，「元豐五年十二月丙寅」條，頁7988。《宋會要》，〈方域〉16之16。

項突破。首倡其議者爲都水使者范子淵，他說：

> 陽武等數埽正居京邑之上，自秋積雨，南隄受害，特異常歲。先是，
> 廣武危急，繼醫原武之隄，國財民力，殫耗無窮。苟於此時不究經
> 久之策，歲或如此，未易禦捍。竊見衛州王供埽北隄之外，比之隄
> 內地形低下，北帶山岡，可以吞伏巨流。乞自王供埽決全河灌隄北，
> 俾東出衛州及黎陽縣北，又東達澶州之境，或至大名府界，與見行
> 河合，相距約四百餘里；兼王供而下，逐埽間有重復古隄，概計其
> 功，不至浩大。如此，則南岸自滎澤至迎陽十一埽，北隄自獲嘉至
> 蘇村七埽，並遠大河。所決河經由州縣止三、四處，可豫作堤防，
> 或徙避之，較之水逼南堤，治堤歲費，利害相萬。〔註46〕

范子淵的建議獲得神宗的重視，乃詔蹇周輔、范子淵、陳祐甫同相度可否利
害以聞。相關水官旋即提出開雞爪河計畫，以分減黃河水勢。《長編》「元豐
六年春正月壬寅」記載：

> 工部言：「據都大提舉修護西京河陽黃河隄埽、內殿承制李崇道等
> 言：『準都水使者范子淵牒：已得旨疏治廣武埽對岸石叫渡大和坡舊
> 河，分行水勢，以舒南岸。今欲自溫縣大河港開雞爪河，接續至大
> 和坡下武陟縣界，透入大河，分減得廣武埽水勢，用夫四萬七千三
> 百。』看詳欲依崇道所乞。」從之。〔註47〕

這個計畫，可說是在飽受廣武埽潰決的壓力下決定的，其目的只在京師河防，
卻未考慮到移患河北的缺陷。

元豐六年二月，吏部侍郎李承之提出汴河南岸的防護計畫—遙堤計畫，
主張自魏樓斗門外減水河之東修大隄，以形成京城的外圍防線。奏云：

> 今議決王供埽導河北行，於南岸之患，自原武而下悉皆退背，亦可
> 稍緩滎澤之急。至於雄武、廣武，正當京城之衝要，慮患恐不可緩。
> 臣謂宜於理水隄外，魏樓減水河之東，修大隄，際河下接滑州界大
> 隄，依向著地分，量置河清兵及選官分巡，歲增榆柳。其汴南岸亦
> 準此，仍於臨汴常積梢樁，以備修塞，萬一不虞，得以固守，障其
> 東行，可使還河，似爲經久之利。〔註48〕

〔註46〕《長編》，卷330，「元豐五年十月辛亥」條，頁7947。
〔註47〕《長編》，卷332，「元豐六年正月壬寅」條，頁8007。
〔註48〕《長編》，卷333，「神宗元豐六年二月辛亥」條，頁8016。

該奏嗣經都水監詳度，以力大難成寢之。〔註49〕由此可知導洛通汴計畫下所付出的代價。

　　旋至閏六月，步軍副指揮使劉永年奏請提高京師附近的河防標準。《宋會要》記載：

> 汴水漲及一丈三尺，法許追正防河兵二十八指揮，自西窰務列兩岸至東窰務。如漲水一丈三尺二寸，更追準備一千人。臣切以京關防河，事體至重，乞自今遇水大漲，或淫雨不已，令都巡地分如救火法，于近便增發三兩指揮。不足，即指所轄軍分奏差。支賜、約束，竝依防河兵。」從之。〔註50〕

導洛通汴計畫是依各水系獨立設計的，對防止水源不足有很好的規劃，但對於防止伊、洛、索等河暴漲，則大抵是以黃河作依歸。因此當黃河負載達飽和時，京師便有水患之憂。如再加上黃河南岸廣武、原武埽的維護缺失，則宋人心理難免受到極大的威脅。

　　為了解決這個問題，大抵有治標、治本兩種辦法。治標如隄岸的維護，治本則是疏解黃河泛濫的壓力，如前述北岸減水河的增修。但是不論治標抑或治本，因為黃河的變數實在太多，甚難評估它的功效。惟一可以得到證實的，即是此類工程始終持續進行，如該年（六年）八月下旬，都水使者范子淵提出開展黃河直河計畫：

> 導洛通汴將及五年，昨興役之初，大河北徙，距清汴遠列為隄埽，以障游波。今相度水勢，大河有可徙之理，及上塞河兵夫物料數。〔註51〕

宋廷詔子淵詳度，從南岸漸近鋸牙，約水勢入新河，具行合事以聞。〔註52〕既而從子淵建議，於武濟山麓至河岸并嫩灘上修堤，及壓埽堤并新河南岸築新堤，計役兵六千人，限二百日成；開展直河，長六十三里，廣一百尺，深一丈，役兵四萬七十人有奇，限三十日成，合費梢草竹索為錢一十七萬緡有奇。〔註53〕此項工程曾先後進行兩次，惜未竟其功。七年四月，武濟河潰決。八月，詔罷營閉，縱其分流，止護廣武三埽。〔註54〕可見神宗朝清汴工程與

〔註49〕《長編》，卷333，「神宗元豐六年二月辛亥」條，頁8016。
〔註50〕《宋會要》‧〈方域〉16之17。
〔註51〕《宋會要》‧〈方域〉16之17。
〔註52〕《宋會要》‧〈方域〉16之17。
〔註53〕《長編》，卷338，「元豐六年八月庚子」條，頁8156。
〔註54〕《宋史》，卷94，〈河渠四‧汴河下〉，頁2329。

河防危機有極大的關聯性。

哲宗元祐年間，水官李仲認爲清汴築堤於黃河舊道，導致京師有河防之憂，建議不如恢復導洛通汴之前的舊觀，以解決積年之患。《宋史·河渠志》記載：

> 仲在元祐中提舉汴水輦運，建言：「西京、鞏縣、河陽、汜水、河陰縣界，乃沿黃河地分，北有太行、南有廣武二山，自古河流兩山之間，乃緣禹跡。昨自宋用臣創置導洛清汴，於黃河沙灘上，節次創置廣武、雄武等堤埽，到今十餘年間，屢經危急。況諸埽在京城之上，若不別爲之計，患起不測，思之寒心。今如棄去諸埽，開展河道，講究興復元豐二年以前防河事，不惟省歲費、寬民力，河流且無壅遏決溢之患。望遣諳河事官相視施行。」又乞復置汴口，依舊以黃河水爲節約之限，罷去清汴牐口。〔註55〕

元祐四年（1089）冬，梁燾（1034～1097）先後上了二次奏章，主要說明朝廷惑於稅屋之利與安流之說，不願廢棄清汴，殊不知清汴工程是乘河未漲之時，就嫩灘之上，峻起東西堤，關大河於堤北，攘其地以引洛水，導致外有黃河水勢回奪之患，內則有水流不足之憂。

梁燾發現清汴水源不足，水流極淺，船小載輕，以致公私阻滯。如「開黃河閘口，放水入清洛，即舟船方行得一番，閘水已盡，船復留滯」，實無濟於行船。據他觀察，河、汴「中間缺爲斗門，名通舟楫，其實盜河水以助洛水之淺涸」，因此洛水本清，而汴常黃流，足以證明「是洛不足以行汴，而所以能行者，附大河之餘波也」。雖然清汴有經多行運之利，其實水淺易凍，又置打凌兵士，虛費錢糧，終是饑凍，逐年死亡者極多，又「每至凍合，凌蹙岸決，民田被害」。

梁燾剴切建議六點：一、宜復爲汴口，依舊引大河一支，依時啓閉，還祖宗百年以來潤國養民之賜；汴口復成，則免廣武傾注，以長爲京師之安。二、省廣武埽等河防數百萬之費，以紓京西生靈之困。三、牽動黃河水勢，以解河北決溢之災。四、便東南漕運，以蠲重載留滯之弊。五、時節啓閉，以除蹙凌打凌之苦。六、通江淮八路商賈大舶，以供京師之饒。〔註56〕

梁燾的根本主張是汴河有減水功能，如循例開舊汴口，則一舉根除每年的廣武埽危機與解除京師附近的水患。他又奏：

〔註55〕《宋史》，卷94，〈河渠志·汴河下〉，頁2334。
〔註56〕《長編》，卷436，「元祐四年十二月是月」條，頁10520～10522。

> 臣近論奏汴、洛利害，乞復爲汴口，誠以廣武埒埽不足兼恃，大河
> 萬一不禦，則首爲京師之憂。訪聞開汴之時，大河曠歲不決，蓋汴
> 口析其三分之水，河流常行七分也。自導洛而後，頻年屢決，雖洛
> 口竊取其水，率不過一分上下，是河流常九分也。猶幸流勢臥北，
> 故潰溢北出。自去歲以來，稍稍臥南，此甚可憂，而洛口之作，理
> 須早計也。竊以開洛之役，其功甚小，不比大河之上，但闢一百餘
> 步，即可以通水三分，不但永爲京師之福，又減河北屢決之害。兼
> 水勢既已牽動，在於回河，尤爲順便。議者以爲不獨孫村之功可成，
> 水勢既順，澶州故道，亦有自然可復之理。〔註57〕

梁燾認爲導洛通汴工程後，導致二個危機，一是京師有河防之患，二是河北
有屢決之憂，〔註58〕可見他認爲汴口正迎黃河水勢，疏導黃河水勢的功效明
顯，自然可以恢復舊制。

　　由是可知元祐二年的閉口僅指引洛水入汴的河口言，目的只在節省冬季的
打凌工作，至於清汴引洛水行運部分，則一仍其舊。也因此才有梁燾進一步根
除清汴陰影的建議。

　　至於如何兼顧免除黃河下注京師之患，又能取河水以濟汴河行運，宋廷遂
在往後的行動中，逐步落實。元祐五年二月開黃河減水河，〔註59〕十月命導河
水入汴，可說是在河防壓力下的折衷辦法。〔註60〕但是這種針對京師河防與
兼取汴河水源所作的處置，卻使得導洛通汴工程走上畸型。如紹聖二年（1095）
賈種民回憶清汴的立意，有云：

> 元豐改汴口爲洛口，名汴河爲清汴者，凡以取水於洛也。復置清水，
> 以備淺澀，而助行流。元祐間，卻於黃河撥口，分引渾水，令自漣
> 上流入洛口，比之清洛，難以調節。〔註61〕

可見清汴在此時有二口，而且以黃河爲主要水源，洛河反成爲次要，不但失
去導洛通汴工程的本意，且可能會衍生難以預計的弊害。

〔註57〕《長編》，卷436，「元祐四年十二月是月」條，頁10522。

〔註58〕《長編》，卷436，「元祐四年十二月是月」條，頁10522。

〔註59〕《宋史》，卷92，〈河渠二‧黃河中〉，頁2299。

〔註60〕《長編》，卷449，「元祐五年冬十月癸巳」條，頁10779。按：（宋）李熹：《皇
　　　　宋十朝綱要》，卷13，頁289，作「導洛水入汴」，可見是河、洛皆引入汴河，
　　　　因此仍稱「清汴」，詳下文賈種民奏。

〔註61〕《宋史》，卷94，〈河渠四‧汴河下〉，頁2334。

第三節　哲宗親政後的汴河政策

壹、廣武埽危機

紹聖元年（1094）哲宗親政，頗思恢復神宗時清汴工程的規模，因此復召宋用臣赴闕。〔註62〕但尚未及更張，廣武埽即又生危機，警訊之聲不斷。

是年七月，都水監丞馮忱之報廣武埽危急，水勢刷塌堤岸，乞築欄水籤堤一道，宋廷一方面派遣馮忱之、李偉、郭茂恂相度，從長措置；又差入內高班黃汝賢，往廣武等埽傳宣撫問救護大河堤埽官吏、役兵，兼賜銀合茶藥、縜錢等。〔註63〕另一方面，特派都水使者王宗望、權工部侍郎安持等乘傳前往，或救護，或措置經度解決辦法。

其後王宗望上奏云：

> 廣武埽已刷塌，地步闊遠，塌透大隄，須修捲埽岸。役兵數少，特乞在京壯役、廣固共三千人，并下京東都大司於緣汴裝卸人內，除府界、泗州外，告差刷南京界以下裝卸一千人，並吏部差有心力使臣取押，內廣固、壯役差二員裝卸，京東、淮南各一員，依例支破遞馬驛券，兼程前來。其人兵限使臣到並一月內起發，及合本處支借附帶合用鍬杵等赴役。〔註64〕

嗣經哲宗御批廣固指揮不差外，餘並依奏。〔註65〕

本次河水漲溢，廣武埽告急的主要原因，是由於河政久不修，復遭遇大雨不止所致。〔註66〕此正與神宗朝安燾、張茂則當初的評估：「大河外漲，洛水內溢」相符，舉朝爲之手足無措。《長編記事本末》載其事云：

> 上諭執政：「聞河埽久不修，故幾壞者數處。滎池、原武、陽武皆已遣水官乘疾置護役。昨日報洛水又大溢，注於河，若廣武埽壞，大河與洛水合而爲一，則汴不通矣，京都漕運殊可憂。亟命吳安持與王宗望同力督作，苟得不壞，過此亦須藉（應爲「措」）置爲久計。

〔註62〕《宋史》，卷94，〈河渠四·汴河下〉，頁2332。
〔註63〕《宋會要》，〈方域〉15之18～19。
〔註64〕（宋）楊仲良：《長編紀事本末》，卷112，〈導洛·廣武埽附〉，頁17。
〔註65〕（宋）楊仲良：《長編紀事本末》，卷112，〈導洛·廣武埽附〉，頁17。
〔註66〕（宋）楊仲良：《長編紀事本末》，卷112，〈導洛·廣武埽附〉，頁17。有云：「壬寅，上謂輔臣言：『廣武埽危急，聞去洛河不遠，須防漲溢，下灌京師，已遣中使往視之。』輔臣出圖及狀以奏曰：『此由黃河北岸生灘，欲水勢趨南岸，今時雨已止，河並減落。……』。」

安持強幹可倚，其促安持往營度之。」皆對曰：「但雨止，則可無虞。

臣等謹奉命，退當召安持至政事堂，以聖意諭之。」〔註67〕

哲宗命吳安持前往營度，不但要求修護廣武埽，而且必要提出能長治久安的計畫。〔註68〕

吳安持秉命提出「洛水分流」的辦法，亦即開鑿洛水減水河入汴，以減少洛水流注黃河的水量。其奏云：

> 廣武第一埽危急，決口與清汴絕近，緣洛河之南，去廣武山千餘步，
> 地形稍高。自鞏縣東七里店至今洛口不滿十里，可以別開新河，導
> 洛水近南行流，地里至少，用功甚微。〔註69〕

吳安持所欲開鑿洛河減水河可以下接汴河，故而楊仲良《長編紀事本末》題爲「導洛」，而陳均記載爲「開洛口新河」，自註「開汴河導洛南流」。〔註70〕實際上，此減水河入汴道經廣武山旁，是另取途徑，與原本的導洛通汴路線不同。〔註71〕旋經吳安持、王宗望等按視工料保明，〔註72〕於八月正式開修，哲宗命吳安持都大提舉工役，又命外丞李偉，勾當洛口王維同管勾開修。〔註73〕十月，洛口新河完成。〔註74〕

洛口新河旨在降低洛水灌注黃河的水量，汴河成爲洛水的洩洪道，減輕廣武埽的負擔。

十一月，知南外丞李偉提出的「遙隄」計畫，則顯然將廣武埽改爲第二道防線，藉著雙重的防護，降低京師的河患。有云：

> 清汴貫京都，下通淮、泗，自元祐以來屢危急，而今歲特甚。臣相
> 視就武濟河下尾廢堤枯河基址，增修疏導，回截河勢東北行，留舊

〔註67〕（宋）楊仲良：《長編紀事本末》，卷112，〈導洛・廣武埽附〉，頁17。
〔註68〕《宋會要》，〈方域〉15之19。
〔註69〕《宋史》，卷94，〈河渠四・汴河下〉，頁2332～2333。
〔註70〕（宋）陳均：《皇朝編年綱目備要》，卷24。按：此「汴河」即開於「汴」之河流。
〔註71〕（宋）楊仲良：《長編紀事本末》，卷112，〈導洛，廣武埽附〉，有載：「九月乙丑，曾布再對，陳河防不可輕動，枉費財用，如吳安持見開洛河，外議未以爲當，用夫四十五萬，若洛水小，引水傍山無益；若泛漲自當下徑入黃河，豈肯如人意，傍山入汴。上領之。」
〔註72〕（宋）楊仲良：《長編紀事本末》，卷112，〈導洛，廣武埽附〉。
〔註73〕（宋）楊仲良：《長編紀事本末》，卷112，〈導洛，廣武埽附〉。
〔註74〕（宋）楊仲良：《長編紀事本末》，卷112，〈導洛，廣武埽附〉。

埽作遙堤，可以紓清汴下注京城之患。〔註75〕
此一計畫實施與否，史未明言，然由宋用臣、陳祐甫覆按以聞。〔註76〕進一步的行動或有可能，哲宗朝京師水患已不復見。

及至徽宗朝，廣武埽危機復起，以開廣武直河分減水勢，方未成大患。〔註77〕亦可見導洛通汴工程構築於黃河退灘之上，造成河、洛、汴問題的糾葛若此。

貳、清汴工程的恢復

哲宗親政後，對宣仁太后垂簾聽政時，遲遲不能視政，銜諸於懷，蔡條《鐵圍山叢談》記載：

> 哲宗即位甫十歲，於是宣仁高后垂簾而聽斷焉。及寖長，未嘗有一言。宣仁在宮中，每語上曰：「彼大臣奏事，乃胸中且謂何，奈無一語耶？」上但曰：「娘娘已處分，俾臣道何語？」如是益恭默不言者九年。時又久已納后。至是上年十有九矣，猶未復辟。……上所以銜諸大臣者，匪獨坐變更，後數數與臣僚論昔垂簾事，曰：「朕只見臀背。」〔註78〕

此事為蔡京轉述，當為實錄。也無怪乎宣仁太后臨終之際，預留自身及大臣之退身之計。〔註79〕王稱《東都事略》指「紹聖親政，起熙豐舊人而用之，

〔註75〕《宋會要》，〈方域〉15 之 19〜20；《宋史》，卷 94，〈河渠四‧汴河下〉，頁 2333。

〔註76〕《宋會要》，〈方域〉15 之 19〜20。另參見《宋史》，卷 94，〈河渠四‧汴河下〉，頁 2333。

〔註77〕按：廣武埽於徽宗朝發生數次危機，其時蔡京當政，諱言清汴奪黃河河道，致生廣武埽危機，然由相關工程及屢次賞賜廣武埽職官可知，清汴工程的代價不小。其相關事件如下：大觀三年八月，詔沈純誠開撩兔源河，分減廣武埽下漲水；重和元年秋雨，廣武埽危急，詔遣內侍王仍相視；宣和元年五月，廣武埽開直河，其危已紓解，蔡京乞宣付史館；宣和二年八月，詔開修廣武直河分奪水勢，南岸生灘，堤岸無虞，當職官吏與賞賜有差；宣和七年八月，詔獎廣武河事之官，賞戮力河事之勞。參見董光濤：〈北宋黃河氾濫及治理之研究〉，《花蓮師專學報》，第 8 期（1976 年 12 月），頁 89〜92。

〔註78〕（宋）蔡條《鐵圍山叢談》（收入《唐宋史料筆記叢刊》，北京：中華書局，1983 年），卷 1，頁 5。

〔註79〕張明華：〈北宋宣仁太后垂簾時期的心理分析〉，《洛陽師範學院學報》，2004 年第 1 期，頁 102。按：宣仁太后彌留之際，本有意對范純仁交待後事，然而哲宗已有防患，支遣呂大防等前往旁聽，參見（清）黃以周：《續資治通鑑長編拾補》，卷 8，頁 2。

元祐政事一切務以相反」，〔註80〕也暗指哲宗個人的態度問題。故史稱「時進
用大臣皆從中出，侍從、臺諫亦多不由進擬」。〔註81〕

　　另一方面，熙豐舊臣歷經元祐大臣八年的打壓，也未以平常心輔政，將
財政匱乏的問題，歸罪於「元祐更化」的施政，時李清臣（1032～1102）白帝
「今中外錢穀艱窘，戶部給百官奉，常無數月之備」，章惇（1035～1105）遂
以財用匱乏，專指爲司馬光、呂公著、呂大防（1027～1097）、蘇轍諸人之罪。
左司諫翟思亦奏疏詆：

> 元祐以理財爲諱，利入名額類多廢罷，督責之法不加於在職之臣，
> 財利既多散失，且借貸百出，而熙、豐餘積，用之幾盡。方今內外
> 財用，月計歲會，所入不足給所出。願下諸路會元祐以前所儲金穀
> 及異時財利名額、歲入經數，著爲成式。〔註82〕

顯然哲宗紹述的意志加上大臣的鼓動，乃逐步檢討恢復熙豐的理財制度。

　　神宗時期的水政，以清汴工程最受稱頌，元祐二年冬季關閉汴口，五年
復導河水入汴後，受到根本的破壞。紹聖元年（1094）十二月，戶部尚書蔡
京（1047～1126）上奏：「今年上供物，至者十無二三，而汴口已閉。臣責問
提舉汴河堤岸司楊琰，乃稱自元豐二年至元祐初，八年之間，未嘗塞也。」
旋詔依元豐不閉汴口故事。〔註83〕

　　汴河之所以有閉塞之舉，乃在體量官兵經冬打凌的痛苦，目的在恤民；
而二年（1095）正月，宋用臣奏請永不閉塞，目的則在終年行運的利益，立
意全然不同，其奏云：

> 元豐間，四月導洛通汴，六月放水，四時行流不絕。遇冬有凍，即督
> 沿河官吏，伐冰通流。自元祐二年，冬深輒閉塞，致河流涸竭，殊失
> 開道清汴本意。今欲卜日伐冰，放水歸河，永不閉塞。及凍解，止將
> 京西五斗門減放，以節水勢，如惠民河行流，自無壅遏之患。〔註84〕

在「紹述」的政治正確下，元祐時期明顯因弊端而改正者，水官亦思加以恢
復。紹聖四年（1097）閏二月，楊琰奏請恢復水櫃，「減放洛水入京西界大白

〔註80〕　（宋）王稱：《東都事略》，卷9，〈哲宗本紀〉，頁197。
〔註81〕　（清）徐乾學：《資治通鑑後編》（收入《文淵閣四庫全書》，臺北：臺灣商務
　　　　　印書館，1983年），卷91，「紹聖元年二月丁未」條。
〔註82〕　《宋史》，卷179，〈食貨下一·會計〉，頁4358。
〔註83〕　《宋史》，卷94，〈河渠四·汴河下〉，頁2333。
〔註84〕　《宋史》，卷94，〈河渠四·汴河下〉，頁2333。

龍坑及三十六陂，充水匱以助行運」。旋詔賈種民同楊琰相度合占頃畝，及所用功力以聞。〔註85〕五月，都提舉汴河堤岸賈種民建議：

> 元豐改汴口爲洛口，名汴河爲清汴者，凡以取水於洛也。復置清水，以備淺澀而助行流。元祐間，卻於黃河撥口，分引渾水，令自澶上流入洛口，比之清洛，難以調節。乞依元豐已修狹河身丈尺深淺，檢計物力，以復清汴，立限修濬，通放洛水。及依舊置洛斗門，通放西河官私舟船。〔註86〕

由「黃河撥口，分引渾水」可知，清汴工程在元祐時期於洛水的基礎水源外，公開加引黃河渾水入汴，以助清汴水源的不足，但是黃河水勢迅湍，遠較清汴難以調節，因此方有上述建議。紹聖四年五月，旋復濬洛通汴。〔註87〕

　　哲宗親政後，欲紹述父志，導洛通汴即爲代表性工程，乃預計逐次恢復原有的規模。哲宗曾對曾布云：「先帝作清汴，又爲天源河，蓋有深意。元祐中，幾廢。近賈種民奏：若盡復清汴，不用濁流，乃當世靈長之慶。」布對曰：「先帝以天源河爲國姓福地，此眾人所知，何可廢也？」〔註88〕其用意當可想而知。其時，哲宗主張設水櫃，《長編》記載君臣討論如下：

> 是日，都提舉賈種民自修汴河歸，……上曰：「近日漕運全不可行。」布曰：「近得雨後，水稍通，已兩次防河，大約茶磨費水，最爲汴流之患，今已廢矣。」上曰：「須作水櫃。」布曰：「種民昨不欲作水櫃，用心卻可嘉，蓋爲百姓莊園、廬舍、墳墓皆須毀壞，故以爲難。兼種民昨到水櫃處，百姓極有不遜之語，故種民不敢當此事。若其佗有可經畫，不與百姓爭此地，亦所惠不細。」上云：「水櫃必不可闕。」布曰：「若必不得已，須爲之。」上又曰：「種民卻不至乖方，然漕運卻行不得。」布曰：「種民雖不乖方，但無功亦可責。」上曰：「章惇主之。」布曰：「眾謂如此，必是也。」御史蔡蹈劾種民措置乖方，枉費功料，乞先行放罷。不從。〔註89〕

〔註85〕《宋史》，卷94，〈河渠四‧汴河下〉，頁2334。另見《宋會要》，〈食貨〉61之103、〈方域〉17之12。

〔註86〕《宋史》，卷94，〈河渠四‧汴河下〉，頁2334；《長編》，卷488，「紹聖四年五月乙亥」條，頁11588。

〔註87〕（宋）陳均：《皇朝編年綱目備要》，卷24。

〔註88〕《長編》，卷488，「紹聖四年五月乙亥」條，頁11589。

〔註89〕《長編》，卷499，「哲宗元符元年六月壬寅」條，頁11888～11889。

可見水櫃因佔壓民田、莊里嚴重，非為虛造，故而在執政曾布的反對下，不
克恢復。

　　就汴河的課利事務言，哲宗也有意恢復。紹聖四年，藍從熙建議復置導
洛通汴司課利業務，哲宗刻意不與輔臣商量。《宋史‧食貨一》云：

　　是日，章惇為曾布言：「中書又放過內批行導洛事，並不經三省商量。」
　　及對，遂以內批進呈，言先朝法度可復者皆已復，惟此不可復。上
　　未諾。……藍從熙提舉京城所，奏乞復行導洛司事，官員、商賈等
　　物貨皆載以官舟。官員物貨不及百千者，許以所乘舟載，免納腳錢
　　之半；百千以上以違制論，餘皆徒官舟。於泗州、及京師洛口各置
　　垛場，歲收課利二十萬緡。又乞麵市歲課三萬，又復牛羊圈歲課七
　　萬。內批付尚書，蓋未嘗與執政議也。〔註90〕

藍從熙之奏，章惇、曾布皆持反對意見，因此藉故拖延。其後哲宗一再詢問，
曾布始以課利擾民對。君臣討論如下：

　　布白上曰：「近者竊聞議導洛事，初聞聖意未從，臣因言陛下聖質高，
　　明言必中節，事有未便，必不肯為，遂以先帝用宋守約事語三省，
　　已而聖意遂回，不俟開陳而罷。」上曰：「且說不便。」布曰：「肉
　　市、麵市皆與細民爭利；汴渠初引黃河水，湍悍可畏，公私舟船多
　　覆溺者。惟清汴無復此患，然商賈之物，皆載以官舟，私船不得入
　　汴，人實患之。兼廢罷十年，一旦復行，則都邑之人鼎沸矣。先帝
　　經營四方，蓄財利有所待，故闊略細故而行之。陛下既無此費，誠
　　無用此。然大臣未及詳陳而已中罷，陛下燭理畏義，敬信大臣，從
　　善納諫，如此天下之事何患也？兼聖意遽回，正與宋守約事等。蓋
　　聖質睿明，與先帝無少異者。……」〔註91〕

由於曾布（1036～1107）等人的堅持，導洛通汴司課利事務終不獲實施。其後
提舉汴河隄岸王憲再度建議恢復汴河官般業務，並欲假「溫、明州運船給用」，
乃命太府少卿鄭僅（1047～1113）同詳度，明年仍詔勿行，〔註92〕汴河官般
事業終無法恢復。

〔註90〕《宋史》，卷179，〈食貨下一‧會計〉，頁4358。另參見《長編》，卷490，「紹
　　　　聖四年八月庚子」條，頁11639～11641。
〔註91〕《宋史》，卷179，〈食貨下一‧會計〉，頁4358；《長編》，卷490，「紹聖四年
　　　　八月庚子」條，頁11639～11641。
〔註92〕《宋史》，卷186，〈食貨十八‧商稅〉，頁4545。

至於水磨茶場，因課利較多，支持者眾。章惇等用事，即首議修復水磨。紹聖元年八月，詔就京、索、天源等河創置，並以孫迴提舉，復命兼提舉汴河隄岸。〔註93〕基本上，京、索二河是汴河水源之一，而天源河則取汴河水爲水源，因此孫迴的任務在調控汴河的水流量，汴河本身不設水磨。〔註94〕

翌年三月，再依元豐故事，置提舉茶場水磨官兼提舉汴河隄岸，「專管勾自洛至府界調節汴水，應副茶磨」，至四年十一月，提舉茶場水磨官「乞於在京東水門外沿汴河兩岸，踏逐舊日修置水磨去處，別行興復」，〔註95〕則水磨茶盡復舊觀。其後又於京西鄭、滑、潁昌府，河北澶州、濟州山口營置施行。〔註96〕

元符元年（1098）四月，應工部奏請，復置「都大提舉汴河隄岸司」，〔註97〕然而職權已大幅縮減，僅限於經畫汴河河務及管理水磨茶場而已。惟原先導洛通汴計畫的宗旨，改善漕運成本結構的理想卻由此而得以確立。

〔註93〕《宋史》，卷184，〈食貨下六‧茶下〉，頁4507。
〔註94〕《長編》，卷499，「哲宗元符元年六月壬寅」條，頁11888～11889。按：曾布答哲宗語：「……大約茶磨費水，最爲汴流之患，今已廢矣」，可以證明。
〔註95〕《宋會要》，〈食貨〉30之30。
〔註96〕《宋史》，卷184，〈食貨下六‧茶下〉，頁4507。
〔註97〕《長編》，卷497，「哲宗元符元年四月辛丑」條，頁11835。

第七章　徽宗、欽宗時期綱運的措置

第一節　徽宗崇寧年間綱運法的變革背景

　　神宗時導洛通汴的目的本在改善漕運的成本結構，但哲宗即位初期在元祐諸臣的批判下，似乎只有百害而無一利。誠然，導洛通汴有其缺陷，卻不可以全盤予以否定。哲宗親政後，針對元祐諸臣著眼的幾項問題—導洛通汴後的潛在威脅及課利事務，做了相當幅度的改善，汴河的附加價值雖然大幅縮減，汴河的水運條件卻較以往加強甚多。

　　徽宗在位期間，汴河計有二次較大的災害，大觀元年（1107）夏，京畿大水，汴渠逆流橫潰，反及上游河陰〔註1〕；又宣和元年（1119）五、六月間，京畿大雨，水驟高十餘丈，直冒都城安上、南薰門，城守凡半月，未幾入汴，汴渠將溢，於是募人決下流，由城北入五丈河，下通梁山濼乃平。〔註2〕二者皆由暴雨所致，無關清汴工程的缺失。

〔註1〕　《宋史》，卷 61，〈五行一上〉，頁 1328，有載「大觀元年夏，京畿大水。詔工部都水監疏導，至于八角鎮。」又（宋）馬純：《陶朱新錄》（收入《文淵閣四庫全書》，臺北：臺灣商務印書館，1983 年），亦載「崇寧丙戌（1106）冬夜半…見羣狐百餘悲鳴、奔突，由南門而出。明年（即大觀元年，1107）秋大水，汴渠溢，逆流橫潰，河陰被浸。」按：二者有夏秋之別，後者爲回憶繫事，茲取《宋史》所記。

〔註2〕　參見《宋史》，卷 61，〈五行一上〉，頁 1329；（宋）李綱：《梁谿集》（收入《文淵閣四庫全書》，臺北：臺灣商務印書館，1983 年）；《梁谿集》，卷 40，〈論水便宜六事奏狀〉、卷 158，〈釋疑〉。按：《宋史》與李綱回憶略異，茲取《宋史》。

　　整體而言，徽宗朝汴渠「無大改作」，「稍湮則浚之」〔註3〕，神宗、哲宗二朝的汴河課利事業亦大幅縮減，已回歸爲漕運動脈的角色，此時汴河的利用政策即是整體國家漕運政策的一環。故而本章專論北宋徽宗、欽宗時期綱運的措置，以及其干擾因素。

　　宋初以來，漕運政策始終以維持穩定供給京師需求爲著眼點，不敢輕作變革，問題的癥結是徽宗崇寧三年（1104）九月，戶部尚書曾孝廣一番改革漕運法的舉動，又掀起了一道狂波巨瀾。曾孝廣奏云：

> 東南六路歲漕六百萬碩輸京師。往年南自眞州江岸，北至楚州淮堤，以堰瀦水，不通重船，般剝勞費，遂於堰傍置轉般倉，受逐州所輸；更用運河般載之人，自汴以達京師。雖免推舟過堰之勞，然侵盜之弊，由此而起。天聖中，發運使方仲荀奏請廢眞、楚堰爲水閘，自是東南金、帛、茶、布之類直至京師，惟六路上供猶循用轉般法。今眞州共有轉般七倉，養吏卒糜費甚大，而在路折閱，動以萬數，良以屢載屢卸，故得因緣爲奸也。欲將六路上供斛斗，並依東南雜運，直至京師，或南京府界卸納，庶免侵盜。其轉般七倉所置吏卒，及造船場、春料場、排岸司工匠吏額等，及汴河二百納額船共六百艘，逐路破兵梢、火夫等，亦當減省。既免侵盜乞貸之弊，亦使刑獄少清。〔註4〕

曾孝廣認爲轉般法乃是受運河條件的限制，所以，在淮南運河「廢堰爲牐」，運輸條件改善之後，自然可行使直達法，以節省漕運成本。轉般法難道眞是因爲轉般倉的問題而無以爲繼了嗎？爲何不積極改善轉般倉的弊端，而必須再重訂新法呢？這些一而再，再而三的問題，都引發爭議。

　　其實回歸宋朝轉般法的設計，完全是本於運河條件的限制，因而採取以下四點措施：一、採分段運輸的方式，以增加效益，東南六路斛斗運至眞、揚、楚、泗轉般倉以受納，江船不入汴，而汴船亦不出江；二、漕舟回程赴通、泰、高郵載鹽而歸，以售鹽利潤爲漕運成本；三、汴船不出外江，謂之「裏河綱」，每歲往來四運入京，至十月放牽駕兵士歸營，謂之「放凍」〔註5〕；四、發運司以倉儲的代發制度，州郡告歉，則折納上等價錢，謂之「額斛」，

〔註3〕《宋史》，卷94，〈河渠四·汴河下〉，頁2334。
〔註4〕《宋會要》，〈食貨〉47之3。
〔註5〕（宋）呂祖謙：《歷代制度詳說》，卷4，〈漕運·制度〉。

計本州歲額，以倉儲代輸京師，謂之「代發」。〔註6〕「諸路有米貴，則全輸錢以當年額，而爲之就米賤路分糴之，年額易辦，而所收錢米常以有餘。」〔註7〕

　　施行轉般法綱船行運暢達，供應量穩定，舟人收入豐厚，而牽綎兵士亦得以休息。故而實施百有餘年，雖有小疵，而人不以爲病。其關鍵乃在於運河先天條件的限制，一限於汴河冬閉，再限於淮南與江南運河堰埭設施，因此轉般法雖有浮費，但仍視爲必然之惡。

　　曾孝廣建議將轉般法改爲直達法，開啓了後世對於綱運轉般制度的四點核心，何者較爲重要的爭論。

　　今人戴裔煊認爲轉般本是良法，至崇寧年間（1102～1106）蔡京用事，東南鹽廢官般官賣改行鈔法後，轉般始亦轉爲直達綱〔註8〕。戴裔煊反駁一般史書指控胡師文任發運使，進獻糴本一千餘萬充羨餘，致各方效尤，本錢竭而儲蓄空，轉般法隨之以壞的說法〔註9〕，而將蔡京變革鹽法，視爲漕法改變的主要原因。

　　誠然，鹽法是供應漕運成本的一大助力，其能影響漕法，改轉般法爲直達法，則實有待商榷。理由有二：

　　其一，全面廢止官般官賣鹽是在漕運行直達法之後：崇寧元年（1102），蔡京欲囊括四方之錢盡入中都，以進羨要寵，議更鹽法〔註10〕，極力獎勵客販算請，許用私船搬運，不准官私沮留，並立規程七條〔註11〕；翌年，又詔：「鹽舟力勝錢勿輸，用絕阻遏，且許舟行越次取疾，官綱等舟輒攔阻者坐之」。

〔註6〕　（宋）王稱：《東都事略》，卷75，〈許元傳〉，頁1151，云：「先是江淮歲漕京師者常六百萬石，其後十餘歲，歲益不充。至元爲之，歲必六百万，而常餘百萬以備非常。」又（宋）馬端臨：《文獻通考》，卷25，〈國用考三‧漕運〉，頁246：謂「發運司始於仁宗時，許元自判官爲副使，創汴河一百綱，漕荆湖江淮兩浙六路八十四州米至眞揚楚泗轉般倉而止，復從通泰載鹽爲諸路漕司經費，發運司自以汴河綱運米入京師」。

〔註7〕　（宋）黃震：《黃氏日抄》（收入《文淵閣四庫全書》，臺北：臺灣商務印書館，1983年），卷64，〈讀文集六，王莉公〉。

〔註8〕　戴裔煊：《宋代鈔鹽制度研究》（臺北：華世出版社，1982年，影印本），頁60。

〔註9〕　（宋）馬端臨：《文獻通考》，卷25，〈國用考三‧漕運〉，頁246。

〔註10〕（宋）馬端臨：《文獻通考》，卷16，〈征榷三〉，頁161。按：蔡京經濟變革目的在聚財京師，非止鹽法而已。參見黃純豔：〈論北宋蔡京經濟改革〉，《上海師範大學學報（社會科學版）》，第31卷第5期（2002年9月），頁37～44。

〔註11〕《宋史》，卷182，〈食貨志下四‧鹽中〉，頁4444～4445。

遂變鈔法，置買鈔所於榷貨務，〔註12〕皆未明言廢官般官賣鹽。據《文獻通考》引止齊陳氏言，有云：

> 自（崇寧）二年十二月行法，至三年十一月，在京已及一千二百餘萬貫，遂盡罷諸路官，以鹽鈔每百貫撥一貫與轉運司。於是東南官賣與西北折博之利盡歸京師，而州縣之橫斂起矣。〔註13〕

東南鹽全面廢止官般官賣是在崇寧三年（1104）十一月以後，直達綱則行在該年九月，可見鹽法變更與漕運廢轉般法而行直達法是間接的關係。

其二，戴裔煊謂「代發糴本」的消失為漕法改變的原因是皮毛之論，〔註14〕不符事實。因為轉般法是否能順利推行，全賴糴本的運作。轉般法的構想與設計，據《文獻通考》云：

> 轉般之法，東南六路斛斗，自江浙起綱，至於淮甸，以及真、揚、楚、泗，為倉七，以聚畜軍儲。復自楚、泗置汴綱上京，以發運使董之。故常有六百萬石以供京師，而諸倉常有數年之積。州郡告歉，則折納上等價錢，謂之額斛，計本州歲額，以倉儲代輸京師，謂之代發。復於豐熟以中價收糴。穀賤則官糴，不至傷農，饑歉則納錢，民以為便，本錢歲增，兵食有餘，國家建都大梁，足食足兵之法，無以加於此矣。崇寧初，蔡京為相，始求羨財以供侈費用。所親胡師文為發運使，以糴本數百萬緡充貢，入為戶部侍郎，自是來者效尤，時有進獻而本錢竭矣。本錢既竭，不能增糴，而儲積空矣。儲積既空，無可代發，而轉般無用矣。〔註15〕

代發糴本對供應京師物資的穩定有相當大的貢獻，故而譚稹論轉般倉之本意云：「一則以備中都緩急；二則以防漕渠阻節；三則綱般裝發，資次運行，更無虛日」。〔註16〕向子諲（1086～1153 或 1085～1152）亦謂轉般之法寓有平糴之意〔註17〕。平糴靠代發糴本周轉，代發糴本遂為轉般法的支柱，否則轉般法徒為虛文而已。

〔註12〕《宋史》，卷182，〈食貨志下四・鹽中〉，頁4445。
〔註13〕（宋）馬端臨：《文獻通考》，卷15，〈征榷考二，鹽鐵（礬）〉，頁156。
〔註14〕戴裔煊：《宋代鈔鹽制度研究》（臺北：華世出版社，1982年，影印本），頁60。
〔註15〕（宋）馬端臨：《文獻通考》，卷25，〈國用考三，漕運〉，頁246。
〔註16〕（宋）馬端臨：《文獻通考》，卷25，〈國用考三，漕運〉，頁247。
〔註17〕（宋）馬端臨：《文獻通考》，卷25，〈國用考三，漕運〉，頁247。

故而李彌遜（1089～1153）〈乞置使積粟箚子〉云：

> 祖宗之法，有便於國利，於民可行於今者，發運一司是也。其制始
> 於太宗淳化間，而備於仁宗皇祐之後。大槩不過權六路豐凶以行平
> 糴之法，災傷州郡則減價而收之；值豐熟州軍則增價而糴之，以補
> 當輸之數。每歲轉般以實中都，亦可謂便於國利於民也。〔註18〕

程大昌（1123～1195）《考古編》指設置「發運司」本意，亦云：

> 祖宗朝歲漕東南米六百萬石，支京師一歲之用。故自眞至泗置倉七
> 所，轉相灌注，由江達淮，由淮達汴，而於眞州置發運司以總之。
> 眞雖川廣荊襄江淮閩浙水陸之衝，然初時置使之意，不專爲漕事，
> 蓋有權水旱制低昂之策存乎其間。若不使之該總諸路，則有無不肯
> 相通，運動不動，故既分道各有漕臣，而又總置發運之司，是其置
> 官本意也。於是京師歲計止用六百萬石，而發司所儲嘗有一千二百
> 萬石，別有糴米可以糴一千二百萬石，又在此七倉儲米之外，每歲
> 之春，撥發見米上供，至九月間，不待秋苗起催，而其年歲計六百
> 萬石已達中都矣。此六百萬已給用，而見粟猶有六百萬是嗣歲上供。
> 更有指準設有水旱災傷蠲租折額亦未至乏供，則又以糴本之千二百
> 萬者轉於他郡糴賤，而饒積既有餘，遂可斟量諸郡豐凶而制其取予。
> 如其年兩浙歉，江東西豐即糴諸江東西以足浙額，卻以江東西賤價
> 而責輸於浙，浙既比本土得輸賤價，而江東西粒米狼戾又可貿易成
> 錢，不至甚賤傷農，所謂兩利而交贍，法之美者也。至蔡京用事，
> 扬置直達綱，江船徑達于淮，而上沂于汴，轉般倉由此遂廢，因取
> 向來糴本之可支兩歲者，徙資妄用，其後又取直達船供花石綱之餘
> 者，方以運粮，自此不獨規模盡廢，而儲蓄掃地矣。乾道戊子六部
> 食會版曹陳巖叟侍郎言之，陳晉公恕之後也，宜知本末。〔註19〕

發運司之設置，目的在調節各路豐歉，以有餘補不足，確保每歲的供應量，
及時足額運送至京師，而調控的工具即是「代發糴本」。另一方面，發運司除

〔註18〕　（宋）李彌遜，《筠谿集》（收入《文淵閣四庫全書》，臺北：臺灣商務印書館，
　　　　1983 年），卷 2，〈乞置使積粟箚子〉；（宋）李心傳：《建炎以來繫年要錄》（臺
　　　　北，臺灣商務印書館，1983 年），卷 119，「紹興八年四月丁丑」條。

〔註19〕　（宋）程大昌：《考古編》（收入《文淵閣四庫全書》，臺北：臺灣商務印書館，
　　　　1983 年），卷 7，〈發運司〉。按：「發（運）司所儲嘗有一千二百萬石，別有
　　　　糴米可以糴一千二百萬石」，原作「二千二百萬石」疑誤。依文意改。

了糴買糧食以備代發之外,還有視情況將不便運輸的糧食、銅錢等,變轉成便於運輸的輕貨─金銀絹帛等。如熙寧三年,鑑於河北、河東、峽西「三路屯聚士馬,費用不貲」,權三司使吳充(1021～1080)建議,連續五年「歲減江淮漕米二百萬石,委發運使於東南六路變易輕貨二百萬緡」,運到三路用作軍費,得到朝廷的允許[註20];又熙寧四年正月,詔江發運司,將淮南、兩浙、江湖六路州軍并京東轉運司封椿茶本租稅錢,相度兌易金銀綿上京」[註21]。因此,楊時(1053～1135)〈論時事〉云:

> 昔熙寧中,三司與發運司相為表裡,三司有餘粟,則以粟轉為錢、為銀絹,以充上供之數,他物亦然。故有無相資,無偏重之弊,而發運司常為邦用之根本。[註22]

可知發運司設置的目的在調控京師物資的供給,除依職權調撥物資外,其重點業務在「糴糧」與「代發」,[註23]故而糴本是轉般法運作的核心。

　　糴本應有多少呢?史料則是眾說紛紜,張南軒(1133～1180)指初期以六十萬買為糴本[註24],熙寧八年(1075)中書省建議截借諸路上供省錢,并赴內藏庫錢各一百萬緡為糴本,其內藏庫錢均三年撥還。[註25]政和元年

〔註20〕《宋會要》,〈食貨〉39 之 22～23。

〔註21〕《宋會要》,〈職官〉,42 之 22。

〔註22〕(宋)楊時:《龜山集》(收入《文淵閣四庫全書》,臺北:臺灣商務印書館,1983 年),卷4,〈論時事〉。

〔註23〕參見李曉:〈宋朝江淮荊浙發運司的政府購買職能〉,《中國社會經濟史研究》,2004 年第 2 期,頁 72～82。

〔註24〕(宋)黃震:《黃氏日抄》(收入《文淵閣四庫全書》,臺北:臺灣商務印書館,1983 年),卷39,〈南軒先生文集·治道〉:「祖宗朝置江南六路發運,與錢六十萬買為糴本,如某路某州熟,則依時價糴之,某路某州旱潦,則發錢千萬石減價糶之。故京師不告勞,而江南終無水旱飢荒之厄。前此茶鹽皆無鈔,只是某州綱船到,則發鹽載回。某州賣本錢歸發運司,利則潤州郡。自胡師文為發運,以本錢為羨餘獻之,其後却就諸州再括六十萬為糴本,而法始弊。」

〔註25〕《長編》,卷270,「熙寧八年十一月丙子」條,頁 6624;又《宋會要》,〈食貨〉39 之 34,中書省言:「欲許令發運司截借諸路上供省錢,并赴內藏庫錢各一百萬緡為糴本,其內藏庫錢均三年撥還。」從之。又元豐六年六月四日,制置發運司言:「本司元豐二年被旨,賜糴本以一百萬緡為率,至今截撥未足。況每年總般江、淮、荊、浙六路上供年額六百二十萬碩,逐路出限不到萬數甚多,全賴糴本錢乘時加糴起發,上供應辦年計。今準淮南路催促錢帛所牒會問數目,本司以無聖旨,難議供報,然恐其別有申陳。」詔糴本錢係朝廷賜,令不得一例起發。」按:依上下文可知借支二百萬,又後文指內藏庫錢須分三年攤還。按:李曉:〈宋朝江淮荊浙發運司的政府購買職能〉,《中國社

（1111）董正封統計，自元豐二年陸續借賜錢共三百五十萬貫〔註26〕，向子諲指徽宗時期應有五百萬緡〔註27〕。史載糴本數額雖然不一，實則是歷代累積致各人說法有異。

由胡師文將糴本盡以羨餘進獻，入為戶部侍郎在崇寧三年九月四日〔註28〕，而曾孝廣建議行直達綱則在該月二十九日，兩者相距僅二十五日，當絕非巧合。

討論何者是轉般法的根本核心，難免有見仁見智的意見，運鹽所提供之漕運成本的替代性較高，而代發糴本的替代性較低則是顯而易見。如江西轉運使張根（1062～1121）穩定漕運供給量的方式，據馬端臨《文獻通考・漕運》記載：

> 政和元年，張根為江西轉運副使歲漕米百二十萬以給中都，江南州
> 郡僻遠，官吏艱於督趨。根常存三十萬石於本司為轉輸之本，以寬
> 諸郡，時甚稱之。〔註29〕

可知張根留存三十萬石即是代發糴本觀念的運用。

轉般法既賴代發糴本以為支柱，何以曾孝廣絲毫未曾提及？蓋除對蔡京有所忌憚外，運河條件的改善，使轉般法不是必然唯一的選項，實是原因之一。換言之，運河條件的改善是改變漕法的潛在因素。

不過，曾孝廣認為運河條件在天聖四年（1026）淮南運河廢堰為閘時，已達到可以直達的條件，論述難免過度簡化。汴河當年尚未終年開放，加以引黃河為水源，水勢迅急，所以只能通行少量輕載的雜運綱，如要貫徹全面直達，必須整條運河（含蓋「汴河」）改善方可。

北宋運河的改善是歷年滙積的結果，天聖四年發運使方仲荀對淮南運河的改善仍未竟全功，後續工程應包括仁宗嘉祐三年（1058）江淮制置發運使鍾離瑾置牐召伯埭（召伯堰）旁，及兩浙轉運副使鄭向，疏潤州蒜山漕河抵

會經濟史研究》，2004 年第 2 期，頁 78，解釋命令為每年撥付發運司為錯誤。
〔註26〕 《宋會要》，〈職官〉42 之 26。
〔註27〕 （宋）馬端臨：《文獻通考》，卷 25，〈國用三・漕運〉，頁 247。
〔註28〕 （明）薛應旂：《宋元通鑑》（臺北：臺灣商務印書館，1973 年），〈宋紀，徽宗三〉，崇寧三年九月乙亥」條。
〔註29〕 （宋）馬端臨：《文獻通考》，卷 25，〈國用考三・漕運〉，頁 247。又參見《宋史》，卷 175，〈食貨上三・漕運〉，頁 4255。《欽定續通志》，卷 155，〈食貨略四・漕運・宋〉，頁 4173。

於江；神宗元豐三年（1080）的清汴工程、六年（1083）的龜山運河〔註30〕；哲宗元祐四年呂城堰復置上下牐、與紹聖及元符年間，揚州瓜洲、潤州京口、常州犇牛易堰爲牐等。〔註31〕其中廢堰置牐，利用「復閘」節水是全新的運河工程觀念，對運輸的便利性提供了絕佳的條件。〔註32〕而清汴工程更是改變漕運的週期，由二百餘日變成全年通行最大的關鍵。

在汴河、淮南運河、江南運河相繼改善之下，直達綱變成可行的選項，故而林駉《古今源流至論續集》論改轉般法爲直達法的關鍵，有云：

> 自發運以歲額不敷之故而拘舟卒，江船不至，汴船出江，而漕法一變矣。自閉口之制不行而通冬運，役夫搗冰凍死者眾，而漕法再變矣。然發運發綱猶未大壞也。夫何崇觀奸臣以糴本數萬緡爲羨餘之貢，本錢既竭而無可增糴，積粟既空而無可代發，於是孝廣說行，以轉般之制變爲直達之法，而漕法至是而三變矣。〔註33〕

林駉以轉般法本身的問題、不閉汴口行冬運，以及糴本錢竭作爲宋廷棄轉般法實施直達法的三個關鍵。由發運使不能貫徹轉般法「江船不入汴，汴船不出江」的原則，全程既由汴船運輸已近直達〔註34〕，然猶受限於汴口啓閉時間，必須分段運輸。及至實施不閉汴口，繼行清汴工程，運河通行條件大幅改善，已爲直達法立下基礎，至此猶未改變的關鍵，乃是「代發」制度可提供穩定的運輸量。及至代發糴本錢竭，無法增糴，積粟已空，無法代發，發運司「代發」成爲虛文，因此行直達法乃爲當然爾。由此益見汴河爲主的運河改善工程在漕運制度的樞紐地位。

〔註30〕 《宋會要》，〈食貨〉43之4；《宋會要》，〈食貨〉47之2；《長編》，卷344，「元豐七年三月乙卯」條，頁8260。

〔註31〕 《宋史》，卷312，〈曾孝蘊〉，頁10235；《宋會要》，〈食貨〉8之36。

〔註32〕 譚徐明：〈宋代復閘的技術成就—兼及復消失原因的探討〉，《漢學研究》，第17卷第1期（1999年6月），頁33～48。

〔註33〕 （宋）林駉：《古今源流至論續集》（收入《文淵閣四庫全書》，臺北：臺灣商務印書館，1983年），卷3，「漕運」。按：「孝廣」原作「孝緒」，據相關文獻改正。

〔註34〕 按：本文無意評定轉般法與直達法的優劣，如許元轉般法之「江船不入汴，汴船不出江」原則，頗受後人推崇，而神宗熙寧年間，唐介改革轉般法，「復汴河漕舟，以轉江湖之粟」，亦受時人好評，參見（宋）王珪：《華陽集》（收入《文淵閣四庫全書》，臺北：臺灣商務印書館，1983年），卷57，〈唐公墓誌銘〉；（宋）劉摯：《忠肅集》，卷11，〈唐質肅神道碑〉。

第二節 大觀後綱運的問題與花石綱的交雜

壹、直達綱初行的挫折

自徽宗崇寧三年漕運行直達綱，凡歷時五年即罷。其原因除可歸咎於決策倉促，準備不足外〔註35〕，綱梢沿途所費，州縣抑而不支，實亦與之有關。大觀元年（1107）八月二十八日徽宗詔云：

> 綱運舟船牽挽浮駕之人，既出本界，仰給沿流糧食，而州縣以非本道人兵，抑而不支，致侵盜綱米，餓殍失所，可依發運副使吳擇仁所奏，綱運管押人經過州縣合該請受，不即時勘支趲發，以違制論，不以去官赦降原減。發運司不按，與同罪。〔註36〕

按宋初亦曾實施綱船日食由沿河州縣勘給，然而州縣複雜的查核程序，導致綱運凝滯，一歲只能三運，其後實施「計日併支」，方解決綱運住滯問題，建立一歲四運的規模。〔註37〕本次直達綱之實施，期程久遠，仰給於州縣者多，運河沿岸州縣豈堪負擔，特別是沿汴州縣，天下綱船盡滙聚於此，豈容負荷，「抑而不支」，其來有自。因此朝廷規定沿途州縣抑不支糧食以違制論，「不以官赦降原減」，發運司不按，與之同罪。

州縣不願受過，乃至矯枉過正，形成綱船反客為主，若有所求，州縣遽以錢給之，以免擔負阻滯漕運之罪。《宋史》記其情狀云：

> 方綱米之來也，立法峻甚，船有損壞，所至修整不得踰時，州縣欲其速過，但令供狀，以錢給之，以至沿流鄉保，悉致騷擾，公私橫費，無有紀極。〔註38〕

自漕運行直達法後，期程久遠，故而違程、欠額之處罰標準提高〔註39〕，綱

〔註35〕 按：崇寧四年秋七月，曾孝廣以錢物不給費，罷為天章閣待制、知杭州。詳：《宋史》，卷20，〈徽宗二·崇寧四年〉，頁374、《宋史》，卷312，〈曾孝廣〉，頁10235。

〔註36〕 《宋會要》，〈食貨〉43之5。

〔註37〕 《長編》，卷188，「嘉祐三年十一月己丑」條，頁4534。

〔註38〕 （宋）馬端臨：《文獻通考》，卷25，〈國用三·漕運〉，頁247。

〔註39〕 按：大觀三年四月，原本規定每一運如無違欠，減二年磨勘，即是尚有違程，引用《元符令》：二日以上，降一等；十日以上，不準在賞限，如有少欠，係以全綱數折會填納外，欠不滿一厘，合依元降指揮推賞。四年八月五日，宋廷規定依元豐舊法，錢綱少欠，折會填納，本船少欠滿半厘，有斷降之文；半厘外，計贓以盜論，至死減一等。押綱官亦有斷罪降等衝替指揮。詳見《宋會要》，〈食貨〉43之6。

梢不易攬搭商貨，減少額外獲利的機會，時人咸皆認爲「鹽法隨變，回舟無所得，舟人逃散，船必隨壞」。〔註40〕

另一方面，因爲行使直達法，綱船無法來回摺運，所以必須增加大量的綱船與押綱人員。原本每船一歲數運，人員熟習船事，又有放凍的機會，今則一歲之間輾轉江湖，風險大增，終年一運猶恐不及。大觀元年（1107）正月，制置發運副使吳擇仁發現綱運的問題嚴重，乃上奏建議：

> 本司總領東南糧運，近年玩習苟簡，職事不修，綱運敗壞，沉失官物。
> 臣昔任南轉運司屬官，上供一百二十萬，計一百一十五綱，田子諒、
> 王祖道曾減至六十綱，歲額數足。後來卻添至一百五綱，般運不辦，
> 並無勸沮。臣欲乞到任日會計利害，召遣官屬商議講究，申請立法。
> 亦乞奏計日具逐路於綱運比較進呈，斷自宸衷，賞罰施行。〔註41〕

船綱數量的多少與運輸量雖然有正比的關係，但是其它變數仍多，如船隻的大小亦有影響。此次調查可能參考汴河的承載度，分配官司舟船的額度，因此二年重申發運司、轉運司不得任意調整船額。〔註42〕

大觀三年（1109）五月，發運司發現淮汴綱船皆是過去分撥與諸路直達者，「別無綱船起發」〔註43〕。因而發運使呂源建議「責限江湖路打造糧船二千七百餘隻，合用樑梢八千餘人，欲從本司委官於轄下州軍根刷閑慢窠坐廂軍，抽差赴本司充樑梢」〔註44〕，皆可見綱船以及梢工不足的情形嚴重。

神宗時期汴河總計二百綱，船六千艘，而今改行直達法，再增二千七百餘艘，官綱增加近百分之五十，加上官舟不運鹽，空船回航，任由民間鹽舟自由通行，官私不得留難，則汴河河道之擁擠可見一般。

總計大觀三、四年之間，發運司統計「合起上供額斛六百七十二萬六千四百餘石未到」〔註45〕，問題不可不謂嚴重。

大觀三年（1109）星變，徽宗憂懼，石公弼等交論蔡京姦惡，六月，罷

〔註40〕（宋）王應麟：《玉海》，卷182，〈漕運〉，頁28。另參見戴裔煊：《宋代鈔鹽制度》，頁328。
〔註41〕《宋會要》，〈職官〉42之32。
〔註42〕《宋會要》，〈職官〉42之33。按：大觀二年八月二十九日詔書有云：「應諸路綱今來直達，各認船額，所在拜發運司輒折變拘收改易者，以違制論。」可以推知。
〔註43〕《宋會要》，〈職官〉42之33。
〔註44〕《宋會要》，〈職官〉42之33。
〔註45〕《宋會要》，〈職官〉42之33。

相〔註46〕，以何執中爲左僕射，直達綱無強而有力的支持者，同時徽宗也得到不少廢除直達法的建言，如徐勣指「綱運般米無欠折，以搬鹽酬之。今無般鹽，則米綱亦壞」。〔註47〕延至十月，江淮大旱，〔註48〕收穫不登，爲免京師乏食，遂決定來年復行轉般法，令發運司督修倉廒，荊湖北路提舉常平王璹措置諸路運糧舟船。〔註49〕

大觀四年（1110）二月張商英入政府，六月復相，〔註50〕即運作官般官賣鹽法與鈔鹽法並行，以期恢復漕運轉般法的舊制。八月規定「淮淛鹽場鹽現在并續買到鹽，椿留五分，專充支發官綱，餘五分許客人鋪戶用換請到鈔及見在錢鈔筹請，依舊往逐路貨易」。〔註51〕斯時鹽之官般官賣，除督促諸路州軍大量儲積鹽貨，「務要遠鹽場州軍及一年之數，近鹽場州軍及半年之數以上」，〔註52〕許客旅用三路新法文鈔轉廊等請外，並詔左司員外郎張察詣東南六路轉運提刑司講究利害，均定官賣鹽價以聞。〔註53〕此時，徽宗頒詔透露鹽法與漕運同時改革的心聲，詔云：

> 東南六路元豐年額賣鹽錢，以緡計之，諸路各不下數十萬。自行鈔鹽，漕計窘迫。以江西言之，和、豫買欠民價不少，何以副仁民愛物之意？〔註54〕

因應新局，發運司也積極措置「代發糴本」。大觀三年十二月，發運副使董正封奏請「特賜本錢三二百萬貫，以備趂時收糴，代發諸路額斛」。同時副使龐寅孫也奏乞許於江東、兩浙、淮南路提刑、提舉司封椿錢內，共撥賜一百萬貫應副，趁來年乘時糴買斛斗，「准備代發，充辦年計」。四年二月，宋廷同意

〔註46〕（宋）陳均：《皇朝編年綱目備要》，卷27，「大觀三年」條，頁1270；（宋）徐自明：《宋宰輔編年錄》（收入《續修四庫全書》，上海：古籍出版社，1995年），卷12。

〔註47〕參見（宋）王稱：《東都事略》，卷105，〈徐勣傳〉，頁1607。

〔註48〕（宋）陳均：《皇朝編年綱目備要》，卷27，頁1271。

〔註49〕參見（宋）李𡌴：《皇宋十朝綱目》，卷17，頁389；《宋史》，175，〈食貨上三‧漕運〉，頁4258。

〔註50〕《宋會要》，〈食貨〉43之6。按：張商英於當年六月復相，詳（宋）李𡌴：《皇宋十朝綱目》，卷17，頁391。

〔註51〕《宋會要》，〈補編‧食貨〉49之769；《宋會要》，〈食貨〉25之3，依二文校正，本條應繫於八月十五日。

〔註52〕《宋會要》，〈食貨〉25之3。

〔註53〕《宋會要》，〈食貨〉25之3、5。

〔註54〕《宋史》，卷182，〈食貨志下四‧鹽中〉，頁4448。

龐寅孫所奏，令諸司於朝廷封樁錢內各撥五十萬貫以內，趁時收糴；〔註55〕三月，發運副使龐寅孫奏請先行試辦「代發」，云：

> 六路去歲災傷，檢放稅苗不少，深恐有誤軍儲大計。……先撥見錢於諸司見斛斗內依兌時市價對糴起發。如轉運司樁錢未足，即本司一面對糴，代爲起發〔註56〕。

大觀四年（1110）十月，戶部統計已支一百萬貫，付發運司盡充糴本，宋廷乃詔：「東南末鹽幷六路額斛，近已復興熙豐舊法，各許截撥合赴元豐庫送納錢，充鹽本、糴本支使」，〔註57〕於是「東南六路額斛，復行轉般之法」。〔註58〕

大觀四年復行漕運轉般法只是政局變動下暫時的措施。政和元年（1111）八月，張商英罷相〔註59〕；二年（1112）五月，蔡京復出，隨即又有修正〔註60〕，且再與鹽法的變革同時實施。斯時蔡京欲實錢於中都，東南諸路復行鈔鹽法，漕運遂又行直達法。

貳、直達綱的管理問題與再興轉般的議論

無論直達或轉般都有三大問題：管押人選、行程稽遲、糧米折損，不過直達法因期程久遠，弊端明顯，所以第二度實施的直達法，以嚴罰重賞的方

〔註55〕 參見《宋會要》，〈職官〉42之26，有云：「今具昨罷轉般後來拘收到發運司錢斛下項：大觀二年十一月十二日勑，眞、楚等州見管發運司斛斗共九十三萬八千七百四十九石，奉聖旨令來年起發上京。大觀二年十二月二十四日勑，諸處見管發運司錢共五十五萬九千八百餘貫，奉聖旨並起發上京，赴大觀庫送納。大觀三年正月二十六日勑，東南六路借欠過發運司米斛七百五十八萬三千餘石，共止還到三十一萬八千餘貫石，乞發赴朝廷送納。其諸路借過斛斗，隸提刑司催督封樁。詔依，違者依上供法。大觀三年四月十六日，馮拼箚子，發運司糴本錢節次賜到二百五十萬貫。奉聖旨，仰提刑司並行封樁。大觀三年五月十一日，發運副使龐寅孫箚子，乞量留錢一十萬貫，擬備緩急支用。奉聖旨，許留二十萬貫。」

〔註56〕 《宋會要》·〈職官〉42之27～28。按：六路災傷在大觀三年（《宋史》，卷20，〈徽宗三〉，頁383），依文意校改本條爲大觀四年。

〔註57〕 《宋會要》，〈職官〉42之28。按：依相關資料轉般唯大觀四年至政和二年間事，且董正封及龐寅孫亦於該時段任相關職務，故宣和元年誤，應爲政和元年，四年以下各條應爲二年事。

〔註58〕 《宋會要》，〈職官〉42之28；《宋會要》，〈食貨〉43之6。

〔註59〕 參見（宋）李壔：《皇宋十朝綱要》，卷17，頁394；（宋）徐自明：《宋宰輔編年錄》，卷12。

〔註60〕 （宋）徐自明：《宋宰輔編年錄》，卷12。

式，期使綱運不再有所疏漏，影響中都大計。

政和二年（1112）十月，尚書省奉詔措置直達法，提出一個較為具體的改革辦法，約可分為七點：

（一）綱船分配：發運司現管諸色綱船，除分撥應副諸路外，餘令發運司應副非泛綱運（即「花石綱」）。

（二）轉般經費：淮南轉般所歲備之水腳工錢，悉令本路提刑司拘收封樁；若諸路司初行直達綱一時難於應辦，各路可於上件錢內支二萬貫應副一次。

（三）下卸點分配：東南六路運糧歲認應副南京等處米斛，除湖南、北數少外，餘令江南管認南京，兩浙管認雍邱，江東管認襄邑，淮南管認咸平、尉氏、陳留。

（四）押綱人員：更不差衙前公人、軍人，除使臣、軍大將外，許本路第三等以上有物力土人管押，除依募土人法外，凡請給驛券，可依借職例支給。其曾充公吏人或犯徒以上，皆不在招募之限；招募不足，許差現在官；又不足，即募得替待闕無贓私罪非流外官充。

（五）綱運督發：東南六路可各差承務郎以上文臣一員，自本路至國門往來提轄催促，杖印隨行；凡綱運有犯，許即勘斷；其請給人從，可依轉運司主管官例，仍給驛券；許招置手分、貼司各二人，與本路轉運司吏人衰理各項名次升補。其江南四路因地里遙遠，可更差有使臣以上武臣一員往來檢察，其請給、理任依本資序，仍別給驛券。

（六）綱運獎懲：江湖綱運管押人，如二年般及三運，至京或南京府界下卸，拖欠折會外，不該坐罪，使臣與職二年磨勘，軍大將依法比折，土人與補軍大將外，仍減五年磨勘，再押該賞，依使臣比折。若一年及兩運，亦依上法推恩。淮浙一年般及兩運，與減一年磨勘，三運以上減二年，餘依前法。綱官、稍工連併兩次該賞者，仍許綱船內並留一分力勝，許載私物，沿路不得以搜檢及諸般事件為名，故為留滯，違者一日笞三十，二日加一等，至徒二年止，公人、欄頭並勒停。官司故敢截留人船、借撥差使者，以違制論，截留附搭官物者，徒二年，官員充替，人吏勒停。

（七）交卸條限：淮浙初限三月，次限六月，末限九月；江湖止分兩限，上限六月，下限十月終般足。兵稍偷盜若諸色人博易糶買，并過度人，並同監主科斷，至死減一等。內提轄文臣侯催了日，日赴尚書省呈納具狀，以行

陞黜〔註61〕。

為了貫徹直達法勢在必行的決心，該年宋廷下令毀拆轉般諸倉〔註62〕。

尚書省因有前次直達法失敗的經驗，本次計畫已較以往周詳。如實施直達法導致地方舟船不足的因應問題，即規定由「諸路舊欠發運司錢斛」，「椿發七十餘萬貫應副打造舟船，聽候朝廷支撥」〔註63〕。又因直達綱期程久遠，綱船容易藉故住滯買賣，發運副使賈偉節建議加強稽考，令「應沿流催綱官司，並將所置催綱曆，改為催綱簿，半年一易。應有綱運出入本界，並眞書抄轉上簿。庶幾易為省覽」；〔註64〕其後又從兩浙轉運司建議，立兵官罪賞專法，差諸州所管廂軍及禁軍等配上糧綱牽駕行運，〔註65〕以改善押綱人兵缺少的問題。

政和三年（1113）直達法再度實施〔註66〕，糾弊觀念有化簡為繁的趨勢，因而措施不斷，如規定地方每歲終「類聚參照雨雪風水事故，察其虛實眞妄」，申戶部以加強稽核〔註67〕；禁借軍兵綱米，以免拋失〔註68〕；令回頭綱船避道，以免阻礙綱運〔註69〕；修正土人押綱獎懲辦法〔註70〕；增訂知州、通判

〔註61〕 詳見《宋會要》，〈食貨〉43之7。按：（宋）陳均：《皇朝編年綱目備要》，卷27，記載「政和六年罷轉般，許第三等以下土人管押，不差衙前軍」，係本文第四點，明顯繫年錯誤，應改正為政和二年。

〔註62〕 《宋史》，卷175，〈食貨上三‧漕運〉，頁4258。按：蔡京拆轉般倉部分理由貪圖倉木以為營造之需，王襄奏云：「祖宗置眞、揚、泗倉名曰轉般，…倉木鉅萬皆美材也，京悉取之以供京師之營造，中間雖復興起，曾不足以庇風雨，而發運司糴本又盡於無益之求矣，此倉法之壞也。」參見（宋）朱熹：《宋名臣奏議》（收入《文淵閣四庫全書》，臺北：臺灣商務印書館，1983年），卷45，王襄〈上欽宗論彗星〉；（明）楊士奇：《歷代名臣奏議》（收入《文淵閣四庫全書》，臺北：臺灣商務印書館，1983年），卷305，〈王襄論彗星疏〉。

〔註63〕 《宋會要》，〈職官〉42之36。

〔註64〕 《宋會要》，〈食貨〉43之8。

〔註65〕 《宋會要》，〈食貨〉43之8。按：諸州所管廂軍，歲差三分，配上糧綱牽駕行運，一年一替，禁軍不妨教閱，亦得比附辦理。

〔註66〕 按：（宋）陳均：《皇朝編年綱目備要》，卷27，「罷轉般倉」條繫本事於政和六年，然而根據「許第三等以下土人管押不差衙前軍」之語可知為三年事，係繫年錯誤。又按：同條又指宣和四年「詔復轉般」亦誤，實則譚稹建議復置而已，至六年方恢復轉般，請參後文。

〔註67〕 《宋會要》，〈食貨〉43之8。

〔註68〕 《宋會要》，〈食貨〉43之8。

〔註69〕 《宋會要》，〈食貨〉43之8～9。按：由此可顯示直達和轉般的不同。

〔註70〕 《宋會要》，〈食貨〉43之9。

依運量,減磨勘年數〔註71〕;禁沿流居民收買官綱米斛,許告賞并連坐,詐誘者亦加責罪〔註72〕。凡此種種,大都是直達法衍生的作業問題,也是改變轉般法分段運輸原則所導致的惡果。

另一方面,宋廷對於發運司及諸路轉運司上供欠折的情形也愈發嚴屬,政和五年(1115)八月二十日,規定「諸路上供斛斗限滿有欠,發運司官吏並同諸路運司一等科罪」。〔註73〕

此次直達綱復行,思考運用嚴罰重賞的方式,以維持漕運的穩定,得到些許的成效,〔註74〕卻仍有其難以避免的缺陷,如押綱人員即是最大的關鍵。

宋初押綱人員差鄉村上戶(即「土人」)充衙前役,若有欠折,即令主綱者填納,以致「亡家破產往往有之」。太平興國八年(983)九月,太宗認為派遣有物力人戶的「鄉村之民」充軍將,無法管理「頑惡無籍之輩」的篙工、水手及牽駕兵士。乃詔停用衙前役人,改以專職的下級武官軍吏押綱,如軍將、三班使臣、殿侍等。〔註75〕政和二年的綱法改革,選用土人押綱,豈不顯得昨非今是,故而土人押綱的弊端復生。政和八年(1118)三月臣僚奏云:

> 崇寧三年,因臣僚建言,直達京師,致多拖欠。週來召募土人管押,
> 欺弊百端。伏望先將土人選使臣等抵替,委發運司計置,依舊興復轉
> 般倉,候成降賜本錢,令轉運司計置斛斗,然後罷直達之法。〔註76〕

可知糧綱須由各發綱州縣自行負責,在人手不足下,召募土人管押,土人乘間上下,欺弊百端。因此朝廷派遣任諒相度〔註77〕,任諒入對首論直達綱土

〔註71〕《宋會要》,〈食貨〉47之7。

〔註72〕參見《宋會要》,〈食貨〉47之7~8,詳六月八日條、七月二十一日條。

〔註73〕《宋會要》,〈職官〉42之38。

〔註74〕按:政和五年、八年般運已足數,可見其部分成效。又直達法能否貫徹與人事有密切關係,如政和八年發運使為任諒,剛毅耿介,勇於任事,史稱「著河北根本籍,凡戶口之升降,官吏之增損,與一歲出納,奇贏之數,披籍可見。上之朝,張商英見其書,謂為天下部使者之最。」(《宋史》,卷256,〈任諒〉)故而能達成使命,於直達法實施期間,蓋為異數,其它發運使則多碌碌。詳《宋會要》,〈職官〉42之37~39。

〔註75〕《宋會要》,〈食貨〉42之1。另參見陳峰:《漕運與古代社會》(西安:陜西人民教育出版社,2000年),頁74~75。

〔註76〕《宋會要》,〈食貨〉47之8。按:《宋會要》原載無可考,經核校政和八年即重和元年,應係改元之際故紛亂,又按重和元有年有閏九月。

〔註77〕《宋會要》,〈食貨〉47之8。

人押綱的弊端，遂大忤蔡京之意〔註78〕。八年閏九月，尚書省批駁云：「直達
之法，事法詳備，有補無損。妄有更改，徒為勞費」〔註79〕。任諒旋以汴、
泗大水救護有失而去官。〔註80〕

土人押綱衍生的弊端主要有二點：一、土人素質難以掌控：民間有物力、
自愛之百姓多不應募，惟「無賴子弟，產業僅存，及兵稍姦猾者」，先以百千
置產，再使親屬應募；二、綱米欠折，賞重罰輕：管押萬碩至京，欠及一分
五厘，計欠米至一千五百碩，纔得杖罪差替，復多引赦用例，止罰銅十斤，
故而每年綱運虧額可觀。

宣和二年（1120），遂取消土人押綱的辦法，改為依法募官〔註81〕。然而
人力不足仍然無法解決，宣和四年（1122）旋即復舊〔註82〕。

轉般與直達都有押綱監運、行程稽遲與盜賣官物的問題，直達法因為道
里遙遠，期程太久，問題更形惡化，史載「大江東西、荊湖南北有終歲不能
行一運者，有押米萬石欠七、八千石，有拋失舟船、兵梢逃散、十不存一二
者」〔註83〕。而自地方直達京都，沿途的督導補給仰賴地方，在本位主義的
心態作祟下，在在出現問題。

宣和五年（1123）十月，江南轉運判官肅序辰奏狀指綱船折欠嚴重，大
多因沿路稽留，而沿路官司阻節是主要原因。他指出有五大問題：（一）有合
支請給處，而不及支散；（二）有附帶官物處，而不及支付；（三）有風水靠
閣處，而不即救應催發；（四）有回應合支工錢處，其寄椿錢輒已移用，推託
不支；（五）有漕司不自計置舟船，輒有申陳截留他路回綱〔註84〕。這也難怪
直達法實施以來，史料中綱運的問題不斷發生。

特別是直達法的基礎係建立在運河條件的改善上，自大觀、政和之後，

〔註78〕《宋史》，卷356，〈任諒〉，頁11221。
〔註79〕《宋會要》，〈食貨〉47之8。
〔註80〕《宋史》，卷356，〈任諒〉，頁11221。按：蔡京破東南轉般漕運法為直達綱，
應募者率游手亡賴，盜用乾沒，漫不可核，人莫敢言。諒入對，首論之，京
怒。會汴、泗大水，泗州城不沒者兩板。諒親部卒築隄，徙民就高，振以米
粟。水退，人獲全，京誣以為漂溺千計，坐削籍歸田里。執政或言：「水災守
臣職，發運使何罪？」帝亦知其枉，復右文殿修撰、陝西都轉運使。
〔註81〕《宋會要》，〈食貨〉43之9。
〔註82〕《宋會要》，〈食貨〉43之11。
〔註83〕《宋史》，卷175，〈食貨上三．漕運〉，頁4259。
〔註84〕《宋會要》，〈食貨〉43之11。

花石綱大盛，「應奉權倖朝夕經由，或啓或閉，不暇歸水，又頃毀朝宗牐、自洪澤至召伯數百里不爲之節」〔註85〕，加上累年水牐、斗門失於檢修〔註86〕，水源流失嚴重，以致宣和二年（1120）情況轉趨惡化，「眞、揚等州運河淺澀」，京師有糧儲不足的危機。本來運河實施復閘的技術，促使運輸條件改善，予直達綱有利的運作空間，未料應奉權倖進出無度，加上綱卒循私舞弊，浮濫放行船隻，致使水源嚴重不足。〔註87〕故而宣和三年（1121）春，令發運副使趙億（1081～1135）「以車畎水運河，限三月中三十綱到京」〔註88〕。四月，又令發運使陳亨伯、內侍譚稹詢訪故道及今河形勢與陂塘瀦水之地，講究措置悠久之利，以濟不通，條具措置以聞。〔註89〕後來朝廷採用向子諲堰閘間置的建議以避免水源流失，〔註90〕暫時解決本次的危機。

　　宣和三年的漕運危機，既反映直達綱無法穩定供應的風險，也證明轉般法的利基，受命的內侍譚稹即建議恢復轉般法，重建泗州倉，云：

> 伏讀聖訓，自轉般之法廢爲直達，歲運僅足，自開歲綱運不至，兩河所羅所般數目不多，何以爲策？令臣詢訪措置以聞。竊詳祖宗建立眞、楚、泗州轉般倉之本意，可謂至密，一則以備中都緩急，二則以防漕渠阻節，三則綱般裝發，資次運行，更無虛日。自其法廢，河道日益淺澀，遂致中都糧儲不繼。仰煩聖訓，丁寧訓飾，謂淮南三轉般倉今日不可不復置：淮南路泗州，江南路眞州、兩浙路楚州，仍先乞自泗州爲始，候一處了當，次及眞、楚，既有羅本，順流而下，不甚勞費。乞賜施行，然後俟豐歲計置儲蓄，取旨立法轉般，以爲永法。〔註91〕

惟斯時方臘之亂正熾，徽宗裁示俟亂平後令發運司措置施行〔註92〕。四年十

〔註85〕《宋史》，卷96，〈河渠六・東南諸水上〉，頁2389～2390。

〔註86〕《宋史》，卷96，〈河渠六・東南諸水上〉，頁2387。按：重和元年二月，前發運副使柳庭俊言：「眞揚楚泗、高郵運河堤岸，舊有斗門水牐等七十九座，限則水勢，常得其平，比多損壞。」詔檢計修復。

〔註87〕譚徐明：〈宋代復閘的技術成就—兼及復消失原因的探討〉，《漢學研究》，第17卷第1期（1999年6月），頁46。

〔註88〕《宋會要》，〈食貨〉43之10～11。

〔註89〕《宋史》，卷96，〈河渠六・東南諸水上〉，頁2389。

〔註90〕《宋史》，卷96，〈河渠六・東南諸水上〉，頁2389～2390。

〔註91〕（宋）馬端臨：《文獻通考》，卷25，〈國用考三・漕運〉，頁247。另詳（宋）李燾：《十朝綱目備要》，卷18，頁436。

〔註92〕（宋）馬端臨：《文獻通考》，卷25，〈國用考三・漕運〉，頁247。按：方臘

月，方臘亂平。五年（1123）二月，淮南路轉運判官向子諲隨即奏請恢復轉般法，有云：

> 轉般之法，寓平糴之意。江湖有米，則可糴於眞；二浙有米，則可糴於揚；宿亳有米，則可糴於湘。坐視六路之豐，欺間有不登之處，則以錢折斛，發運司得以幹運之，不獨無歲額不足之憂，因以寬民力。萬一運渠早，則近有口倉庾。今日所患者，向來糴本歲五百萬緡，支移殆盡，難以全仰朝廷。乞將經制司措置地契、賣糟量添七色等錢以椿充糴本，假之數年，可以足用。〔註93〕

直達綱有受制於運河條件的疑慮，徽宗乃決定重新恢復轉般法。是年六月，詔特支降度牒一百萬貫、香鹽鈔一百萬貫付呂淙、盧知原（？～1141）均斛斗專充應副轉般，令尚書省措置取旨〔註94〕。然而措置緩慢，其原因可參考發運使呂淙私下的談話：

> 今欲復之非千萬緡不可，蓋眞、楚、泗須先儲米二百萬石，已費六百萬緡，而三州七倉及七百轉（疑漏「般」字）之船皆壞，雖四百萬緡未必足用也。〔註95〕

可知宋廷預算不足，實是轉般法難以興復的重要原因。歷經二年的籌備，宣和六年（1124），詔復轉般倉，命發運判官盧宗原措置。〔註96〕《宋史》記載內容如下：

> 六年，以無額上供錢物并六路舊欠發斛斗錢，貯爲糴本，別降三百萬貫付盧宗原，將湖南所起年額，並隨正額預起拋欠斛斗於轉般倉下卸，卻將已卸均糴斗斛轉運上京，所有直達，候轉般斛斗有次第日罷之。〔註97〕

顯見宋廷仍未撥足糴本，只願以無額上供錢物及六路舊欠虛數支應。

宋廷決定復行轉般法，而諸路觀望，宣和七年（1125）再下訓令：

> 發運司累歲興復轉般，今方就緒。盧宗原見措置糴到米，并淮南倉

於宣和二年十月起事，三年四月被俘。

〔註93〕（宋）馬端臨：《文獻通考》，卷25，〈國用考三·漕運〉，頁247。

〔註94〕（宋）馬端臨：《文獻通考》，卷25，〈國用考三·漕運〉，頁247；《宋會要》，〈食貨〉43之11。

〔註95〕（宋）陳均：《皇朝編年綱目備要》，卷27，「罷轉般倉」條。

〔註96〕《宋史》，卷167，〈職官七·發運使〉，頁3963；《宋會要》，〈職官〉42之49。按：原轉般倉於政和二年拆除，故宣和六年須重建。

〔註97〕《宋史》，卷175，〈食貨上三·漕運〉，頁4259。

見在均糴及經制餘錢糴到米，各已累降指揮，並充轉般代發歲斛。
如諸司輒敢陳乞借撥，別充他用，或別項起發，並截借措置到綱船，
沮壞轉般良法，仰發運司密具以聞，當議重行貶竄，人吏決配。雖
專奉特旨，仰執奏不行。〔註98〕

不過直達法與轉般法調整階段仍有一定的混亂，一是各路直達綱欠額未補足，二是諸路轉般新舊「代發斛斗」的積欠問題，宣和七年五月三日詔書即呈現此中關鍵：

訪聞諸路漕司輒敢觀望，指準補欠，便不以上供歲額爲意；發運司
官又欲以補欠爲己功，不復督責，舉此以廢彼。……所有諸路上供
額斛，除已代發過數，合行截還外，且令依舊徑發上京。如違，以
大不恭論。〔註99〕

未幾，金兵入侵，欽宗繼位，翌年改元靖康，隨即調整漕運法，「令東南六路上供額斛，除淮南兩浙依舊直達外，江湖四路並措置轉般」〔註100〕。然未見成效，而國旋亡。

回顧北宋綱運方式的變革，史書記載時序不一，基本上，有詔書宣示年與實際實施年的差別。若以實際實施年度而論，宋初實施轉般法，崇寧四年改爲直達法，大觀四年復行轉般法，政和三年改回直達法，宣和六年再復轉般法，靖康元年則轉般法與直達法並行，而各史書記載繁略不一，當是今日眾說紛紜的關鍵。

此外，直達綱尚面臨四個問題：（一）花石綱方興未艾，與綱船爭道；（二）連年水旱，影響國計〔註101〕；（三）盜賊蠭起，諸路疲弊〔註102〕；（四）管理

〔註98〕　《宋會要》，〈食貨〉43之13。
〔註99〕　《宋會要》，〈食貨〉47之11。按：《宋會要》，〈職官〉42之53、《宋會要》，〈食貨〉43之12、《宋會要輯稿》，〈補編‧轉漕〉2之571。本條所繫時序頗爲混亂，以〈水運〉時日最爲明確，故取之。
〔註100〕　《宋史》，卷175，〈食貨上三‧漕運〉，頁4259。《續通典》，卷14，〈漕運‧宋〉，頁1188。
〔註101〕　按：據相關資料整理如下：重和元年，江淮荊浙樟州水災。宣和元年，京西饑，淮東大旱。宣和二年，淮南旱。宣和三年，諸路蝗。宣和五年，秦鳳旱，河北、京東、淮南饑。參見《宋史》，卷21，〈徽宗三〉，頁11、卷22，〈徽宗四〉，頁2、4、6、9。
〔註102〕　事實上，水旱之與盜賊蠭起有必然關係，茲就《宋史》所載舉例如下：重和元年六月，淮西盜平。宣和元年十二月，京東東路盜賊發。宣和2年4月，江西、廣東盜聚。十月，方臘反。宣和三年二月，淮南盜宋江犯淮陽軍，又

條文未能貫徹執行等內外在因素的影響，始終未能達到預期的效果，而且枝節叢生，其中以花石綱之役影響最大。

參、直達綱的外在競爭—花石綱之役

徽宗崇寧初，蔡京執政，主豐亨豫大之說以諛悅帝意，一則多方講求財利，以供御用，一則應奉珍品奇物，以熒惑帝心，因而置應奉司、御前生活所、營繕所、蘇杭造作局，其名雜出，大率爭以奇巧為功，其中以花石綱之害尤甚。

崇寧元年（1102）三月，童貫（1054～1126）入杭州監製器，製作御前生活，[註103] 與蔡京有密切接觸。在內侍交譽之下，蔡京獲得拔擢，二年（1103）進左僕射，乃「陰託紹述之柄」，以「箝制天子」，外逐元祐大臣，內思固寵之道。其時，徽宗頗垂意花石，蔡京諷朱沖、朱勔（1075～1126）父子密取浙中珍異以進奉，初致黃楊三本，頗獲徽宗嘉納，其後歲歲增加，初歲率不過再三貢，貢物才五、七品[註104]，而內侍何訴亦以宿州靈壁縣山石進御前，[註105] 其役遂大，寖成「花石綱」矣。

崇寧四年（1105）九月，詔兩浙轉運司差開江兵士牽駕杭州造作局御前生活物色舟，[註106] 已萌其端。冬十一月，以朱勔領應奉局及花石綱于蘇州，[註107] 花石綱已成奸臣牢固權柄之道。五年正月，蔡京雖因彗出而短暫失權，不旋踵，又於大觀元年（1107）復出，即窮土木之作以取寵，遂至舳艫相銜於淮、汴。四年（1110）六月，御史張克公論其輔政八年，權震海內，「輕錫予以蠹國用，託爵祿以市私恩，役將作以葺居第，用漕船以運花石」；[註108] 侍御史毛注則指摘蔡京諸般作為騷動地方，奏云：

> 近年以來，更增造作，置局累年，後苑工匠亦無虛日，以至花石綱

　　　犯京東、河北。以上詳《宋史》，卷21，「徽宗」三，頁10，同書卷22，「徽宗4」，頁2、3、4、5。
〔註103〕（宋）陳均：《皇朝編年綱目備要》，卷26。
〔註104〕（宋）李心傳：《舊聞證誤》（收入《唐宋史料筆記叢刊》，北京市：中華書局，1981年），卷3，頁42。《宋史》，卷470，〈朱勔〉，頁13684。
〔註105〕（宋）陳均：《皇朝編年綱目備要》，卷29。
〔註106〕（宋）李壐：《皇宋十朝綱要》，卷16，頁371～372。按：主其事者為宦者楊戩。
〔註107〕（元）陳桱：《通鑑續編》（收入《文淵閣四庫全書》，臺北：臺灣商務印書館，1983年），卷11。
〔註108〕《宋史》，卷472，〈蔡京〉，頁17325。

綿亘不絕，作局則所需百出，數郡爲之騷擾，花石則虛張事勢，

一路莫敢誰何，驅迫保伍牽挽舟，道路怨歎，有傷和氣。〔註109〕

至是，蔡京貶太子少保，出居杭州。〔註110〕

及至政和二年（1112），蔡京復出，旋宣示綱運改爲直達法，乃撥發淮汴綱船予非泛綱運，又童貫承蔡京意旨大啓苑囿，以娛樂導上爲遊幸之事，花石綱乃成大役，而轉般倉盡皆拆毀，以供新建宮殿之需。〔註111〕三年新建保和殿〔註112〕，四年新作延福宮，盡皆窮土木之工，極園林之盛，奇花異石叢集，皆是花石綱自東南搬運而至。〔註113〕奉承者即是發運副使賈偉節，《宋史‧蔣偉節》記載：

> 賈偉節……爲江淮發運副使。蔡京壞東南轉般法爲直達綱，偉節即率先奉承，歲以上供物徑造都下，籍催諸道逋負，造巨船二千四百艘，非供奉物而輒運載者，請論以違制。花石、海錯之急切，自此而興。〔註114〕

由「造巨船二千四百艘，非供奉物而輒運載者，請論以違制」可知，賈偉節即是首創花石綱運之人。

其時朱勔以進奉爲名，「搜巖剔藪，幽隱不置」，「劚山輦石，程督慘刻，雖在江湖不測之淵，百計取之，必得乃止」，以致東南騷動，晁伯宇有詩諷云：

> 森森月裏栽丹桂，歷歷天邊種白榆，雖未乘槎上霄漢，會須沉網取珊瑚。〔註115〕

意指除非人力不可爲之事，否則不擇手段，不計成本，必欲取之。斯時，東南監司、郡守、二廣市舶率有應奉，且不待取旨即進物，以致天下騷動。方勺（1066～？）《泊宅編‧青溪寇軌》記載花石綱危害情形如下：

〔註109〕《宋名臣奏議》，卷45。按：《歷代名臣奏議》，卷304亦有引錄。

〔註110〕（明）陳邦瞻：《宋史紀事本末》（臺北：臺灣商務印書館，1963年），卷11。

〔註111〕（宋）趙汝愚：《宋名臣奏議》（收入《文淵閣四庫全書》，臺北：商務印書館，1983年），卷45，〈上欽宗論彗星王襄〉，有云：「（轉般）倉木鉅萬皆美材也，京悉取之以供京師之營造。」

〔註112〕（宋）陳均：《皇朝編年綱目備要》，卷28。

〔註113〕（宋）李壂：《皇宋十朝綱要》，卷17，頁411。按：河東路木植司自政和二年秋始被詔采伐官山林木，總得柱梁四十一萬五百條有奇，爲二百五綱赴京。

〔註114〕《宋史》，卷356，〈賈偉節〉，頁11212。

〔註115〕（宋）朱弁：《曲洧舊聞》（收入《筆記小說大觀》第八冊，揚州：江蘇廣陵刻印出版社，1983年），卷8，頁5；（宋）朱弁：《風月堂詩話》（收入《文淵閣四庫全書》，臺北：臺灣商務印書館，1983年），卷上。

迨徽廟繼統，蔡京父子欲固其位，乃倡豐亨豫大之說，以恣蠱惑。童貫遂開造作局于蘇、杭，以制御器。又引吳人朱勔進花石媚上，上心既侈，歲加增焉。舳艫相銜於淮、汴，號花石綱。至截諸道糧餉綱，旁羅商舟，揭所貢暴其上。篙師柁工，倚勢貪橫，凌轢州縣，道路以目。其尤重者，漕河勿能運，則取道於海，每遇風濤，則人船皆沒，枉死無算。江南數十郡，深山幽谷，搜剔殆遍。或有奇石在江湖不測之淵，百計取之，必得乃止，程限慘刻，無間寒暑。〔註116〕

蓋至是，傾天下之財，擾民歛怨，花石綱已是千夫所指。花石綱或撥「新裝運船」〔註117〕，或截諸道運綱，旁羅賈舟，「揭所貢暴其上，連檣接櫓，日夜不絕」。〔註118〕是時徽宗侈心已起，政和六年（1116）三月，再增加通濟兵士二千人牽挽御前綱運。〔註119〕四月，御筆只令朱勔等七人主管收買御前物色，餘罷之。〔註120〕又詔「兩浙路收取民戶典賣田宅定帖，并帖納錢專以計置供進物色，及諸局造作生活起發綱運等支用」。〔註121〕九月，手詔諸路搜訪岩穴隱逸雖恢詭譎怪自晦者，悉以名聞。〔註122〕

花石綱之役交錯著群臣獻媚與權臣專寵的荒唐戲碼，蔡京一方面將花石綱引起的民怨卸責於地方監司、守臣，禁止進奉花菓海錯什物；〔註123〕一方面立碑止謗，「戒群臣挾姦罔上，上當豐亨豫大極盛之時，爲五季變亂裁損之計，仍出榜朝堂，刻石尚書省。」〔註124〕

蔡京讒言：「陛下無聲色犬馬之奉，所尚者山林間物，乃人之所棄，但有

〔註116〕（宋）方勺：〈青溪寇軌〉，《泊宅編》（收入《唐宋史料筆記叢刊》，北京：中華書局，1983年），頁111。

〔註117〕（宋）龔明之：《中吳紀聞》（臺北：商務印書館，1936年，知不足齋本），卷6，「朱氏盛衰」，頁87～88。（元）陸友仁：《吳中舊事》（收入《文淵閣四庫全書》，臺北：臺灣商務印書館，1983年），頁14。（明）王鏊：《姑蘇志》（收入《文淵閣四庫全書》，臺北：臺灣商務印書館，1983年），卷60。

〔註118〕（宋）王稱：《東都事略》，卷106，〈朱勔〉，頁1625。按：本末詳（明）陳邦瞻：《宋史紀事本末》（臺北：臺灣商務印書館，1963年），卷50，〈花石綱之役〉，頁400～401。

〔註119〕（宋）李𡌴：《皇宋十朝綱要》，卷16，頁407～8。

〔註120〕（宋）李𡌴：《皇宋十朝綱要》，卷17，頁408。

〔註121〕（宋）李𡌴：《皇宋十朝綱要》，卷17，頁408。

〔註122〕（宋）李𡌴：《皇宋十朝綱要》，卷17，頁410。

〔註123〕（宋）李𡌴：《皇宋十朝綱要》，卷17，頁408。

〔註124〕（宋）李𡌴：《皇宋十朝綱要》，卷17，頁409～410。

司奉行之過，因以致擾。」因於政和七年（1117）七月，再置提舉御前人船所，命內侍鄧文浩領其事，撥曩備東封船二千艘，及廣濟兵士四營，又增制作牽駕人，並乞詔人船所比直達綱法。〔註125〕至此可知花石綱有編制人員、船舶、經費等，亦直達京師。

　　略計徽宗政宣年間的汴河糧綱舟船總量，由早期的六千艘，應付直達綱又打造二千七百艘，發運副使蔣偉節應奉花石綱二千四百艘，而今再添置二千艘，則較前擴增一倍有餘。對於東南六路的直達綱運，無異雪上加霜。然而此數字仍在失控之中，如私商鹽舟亦得自由出入汴河，越次取疾，官私不得留難等，皆表明汴河的運輸管控已然失序。

　　政和七年（1117）十二月，宋徽宗決意作萬歲山（艮嶽），〔註126〕興役六年，花石綱遮江蔽河，對漕運的妨礙，對運河的損害，已難以窺計。

　　花石綱危害的情形不一，如佔用運河，阻節漕運，其時朱勔得御筆取發「太湖、長塘湖石」。〔註127〕因而肆虐東南，「所過橋梁礙綱者毀折以過，發運司綱舟悉撥充花石綱」，〔註128〕「旁羅商船，揭所貢暴其上，篙工、柁師倚勢貪橫，陵轢州縣，道路相視以目。廣濟卒四指揮盡給輓士猶不足，奪漕卒以為用」，〔註129〕致國計有不足之憂。宣和元年鄧肅（1091～1132）進〈花石詩〉十一章以諫徽宗，其一云：

蔽江載石巧玲瓏，雨過嶙峋萬玉峰。艫尾相銜貢天子，坐移蓬島到

深宮。〔註130〕

〔註125〕參見（宋）馬端臨：《文獻通考》，卷 22，〈土貢一歷代土貢進奉羨餘·唐天下諸部每年常貢·安南都護府〉，頁 221；（宋）蔡絛：《史補》（收入《文淵閣四庫全書》，臺北：臺灣商務印書館，1983 年），卷 128，〈花石綱〉，頁 16～19。按：其時東南監司郡二廣市舶率有應奉，又有不待旨但送物至都，計會宦者以獻。大率靈壁、太湖、慈口溪、武康諸石，二浙奇竹異花海錯，福建荔枝橄欖，龍眼，南海椰實，登萊文石，湖湘文竹，四川佳菓木，皆越海渡江，毀橋梁、鑿城郭而至，植之皆生，而異味珍苞則以健步捷走，雖甚遠，數日即達，色香未變也。乃作提舉淮浙人船所。

〔註126〕按：是年九月始欲作萬壽山，詔御前製作所措置條畫奏聞。另參見（宋）李壽：《皇宋十朝綱要》，卷 17，頁 416。

〔註127〕（宋）李壽：《皇宋十朝綱要》，卷 18，頁 421。按：朱勔肆虐東南的史料繁多，若以運送太湖石的案例而言，應以本期為主，前此則多為花木異物。

〔註128〕（宋）范成大：《吳郡志》，卷 50，〈雜志〉。

〔註129〕《宋史》，卷 470，〈朱勔〉，頁 13685。

〔註130〕（宋）鄧肅：《栟櫚集》（收入《文淵閣四庫全書》，臺北：臺灣商務印書館，1983 年），卷 1，〈花石詩十一章並序〉。

本詩將花石綱如何窮奢極侈，及佔用漕渠的情形反映無遺。又《宋史‧陳遘傳》記載：

> 朝廷方督綱餉，運渠壅澀，遣使決呂城、陳公兩塘達於渠，漕路甫通，而朱勔花石綱塞道，官舟不得行，遘捕繫其人，而上章自劾。帝為黜勔人。〔註131〕

可見花石綱恃寵而驕，橫行漕渠之惡狀。

花石綱為權臣取寵之道，有諫言者，率皆重責，故而重和元年（1118）四月，以張根（1062～1121）論東南六路闕乏之由，遂及修造之侈，賜第賜帶之濫，又言「花石綱拘占漕舟」之害，落職監信州稅，尋責散官，安置郴州。〔註132〕宣和元年（1119）六月，李綱因水災，建請「凡營繕工役、花石綱運有可省者，權令減罷」〔註133〕，尋降一官，與遠小處監當差遣。〔註134〕

花石綱之役不因蔡京罷相而中輟，王黼（1079～1126）繼登相位，陽示改革，實則陰取應奉以固寵倖，〔註135〕且已嚴重影響國計。宣和二年二月，上供綱卒盡為所奪，漕運不至者殆數月，戶部尚書唐恪（？～1127）為之憂心忡忡，上奏云：

> 國家定都於梁，非有山河形勢以臨天下也，直仰汴渠之運，以養百萬之師耳，而宰相領應奉，勢動天下，奪漕輓之卒以為用。戶部綱運自去秋絕不至，將有匱乏之憂。以天下之力奉一人，臣子不敢。憚今珍異之物，充牣大臣之家，而奉上者未曾什一，是傾天下之財，為國斂怨，臣不知所以為國矣。〔註136〕

徽宗為此詢問王黼，黼取下卸司運數辯解，唐恪復言黼所進卸運數，「蓋併應奉司綱在其中，屬戶部十之一二爾」。旋詔唐恪罷知滁州〔註137〕。

〔註131〕《宋史》，卷447，〈陳遘傳〉，頁13181。

〔註132〕參見《宋史》，卷356，〈張根〉，頁11218～11219；（宋）汪藻：《浮溪集》（收入《文淵閣四庫全書》，臺北：臺灣商務印書館，1983年），卷24，〈朝散大夫直龍圖閣張公行狀〉；《黃氏日抄》，卷66，〈汪浮溪文〉；（宋）李壐：《皇宋十朝綱要》，卷18，頁420。

〔註133〕（宋）李綱：《梁谿集》，卷40，〈論水便宜六事奏狀〉。

〔註134〕《宋史》，卷358，〈李綱上〉，頁11241。（宋）李壐：《皇宋十朝綱要》，卷18，頁426～427。

〔註135〕《宋史》，卷470，〈王黼〉，頁13682。

〔註136〕（宋）王稱：《東都事略》，卷108，〈唐恪〉，頁1651。

〔註137〕（宋）陳均：《皇朝編年綱目備要》，卷29。

　　唐恪爲戶部尙書所言容或誤差，但漕計不足已然明顯。亦因此，宣和二年柳廷俊發現「眞揚等州運河淺澀」，京師有糧儲不足危機，向子諲指係「應奉權倖朝夕經由，或啓或閉，不暇歸水」，又「毀朝宗牐、自洪澤至召伯數百里不爲之節」所致，〔註138〕已將漕運不繼指爲花石綱所造成。三年三月，宋廷急令發運副使趙億以水車畝運河水，務於三月中到三十綱，數量不多，而需求孔急，已透露花石綱影響漕運嚴重。

　　花綱石之巧者，如「玉玲瓏」，「蒼潤嵌空，扣之聲如雜珮」，須「用百夫牽挽之力」方能搬動；〔註139〕其大者，如「慶雲萬態奇峰」，則千夫拽之不動，王明清（1127～？）《揮塵錄餘話》記載：

　　　政和建艮嶽，異花奇石來自東南不可名狀，忽靈壁縣貢一巨石，高二十餘丈（應作「尺」）周圍，稱是舟載至京帥，毀水門樓以入，千夫舁之不動。或啓於上，云：此神物也，宜表異之。祐陵親洒宸翰，云：慶雲萬態奇峰。仍以金帶一條掛其上，石即遂可移，省夫之半，頃刻至苑中。李平仲云。〔註140〕

然而「慶雲萬態奇峰」不過眾石之一，又有「神運石」高廣此石近一倍，其石「廣百圍，高六仞」〔註141〕，竟然以石封「盤固侯」，〔註142〕又名「昭功敷慶神運石」，乃宣和四年朱勔搬運爲萬歲山造景之用。宋人沈作喆《寓簡》

〔註138〕（清）趙宏恩等：《江南通志》，卷58，〈河渠志〉。重和元年二月，前發運副使柳廷俊言：「眞揚楚泗高郵運河堤岸舊有斗門水牐等七十九座，限則水勢常得其平，比多損壞。」
〔註139〕（清）鶚撰：《東城雜記》（收入《文淵閣四庫全書》，臺北：臺灣商務印書館，1983年），卷下。
〔註140〕（宋）王明清：《揮塵錄餘話》，卷2。按：（元）白珽：《湛淵靜語》（收入《文淵閣四庫全書》，臺北：臺灣商務印書館，1983年），卷2，轉引《使燕日錄》：「仁智殿下兩巨石，高三丈，廣半之。東一石有小碑刻勒賜卿雲萬態奇峰，西一石上刻玉京獨秀太平巖，徽宗皇帝親書，刻石填金。」據此可見卿雲萬態奇峰高度應爲三丈，即三十尺，故引文應改爲「二十幾尺」。
〔註141〕參見（宋）王稱：《東都事略》，卷106，頁1631、（明）李濂：《汴京遺蹟志》（收入《文淵閣四庫全書》，臺北：臺灣商務印書館，1983年），卷4，僧祖秀〈陽華宮記〉。（明）陸楫輯《古今說海》（收入《文淵閣四庫全書》，臺北：臺灣商務印書館，1983年），卷118，張淏〈艮嶽記〉，皆作高六仞。按：神運石高度各書記載略異，如（明）徐應秋：《玉芝堂談薈》（收入《筆記小說大觀》第十一冊，揚州：江蘇廣陵刻印出版社，1983年），卷3，〈宮室土木之侈〉，頁7，有載「獨神運一峯，高九十尺，廣百圍」，高度頗顯誇大。
〔註142〕（明）陳耀文：《天中記》（收入《文淵閣四庫全書》，臺北：臺灣商務印書館，1983年），卷8。

記載：

> 徽皇朝置花石綱，取江淮奇卉石竹，雖遠必致，石之大者曰神運石，
> 大舟排聯數十尾僅能勝載。既至，上皇大喜，置之艮嶽萬歲山下，
> 命俊臣爲「臨江仙」詞以高字爲韻，再拜，詞已成。末句云：「巍峨
> 萬丈與天高，物輕人意重，千里送鵝毛」。〔註143〕

袁褧《楓窗小牘》記載：

> 宣和五年，朱勔于太湖取石，高廣數丈，載以大舟，挽以千夫，鑿
> 河斷橋，毀堰折牐，數月乃至。會初得燕山之地，因賜號敷慶神運
> 石。〔註144〕

可見「神運石」之巨大及搬運之困難，其涉江渡淮而至，鑿河斷橋，毀堰折
牐，對汴河等運河設施之破壞可想而知。

花石綱之害，一則以財物無謂耗損，再則以阻節漕運，而佞臣居間用事，
欺弊百端，怨用是生。漕臣向子諲上對，指控道：

> 覬父兄子弟挾此爲奸，致一大石用八百餘舟，一綱費輒千斛，數千
> 緡，甫官軍支請之期，則奪之，故多有怨言，此大弊也。〔註145〕

然而花石綱之害何止朱勔父子，實係相關官員貪緣爲虐，有以致之。五年四
月，宋廷發現「運綱及命官妄稱專承指揮，抑勒非時啓閉，走泄河水，妨滯
綱運，誤中都歲計」，詔令禁止之。然而五月又發生運河淺涸情形，「官吏互
執所見，州縣莫知所從」，皆指向發運司漕米與花石應奉的衝突，故而令發運
使、提舉等官，同廉訪使者參訂經久利便列奏聞。〔註146〕十一月，旋以諸路
漕臣坐上供錢物不足，貶秩者二十二人，可見漕運受花石綱嚴重干擾的情形。

〔註143〕（宋）沈作喆：《寓簡》（收入《文淵閣四庫全書》，臺北：臺灣商務印書館，1983年），卷10。

〔註144〕（宋）袁褧：《楓窗小牘》（收入《宋元筆記小説大觀》，上海：上海古籍出版社，2001年），卷上，頁4764。

〔註145〕（宋）胡宏：《五峰集》（收入《文淵閣四庫全書》，臺北：臺灣商務印書館，1983年），卷3，〈向侍郎行狀〉。按：另見（宋）汪應辰：《文定集》（收入《文淵閣四庫全書》，臺北：臺灣商務印書館，1983年），卷21，〈向公墓誌銘〉；（宋）李幼武：《宋名臣言行錄》（收入《文淵閣四庫全書》，臺北：臺灣商務印書館，1983年），別集上卷11，〈向子諲〉。

〔註146〕參見（明）顧炎武：《天下郡國利病書》（收入《文淵閣四庫全書》，臺北：臺灣商務印書館，1983年），卷2777，有云：「宋之漕規，閘有啓閉，蓋一定而不可移者。宣和間，有所謂互執，蓋轉運使守漕規之舊，而花石綱使欲亂之也。」

〔註147〕

　　就汴河的利用言，花石綱只不過是一種附加價值，卻由於它是御前綱運，規模龐大，最後竟取代了直達綱的地位和角色，成為汴河運輸的主角，使綱運在在受到極大的干擾，以致於天下騷動，乃有宣和二年方臘之亂。於是三年元月，罷蘇杭造作局，二月，又罷御前綱運，試圖消弭民怨。

　　然而，方臘之亂甫平，三年五月，宰相王黼即彈劾相關進諫官員，如指責陳過庭（1071～1130）為御史中丞之日，「輒上言乞應係御前委使之人，一切盡行廢黜」，朝散大夫張汝霖為京漕之時，「公違格令，更不歲進花果，無享上之心」，皆散官安置。〔註148〕是非顛倒若此，實令後人浩歎。閏五月，王黼擔憂無以取寵，則權勢旁落，建議復置應奉司，〔註149〕「中外名錢皆許擅用，竭天下財力以供費，官吏承望風旨，凡四方水土珍異之物，悉苛取於民，進帝所者不能什一，餘皆入其家」。〔註150〕王稱《東都事略》記其惡迹如下：

　　　初黼既得國，秉念無以中上意，牢其寵，乃奏置應奉司，遂自領之，而以梁師成副焉。近則外臺耳目之司，遠則郡縣牧宰之屬，皆責以供辦。於是殊方異物四面而至，鉛松怪石，珍禽奇獸，美鏐和寶，明珠大貝，通犀琴瑟，絕域之異，充於內圍，異國之珍，布於外宮，凡入目之色，適口之味，難致之瑰，違時之物，畢萃於燕私，極天下之費，率歸於應奉，奪漕輓之卒以為用，而戶部不敢詰，四方珍異，悉入於二人之家，而入尚方者才什一。〔註151〕

宰臣假公濟私，政壇風氣豈能不壞？

　　因此，大臣亦視進奉花石為固寵之道，如張閣（1068～1113）守杭，「思有以固寵」，「乞自領花石綱事，應奉由是滋熾」〔註152〕。漕臣亦有濟其惡以

〔註147〕《宋史》，卷22，〈徽宗四〉，頁413。

〔註148〕（宋）李埴：《皇宋十朝綱要》，卷18，頁438。

〔註149〕（宋）陳均：《皇朝編年綱目備要》，卷29，有云：「初方臘之亂，黼承上意罷蘇杭造作局及諸所局，而內侍復以言動黼，黼大悔悟，且懼失權勢，乃乞創應奉局於私第，而自領之。」

〔註150〕《宋史》，卷470，〈佞幸・王黼〉，頁13682。

〔註151〕（宋）王稱：《東都事略》，卷106，〈王黼〉，頁1622；（宋）李埴：《皇宋十朝綱要》，卷18，頁439。

〔註152〕《宋史》，卷353，〈張閣〉，頁11145，按（宋）周淙：《乾道臨安志》（收入《宋元方志叢刊》，北京：中華書局，1990年），卷3，〈牧守政績附・國朝・張閣〉，頁3249：「閣經理有敘，首去惡少之為民害者，郡人為立生祠，召為兵部侍郎。」

取媚者，盧宗原竭庫錢遺朱勔，「引為發運使，公肆掊克」〔註153〕。李光（1078
～1159）〈論胡直孺第二箚子〉痛陳諸路漕臣枉顧國計，以應奉取得進身之階
的惡迹如下：

> 直孺佞邪，天下所聞，與應安道、盧宗原相繼為轉運使及發運使，
> 欺罔朝廷，如循一軌，將上供物料及糧綱船盡充花石之供，號為應
> 奉，州縣帑藏為一空。起發封樁，妄稱均糴；歲計不足，猶進羨餘。
> 緣此進職，濫厠從班，遂知平江府。縱朱氏請求，益肆掊斂，不復
> 知有朝廷矣。〔註154〕

花石綱之害，率由朱勔父子，梁師成、王稱、王黼，居中用事。《東都事略》
慨然記載相關人等惡行有云：

> 善致萬鈞之石，徙百年之木者，朱勔父子也；善理百工之絕藝，辨
> 九州之珍產者，閹人梁師成也；奉人君之嗜好，忽天下之安危者，
> 宰執王黼輩也。〔註155〕

徽宗君臣耽於逸樂，上下欺蔽，造成花石綱為禍天下。高宗〈洛神賦〉云：

> 花石綱間四海分，西湖日日雨芳春，孔明二表無人讀，德壽宮中寫
> 洛神。〔註156〕

高宗以子諷父，感觸亦深。花石綱這種本末倒置的措施，即使漕運改行轉般
法亦無濟於事。

　　直至金人南下，徽宗始悟花石綱誤國，宣和七年十二月二十一日下詔：「結
絕應奉司江浙諸路置局及花石綱等」，「舟船改充糧綱使用」〔註157〕，然而為
時已晚矣！未幾，國旋亡。

　　花綱石或棄道傍，徒留後人無限感懷。陳造（1037～1082）對蔡京等「鳩
心飴口諛聖主，漕石移花鬧南土」，以未親見其伏法為憾。〔註158〕許綸亦傷花

〔註153〕《宋史》，卷470，〈佞幸·朱勔〉，頁13685。

〔註154〕（宋）李光：《莊簡集》（收入《景印文淵閣四庫全書》，臺北：臺灣商務印書
　　　　館，1983年），卷9，〈論胡直孺第二箚子〉。

〔註155〕（宋）王稱：《東都事略》，卷106，頁1632。

〔註156〕（明）朱存理：《珊瑚網》（收入《景印文淵閣四庫全書》，臺北：臺灣商務印
　　　　書館，1983年），卷7。

〔註157〕參見《宋會要》，〈食貨〉43之13；《宋史》，卷175，〈食貨上三·漕運〉，頁
　　　　4255；（宋）徐夢莘：《三朝北盟會編》（收入《宋史資料萃編》第一輯，臺北：
　　　　文海出版社，1967年），卷25，頁10～12。

〔註158〕（宋）陳造：《江湖長翁集》（收入《文淵閣四庫全書》，臺灣：臺灣商務印書

綱石「陵遷谷變猶橫道，反作傍人座右銘」。〔註159〕宋人覽景傷情，其來有自。

第三節　欽宗亡國與汴河的關係

　　汴河綱運順利與否，對於北宋國本的確有相當大的影響。但是若以汴河潰決，以致漕運不繼，作為北宋亡國的關鍵，則有待商榷。〔註160〕

　　根據宣和七年十二月二十一日徽宗結絕花石綱的詔書分析，斯時汴河通運應無大礙。徽宗禪位欽宗後，隨即於靖康元年（1126）正月三日避亂南下，所取的路徑即是汴河，李綱（1083～1140）《靖康傳信錄》記載：

> 初道君正月三日夜出通津門，乘舟水行。…猶以舟行為緩，則乘肩
> 輿；又以為緩，則於岸側得般運磚瓦船乘載。…是夜行數百里。抵
> 南都，始館于州宅，得衣被之屬。市駿騾乘之，至符離始登官舟，
> 及泗上少憩，宇文粹中、童貫、高俅之徒始至。〔註161〕

八日，金人初抵汴京，以火船數十順汴河而下，攻西水門。〔註162〕李綱回憶攻城情形如下：

> 是夕，金人攻水西門，以火船數十隻順汴流相繼而下，余臨城捍禦，
> 募敢死士二千人列布柺子弩城下，火船至，即以長鈎摘就岸投石碎
> 之，又於中流安排扠木，及運蔡京家假山石疊門道間，就水中斬獲

　　　　館，1983 年），卷 10，〈次韻楊宰花石綱遺石〉。

〔註159〕（宋）許綸：《涉齋集》（收入《文淵閣四庫全書》，臺北：臺灣商務印書館，
　　　　1983 年），卷 17，〈靈壁道傍石〉詩：「花石綱成國蠹盈，賊臣賣國果連城，
　　　　陵遷谷變猶橫道，反作傍人座右銘」。

〔註160〕詳見全漢昇：《唐宋帝國與運河》，頁 122。按：全漢昇認為轉般法改為直達
　　　　法，和花石綱的阻擾，後來又由於汴京的被圍，和運河上游的潰決，遂不復
　　　　能藉運河的連絡來大量供應北方的需要，運河喪失其功用，從而力量大為削
　　　　弱，抵抗不住女真的侵略。又按：汴河功能之不振原因繁多，惟不由汴河之
　　　　潰決，本節旨在申明此點。

〔註161〕（宋）李綱：《靖康傳信錄》（收入《叢書集成》，上海：上海商務印書館，1939
　　　　年，海山仙館叢書本），卷 2，頁 15。另詳胡舜申：《乙巳泗州錄》，轉引自王
　　　　明清：《玉照新志》（收入《文淵閣四庫全書》，臺北：臺灣商務印書館，1983
　　　　年），卷 4，「胡偉元邁」條，頁 9～10。

〔註162〕（宋）李綱：《靖康傳信錄》，卷 1，頁 6。另詳（宋）不著撰人：《靖康要錄》
　　　　（收入《宋史資料萃編》第一輯，臺北：文海出版社，1967 年），卷 2，頁
　　　　19。

百餘人。〔註163〕

同樣可證明汴河的水流尚通。

　　徽宗在位期間,雖然漕運直達綱的效率不高,又深受花石綱的困擾,形成京師糧儲短缺的威脅,但在金人第一次圍城之前,李綱指東水門外延豐倉有粟豆四十萬石,足供勤王師補給〔註164〕,據鄧肅估計可支應官方兩月之需〔註165〕,則糧食與漕運,此時皆不是問題。

　　靖康元年冬金人復來之際,閏十一月二日,宋廷「以敵去歲駐軍孳生監,命都水使者陳求道等先決汴渠水,灌西北郊牟駝岡」〔註166〕,以防止金人再度下寨。膚淺的戰略觀點,頗為時人訕笑,丁特起《靖康紀聞拾遺》記載其事云:

> 去年春,金人犯闕,寨皆在西北地牟駝岡。金人既去,議者引汴水灌岡,為水所壞者凡十有八,冀金人不復下寨也,識者笑之。借使汴水可淹牟駝岡,胡不俟金兵復來,而後引水灌之,則金兵可盡役。
> 今乃先引水灌岡,是教金兵預備也。其謀之不臧,每每如此。〔註167〕

此次戰略決河,控管不當,「窰務卒因從大刼,船燔數十里」〔註168〕。另據胡宏(1106～1162)《五峰集・向侍郎行狀》記載:

> 先是都水使者聶崇決汴水欲斷賊路,汴水既涸,綱運阻淺,半為賊掠。公于虹縣,上下權築數堰收約水勢,措畫綱運,時敵騎已至亳社。公至宿州,選宋良嗣權鈐轄,帥眾捍戰,于是敵不侵,掠江淮。
>
> 〔註169〕

按其時向子諲承旨促四道總管率師入援京城,到達虹縣應是靖康二年二月間,乃有措置上述諸事。此次決河者都水使者聶崇,不見於《靖康要錄》、《靖

〔註163〕 (宋)李綱:《靖康傳信錄》,卷2,頁15。

〔註164〕 (宋)李綱:《靖康傳信錄》,卷2,頁15。

〔註165〕 (宋)鄧肅:《栟櫚集》(收入《景印文淵閣四庫全書》,臺北:臺灣商務印書館,1983年),卷12,〈辭免除左正言第十六箚子〉,頁27,有載:「去年冬季,每月之費在京師者以二十萬為率」,以京儲四十萬而言,可知足以應二月之需。

〔註166〕 (宋)不著撰人:《靖康要錄》,卷1。按:(宋)徐夢莘:《三朝北盟會編》,卷63,頁6,作靖康元年十一月十三日,都水監決水浸牟馳岡。

〔註167〕 (宋)丁特起:《靖康紀聞拾遺》(收入《學津討原》,臺北:新文豐出版公司,1980年),頁4。

〔註168〕 (宋)不著撰人:《靖康要錄》,卷10。

〔註169〕 (宋)胡宏:《五峰集》,卷3,〈向侍郎行狀〉。

康紀聞》、《三朝北盟會編》等書，極可能是胡宏誤載對象，原因是北宋都城被圍至城破歷時甚短，都水使者陳求道在靖康元年閏十一月二日決河，旋即進入圍城狀態，閏十一月廿五日都城即為金人攻破，十二月二日具表投降，〔註170〕此後即進入交涉階段，理應無二度決河的必要。不過，無論幾次決河，在圍城之前，汴河水源未絕，冬運仍通，此後則屬圍城狀態，汴河即使通漕，亦無法運抵汴京。漕運不通，糧食不繼與北宋投降尚不構成明顯的因果關係。

一般指欽宗靖康朝汴河絕流，以致漕運不通，大抵引以下兩條史料，《宋史‧汴河志》記載：

> 靖康而後，汴河上流為盜所決者數處，決口有至百步者，塞久不合，乾涸月餘，綱運不通，南京及京師皆乏糧，責都水使者措置，凡二十餘日而水復舊，綱運沓來，兩京糧始足。〔註171〕

又《宋史‧食貨志》記載：

> 靖康初，汴河決口有至百步者，塞之，工久未訖，乾涸月餘，綱運不通，南京及京師皆乏糧。責都水使者陳求道等，命提舉京師所陳良弼同措置。越兩旬，水復舊，綱運沓至，兩京糧乃足。〔註172〕

所指時間籠統，斷限不明，令後人誤以為欽宗朝汴河綱運問題嚴重，致與亡國原因相連結。

如欲理解相關記載始末，當參考鄧肅《栟櫚集》記載：

> 去冬（靖康元年冬）自遭圍閉，運漕不通，今夏又以隄岸失防，汴流久絕。〔註173〕

《宋會要‧食貨》四三之一四亦記載：

> （建炎元年）六月二十七，日戶部尚書黃潛厚言：「已得指揮諸路起發上供錢物，並赴東京送納。契勘南京左藏庫見在錢物不多，乞應東南上路綱運，令行在戶部相度，隨宜分撥赴東京或南京下卸。」從之。先是，汴河以河口決，糧綱運不通，詔差提舉京城所陳良弼同都水使者榮嶷、陳求道修治決口。至是綱運漸至，故有是詔。

綜合前後相關史料即知《宋史》有關「靖康而後」、「靖康初」的用詞，指向

〔註170〕 參見《會編》，卷69，頁1及卷71，頁3。
〔註171〕 《宋史》，卷94，〈河渠志‧汴河下〉，頁10；《宋史》，卷175，〈食貨志‧漕運〉，頁26。
〔註172〕 《宋史》，卷175，〈食貨上三‧漕運〉，頁4255。
〔註173〕 （宋）鄧肅：《栟櫚集》，卷12，〈辭免除左正言第十六箚子〉，頁27。

靖康二年夏天，四月間之事。在此之前，金人扶植大楚傀儡政權，立張邦昌為帝，迨自四月十日張邦昌避位，至五月一日趙構即位之間，〔註174〕宋廷實無暇處理汴河決口事宜，及諸事底定，方從容命人閉塞決口，故而前述「乾涸月餘」、「二十餘日而水復舊」等內容，符合張邦昌退位至南宋中興的時局變化，完全與北宋亡國無關。至於兵馬倥傯之際，汴河的隄岸係為盜所決？或係宋廷靖康元年冬的戰術決河後，長期未修所致，則仍有疑義。

由此而論，諸多史料證明北宋靖康元年汴河暢行無礙，實無汴河潰決，以致漕運不繼的情形，而相關的記載則指向靖康二年四月至六月間之事，其時北宋業已亡國，無關乎汴河漕運不繼對北宋帝國的影響。

事實上，宋金交戰之時，汴河雖然喪失運輸功能，卻對京師的防衛發揮其戰術價值。靖康元年十一月，金人二度入侵，宋廷決汴河水入護龍河以阻滯敵軍攻城，雖然目的未能達成，〔註175〕但汴河之於北宋，亦已善盡其用了。

〔註174〕參見《會編》，卷91，頁8、卷101，頁1。
〔註175〕（宋）楊仲良：《長編紀事本末》，卷145，頁16，有云：「敵知東壁不可攻，於是過南壁，以洞子自蔽，運薪土實護龍河。初決汴水益深，至是水皆涸。」另詳（清）黃以周：《續資治通鑑長編拾補》，卷58，頁3，「靖康元年閏十一月丁酉」條。

第八章　結　論

　　運河的開發與運輸方式的選擇，都是追求經濟效益的衡量，北宋政府定都開封，即是盱衡政治、經濟的形勢，以及比較相關的運輸方式與替代方案下，方逐漸倚重汴河的運輸能力。其後，更是在配合政府國計的穩定、惠民的德政，與外患的評估後，漕運政策以穩定爲原則，每歲漕運江淮六路的糧米上供量始終維持在六百萬石左右。基本上，汴河的運輸能量猶有餘裕。

　　汴河實爲北宋帝國的動脈，爲維持此動脈的暢通，管理制度的設計日益嚴謹。就中央的河政機關而言，初期由三司河渠案領其政，後置河渠司主其事，仁宗嘉祐三年改置都水監專領全國之河政與河務；及至神宗元豐改制，河政由水部員外郎主之，而都水監改領河務。其後實施清汴工程，專設導洛通汴司（汴河隄岸司）主管汴河業務，汴河事務始不領於都水監。

　　宋初地方河政機關爲地方州縣，由河渠案、司與州縣的單線領導，但河渠案、司有政策權，而無督考、懲處權，地方河務難以統整，京城一帶洪水爲患，因而仁宗嘉祐三年，成立都水監，藉以調整督考體系，並納入轉運司、提刑司協同監督、考核，州縣則主執行水土保持、巡視防護、治安管理的工作。而執行督護、整治者或以巡河、巡檢、監押、押綱等官員，或特派使臣，其發展不一，措置不常，端視政府之考量而定。

　　縱觀北宋河政機關的發展脈絡，不外三個面向：一、組織化：初以州縣爲基本單位，由三司河渠案彙整業務，其後考量黃、汴河業務重大，特將河渠案提昇爲專責單位，改制爲河渠司，嘉祐三年進而提昇爲獨立機關—都水監，統一整合河政與河務。其後元豐更制，都水監成爲研究、計畫、執行的治水業務單位，水部員外郎則主考核，以迄宋末。二、分工化：無論初期的

都水監設外監，或自設南北外都水丞，或以地方漕臣兼南北都水事，皆見務實和重視業務分工，追求效率的發展。三、專業化：由河務散歸州縣，逐步集中為中央主導研究、規畫、考核，以及擇要主導執行的層面，具見追求事權統一的發展。

汴河的寬度、深度、開閉期間大體上有定制，但隨利用狀況的變化而有所不同，其寬度在百尺與二百尺之間，所取深度或六尺，或一丈，端由朝廷視機而定，而隄岸寬度在京城一帶以一丈五尺為原則，其上設施繁多，如堰、脽、水門、斗門、橋樑、水達、虛堤、水櫃、橋樑等，或局部設有短牆、欄干，以利行旅。

汴口每歲開鑿亦有定制，大抵以趕赴清明日開放通行為原則，及至導洛通汴工程，達成四時行運的目標後，始行廢止。而隄岸的維護與防災方式，或以水土保持法，或以淘沙見底法，或以外添內補法，或以束水攻沙法，或以濬川杷法，端視操作者視其職務態度，成效亦有不同，難以論其優劣。至於汴河的緊急救護則訂有水位回報制及警戒線，尺度不等，所役防河兵則包括禁兵、及八作、排岸兵等，但獎賞有別。其緊急救護方法有斗門洩洪法、塞汴口法、決堤洩洪法，有其因應次第，亦皆已成定制，惟非不得已，儘量不影響汴河漕運為考量。

北宋汴河的管理雖然日趨嚴密，但是存在的問題仍然不少，如水勢湍急，難以調節；秋冬之際，須行閉口；泥沙淤積嚴重，維護成本高昂；汴口每年改易，徒耗功費等等。除維護成本高昂外，汴河的使用有其季節性，宋廷的因應方式，則是建立的轉般法，以確保提供穩定的供給量，然而轉般法引起的倉儲成本浩繁，動員人力龐大，以及受制於汴河引黃河之水行運的不穩定因素，造成京師物價的不規則變動，長途行運，綱船頻受到商稅務的干擾，其經濟效益屢為臣下議論的焦點。

大抵上，在北宋中期以前將汴河引黃河之水所造成的耗費與相關弊端，視為漕運成本之一，在此種觀念下，特別強調維護和管理，以確保汴河行運順暢為主。迨至神宗即位，積極性的開源節流觀念盛行下，遂將目光投注在農田水利的開發與營運成本的節省，而汴河的附加價值，更是在一片的檢討聲浪下，被賦予更多的任務。

神宗時期因承續仁宗、英宗以來財政無法平衡的問題，所以王安石的熙寧新政，即積極進行改善漕運的成本結構，方向有三，其一、加強汴河的利

用,如決汴河水淤田,不但思考利用汴河的附加價值,甚至想達成北方的自給自足,以降低對汴河漕運的依賴;其二、積極改善汴河的條件,大致以熙寧六年為分期,前期以降低維護成本為主,歲開固定口地的建議,隨之而起,或以訾家口,或以舊口地,或以輔渠。後期則以加強汴河的運輸能力,不閉汴口和施行清汴計畫。其三、加強漕運管理,除精簡人事和改進弊端外,並試圖利用貨幣機能,施行「均輸法」、「坐倉法」、「市易法」進行市場調節,或改變上供物資的質與量,以期降低對江淮漕米的依賴。

熙寧新政的改革措施,有積極性的辦法,但仍未能根除黃河因素的影響,因此元豐二年的導洛通汴計畫,以達成四時行舟,河流平緩和不淤積的目的,不但降低了汴河依賴黃河之水行運的高昂漕運成本,隨後增設汴河隄岸司的課利事務,試圖在節用外,另闢利源,以足國用。

元豐二年的導洛通汴工程及其利用政策亦有其負面影響,如它轉移汴河以漕運為主的功能,而以之大作課利事務,造成漕運政策立場的偏頗,至哲宗時期宣仁太后垂簾聽政,始將有擾民之嫌的汴河隄岸司課利事務大幅修正,水磨、水櫃的設施亦一併廢止。另一方面,導洛通汴工程將有助於宣洩黃河洪流的汴河改道,造成黃河中游水勢高漲,易於泛濫,以致黃河潰決改道,而防護清汴的廣武埽時有潰決之憂,京師的河防壓力沈重無比。神宗時期,或於黃河北岸開減水河,或在黃河南岸建立廣武埽,以鞏固京師河防,但是成效仍有爭議,乃有元祐年間,群臣再議廢罷清汴,其後卒以復引河水入汴,導洛通汴工程的理想已不復舊觀。

哲宗紹聖元年旋又發生廣武埽危機,故而再度加強廣武埽隄岸,以及增築新堤等,才控制京師的河防危機。紹聖水臣為一舉根除廣武埽的危機,或建議於黃河堤埽外,另作遙隄,或為疏緩黃河中游壓力,將清汴改道,開鑿汴口新河,此等皆是導洛通汴工程後,浮現的問題與因應之道。

元祐更化的政策是否公允,後人議論頗多,即以清汴工程為例,固然有其經冬打凌的弊端,然而水流平穩,對於運輸成本有相當大的節省,完全罷廢,也顯示元祐更化期間,群臣未以客觀的態度處理政務。

哲宗親政期間,頗思恢復清汴的規模,包含各項的課利事務及水櫃設施等,不過在主政大臣曾布的堅持之下,放棄恢復此類弊民的措施,惟對於清汴的閉口措施,引黃河為水源的矛盾作為,則幡然改幟,一復神宗時期清汴的規模,此時清汴有水流平緩,四時行運的利益,而無苛政擾民的譏評,全

然回歸神宗清汴工程的初衷。

　　徽宗時期的汴河利用政策再度發生兩項重大變化，一是漕運辦法的改變，二是花石綱加入漕運的行列。

　　就漕運辦法的改變而言，導洛通汴工程，以及淮南、兩浙運河廢堰爲閘的改變，都是直達綱實施的潛在因子，蔡京專政，主「豐亨裕大」之說，求羨財以供侈費，所親胡師文獻代發糴本，造成轉般法徒爲虛文，故而因勢導利，施行直達綱。直達綱的初次施行，績效不彰，迭遭挫折，除了制度的不周延外，蓋相關於徽宗時期政治的良窳，官場的風氣，而且直達綱實施期間，影響綱運的變數甚多，如政策的變動、水旱的災害、盜賊的問題、花石綱之役等，在在影響其成果的準確度。

　　就花石綱加入行運之列而言，花石運輸本是汴河的附加價值，未料日益擴大，變本加厲，並以御前綱運爲名，是以州縣奉承，戶部坐視，影響所及，非止於綱運舟船、人員的侵奪，其竭天下之財，奉一人之私，舉國爲之疲弊。旋以金兵南下，欽宗倉促踐祚，雖欲振衰起微，汴河此時雖通，國力實無法迅即恢復。而宋金京城攻防戰之時，宋人決汴河以阻敵，汴河之於北宋，亦是善盡其用矣。

　　綜觀北宋汴河的利用，神宗時期王安石變法，經濟觀念與理財政策改變，實是促使汴河由傳統運輸管道的角色，改變爲多元化的經營與利用的關鍵，而導洛通汴工程是爲承續與貫徹此種意旨的實現。不過，經過哲宗時期的修正，汴河的利用已成爲漕運爲主，附加價值爲輔的高度開發狀態。然而徽宗之時，花石綱加入汴河的運輸行列，爲非獲利因素，於國家財政無補，反而造成汴河的額外負擔，致使汴河主要的漕運業務受到妨礙。此種過度利用的現象，造成汴河利用的負面功能，實非宋人始料所及，表面上汴河可能舳艫輻湊，而實際上，國力則是與日俱下。

　　由此而論，汴河對北宋帝國命運固有其關鍵性地位，然而北宋之亡，不由其功能廢弛，而係其功能之過度擴張，實乃帝王之私心自用，奸臣之奉承阿諛，有以致之也。

　　至於其它運河的開發與利用，對運輸制度與國計亦有重大影響，當待來日繼續研究。

參考文獻

（依時代、姓名筆畫次序）

壹、史　料

1. （漢）班固：《漢書》，臺北：鼎文書局，1986 年，新校本。
2. （漢）鄭元注，（唐）孔穎達疏：《禮記注疏》，收入《十三經注疏》，臺北：藝文印書館，1965 年，一八一五年阮元刻本。
3. （漢）鄭玄注，（唐）賈公彥疏：《周禮注疏》，臺北：藝文印書館，1955 年。
4. （晉）陳壽：《三國志》，臺北：鼎文書局，1980 年，新校本。
5. （後魏）酈道元注，（清）楊守敬、熊會貞疏：《水經注疏》，南京：江蘇古籍出版社，1989 年。
6. （劉宋）范曄：《後漢書》，臺北：鼎文書局，1981 年，新校本。
7. （梁）沈約：《宋書》，臺北：鼎文書局，1980 年，新校本。
8. （北齊）魏收：《魏書》，臺北：鼎文書局，1980 年，新校本。
9. （唐）李吉甫：《元和郡縣志》，收入《文淵閣四庫全書》，臺北：臺灣商務印書館，1983 年。
10. （唐）杜佑著，王文錦等點校：《通典》，北京：中華書局，1988 年。
11. （唐）房玄齡：《晉書》，臺北：鼎文書局，1987 年，新校本。
12. （唐）韓愈：《韓昌黎集》，收入《景印文淵閣四庫全書》，臺北：臺灣商務印書館，1983 年。
13. （唐）魏徵等：《隋書》，臺北：鼎文書局，1980 年，新校本。
14. （宋）《宋名臣奏議》，收入《文淵閣四庫全書》，臺北：商務印書館，1983 年。
15. （宋）丁特起：《靖康紀聞拾遺》，收入《學津討原》，臺北：新文豐出版

公司，1980 年。

16. （宋）不著撰人，《靖康要錄》，收入《宋史資料萃編》第一輯，臺北：
    文海出版社，1967 年。

17. （宋）不著撰人：《群書會元截江網》，收入《文淵閣四庫全書》，臺北：
    臺灣商務印書館，1983 年。

18. （宋）文同：《丹淵集》，收入《四部叢刊初編》，上海：上海商務印書館，
    1922 年。

19. （宋）文瑩撰，鄭世剛、楊立揚點校：《玉壺清話》，收入《唐宋史料筆
    記叢刊》，北京：中華書局，1984 年。

20. （宋）方勺：《泊宅編》，收入《唐宋史料筆記叢刊》，北京：中華書局，
    1983 年。

21. （宋）王十朋：《東坡詩集註》，收入《文淵閣四庫全書》，臺北：臺灣商
    務印書館，1983 年。

22. （宋）王存：《元豐九域志》，臺北：國立中央圖書館，1975～1981 年。

23. （宋）王安石撰，（宋）李壁注：《王荊公詩注》，收入《文淵閣四庫全書》，
    臺北：臺灣商務印書館，1983 年。

24. （宋）王明清：《玉照新志》，收入《景印文淵閣四庫全書》，臺北：臺灣
    商務印書館，1983 年。

25. （宋）王明清：《揮塵餘錄》，收入《宋代史料筆記叢刊》，北京市：中華
    書局，1961 年。

26. （宋）王珪：《華陽集》，收入《文淵閣四庫全書》，臺北：臺灣商務印書
    館，1983 年。

27. （宋）王曾：《王文正公筆錄》，收入《百川學海》，上海：博古齋，1921
    年，影印本。

28. （宋）王曾：《墨莊漫錄》，收入《四部叢刊三編》，上海：上海商務印書
    館，1936 年，明鈔本。

29. （宋）王欽若、楊億：《冊府元龜》，臺北：中華書局，1972 年。

30. （宋）王稱：《東都事略》收入《善本叢刊》，臺北：中央圖書館，1991
    年，據宋紹熙間眉山程舍人刊本影印。

31. （宋）王鞏：《聞見近錄》，收入《景印文淵閣四庫全書》，臺北：臺灣商
    務印書館，1983 年。

32. （宋）王應麟：《玉海》，臺北：華聯出版社，1964 年，元至元三年慶元
    路儒學刊本。

33. （宋）王應麟：《困學紀聞》，收入《四部叢刊三編》，上海：上海商務印
    書館，1936 年，元刊本。

34. （宋）王闢之撰、呂友仁點校：《澠水燕談錄》，收入《唐宋史料筆記叢刊》‧北京：中華書局，1981 年。

35. （宋）包拯：《包孝肅奏議集》，收入《文淵閣四庫全書》，臺北：臺灣商務印書館，1983 年。

36. （宋）司馬光：《涑水紀聞》，收入《唐宋史料筆記叢刊》，北京：中華書局，1989 年。

37. （宋）司馬光：《溫國文正司馬公文集》，收入《四部叢刊初編》，上海：上海商務印書館，1922 年。

38. （宋）司馬光：《資治通鑑》，北平：古籍出版社，1956 年。

39. （宋）田錫：《咸平集》，收入《文淵閣四庫全書》，臺北：臺灣商務印書館，1983 年。

40. （宋）石介：《徂徠集》，收入《文淵閣四庫全書》，臺北：臺灣商務印書館，1983 年。

41. （宋）朱弁：《曲洧舊聞》，收入《筆記小說大觀》第八冊，揚州：江蘇廣陵刻印出版社，1983 年。

42. （宋）朱弁：《風月堂詩話》，收入《文淵閣四庫全書》，臺北：臺灣商務印書館，1983 年。

43. （宋）朱熹：《宋名臣言行錄前集》，收入《文淵閣四庫全書》，臺北：臺灣商務印書館，1983 年。

44. （宋）朱熹：《宋名臣奏議》，收入《文淵閣四庫全書》，臺北：臺灣商務印書館，1983 年。

45. （宋）江少虞：《宋朝事實類苑》，上海：上海古籍出版社，1981 年。

46. （宋）呂祖謙：《宋大事記講義》，收入《景印文淵閣四庫全書》，臺北：臺灣商務印書館，1983 年。

47. （宋）呂祖謙：《宋文鑑》，臺北：世界書局，1967 年。

48. （宋）呂祖謙：《東萊詩集》，收入《景印文淵閣四庫全書》，臺北：臺灣商務印書館，1983 年。

49. （宋）呂祖謙：《歷代制度詳說》，收入《文淵閣四庫全書》，臺北：臺灣商務印書館，1983 年。

50. （宋）宋孔文仲、孔武仲、孔平仲：《清江三孔集》，收入《景印文淵閣四庫全書》，臺北：商務印書館，1983 年。

51. （宋）宋綬、宋敏求編，司義祖校點：《宋大詔令集》，北京：中華書局，1962 年。

52. （宋）李心傳：《建炎以來繫年要錄》，臺北：文海出版社，1968 年。

53. （宋）李心傳：《舊聞證誤》，收入《唐宋史料筆記叢刊》，北京：中華書

局，1981 年。

54. （宋）李幼武：《宋名臣言行錄》，收入《文淵閣四庫全書》，臺北：臺灣商務印書館，1983 年。

55. （宋）李光：《莊簡集》，收入《景印文淵閣四庫全書》，臺北：臺灣商務印書館，1983 年。

56. （宋）李攸：《宋朝事實》，收入《文淵閣四庫全書》，臺北：臺灣商務印書館，1983 年

57. （宋）李埴：《皇宋十朝綱要》，臺北：文海出版社，1980 年。

58. （宋）李廌：《師友談記》，收入《叢書集成初編》之六二一，上海：商務印書館，1936 年，百川學海本。

59. （宋）李綱：《梁谿集》，收入《文淵閣四庫全書》，臺北：臺灣商務印書館，1983 年。

60. （宋）李綱：《靖康傳信錄》，收入《叢書集成》，上海：商務印書館，1939 年，海山仙館叢書本。

61. （宋）李壁：《王荊公詩注》，收入《景印文淵閣四庫全書》，臺北：臺灣商務印書館，1983 年。

62. （宋）李彌遜，《筠谿集》，收入《文淵閣四庫全書》，臺北：臺灣商務印書館，1983 年。

63. （宋）李燾：《續資治通鑑長編》，北京：中華書局，2004 年。

64. （宋）杜大珪：《名臣碑傳琬琰之集》，收入《景印文淵閣四庫全書》，臺北：臺灣商務印書館，1983 年。

65. （宋）沈作喆：《寓簡》，收入《文淵閣四庫全書》，臺北：臺灣商務印書館，1983 年。

66. （宋）沈括：《長興集》，收入《文淵閣四庫全書》，臺北：臺灣商務印書館，1983 年。

67. （宋）沈括：《夢溪筆談》，上海（北京）：中華書局，1959 年。

68. （宋）汪應辰：《文定集》，收入《文淵閣四庫全書》，臺北：臺灣商務印書館，1983 年。

69. （宋）汪藻：《浮溪集》，收入《四部叢刊初編》，上海：上海商務印書館，1983 年，武英殿聚珍版。

70. （宋）周淙：《乾道臨安志》，收入《宋元方志叢刊》，北京：中華書局，1990 年。

71. （宋）孟元老撰，鄧之誠注：《東京夢華錄注》，香港：商務印書館，1961 年。

72. （宋）林駉：《古今源流至論續集》，收入《文淵閣四庫全書》，臺北：臺

灣商務印書館，1983 年。

73. （宋）邵伯溫撰，李劍雄、劉德權點校：《邵氏聞見錄》，收入《唐宋史料筆記叢刊》，北京：中華書局，1983 年。

74. （宋）金君卿：《金氏文集》，收入《景印文淵閣四庫全書》，臺北：臺灣商務印書館，1983 年。

75. （宋）施元之：《施註蘇詩》，收入《文淵閣四庫全書》，臺北：臺灣商務印書館，1983 年。

76. （宋）胡宏：《五峰集》，收入《文淵閣四庫全書》，臺北：臺灣商務印書館，1983 年。

77. （宋）范仲淹：《范文正集》，收入《文淵閣四庫全書》，臺北：臺灣商務印書館，1983 年。

78. （宋）范成大：《吳郡志》，收入《宋元方志叢刊》，北京：中華書局，1990 年。

79. （宋）范純仁：《范忠宣奏議》，收入《景印文淵閣四庫全書》，臺北：臺灣商務印書館，1983 年。

80. （宋）范鎮撰，汝沛點校：《東齋記事》，收入《歷代史料筆記叢刊》，北京：中華書局，1980 年。

81. （宋）韋襄：《錢塘集》，收入《文淵閣四庫全書》，臺北：臺灣商務印書館，1983 年。

82. （宋）孫升：《孫公談圃》，收入《文淵閣四庫全書》，臺北：臺灣商務印書館，1983 年。

83. （宋）孫覿：《鴻慶居士集》，收入《文淵閣四庫全書》，臺北：臺灣商務印書館，1983 年。

84. （宋）徐自明：《宋宰輔編年錄》，收入《文淵閣四庫全書》，臺北：臺灣商務印書館，1983 年。

85. （宋）徐夢莘：《三朝北盟會編》，收入《宋史資料萃編》第一輯，臺北：文海出版社，1967 年。

86. （宋）晁補之：《雞肋集》，收入《唐宋史料筆記叢刊》，北京：中華書局，1983 年。

87. （宋）祖無擇：《龍學文集》，收入《文淵閣四庫全書》，臺北：臺灣商務印書館，1983 年。

88. （宋）袁褧：《楓窗小牘》，收入《宋元筆記小說大觀》，上海：上海古籍出版社，2001 年。

89. （宋）張方平：《樂全集》，收入《文淵閣四庫全書》，臺北：臺灣商務印書館，1983 年。

90. （宋）張淏纂修：《寶慶會稽續志》，收入《宋元方志叢刊》，北京：中華書局，1990 年。

91. （宋）張端義：《貴耳集》，收入《宋元筆記小說大觀》，上海：古籍出版社，2001 年。

92. （宋）梅堯臣：《宛陵先生集》，收入《四部叢刊初編》，上海：上海商務印書館，1922 年，元刊本。

93. （宋）許綸：《涉齋集》，收入《文淵閣四庫全書》，臺北：臺灣商務印書館，1983 年。

94. （宋）陳均：《皇朝編年綱目備要》，臺北：成文堂出版社，1966 年。

95. （宋）陳師道：《後山談叢》，收入《文淵閣四庫全書》，臺北：臺灣商務印書館，1983 年。

96. （宋）陳造：《江湖長翁集》，收入《文淵閣四庫全書》，臺灣：臺灣商務印書館，1983 年。

97. （宋）陸游：《渭南文集》收入《四部叢刊初編》，上海：上海商務印書館，1922 年。

98. （宋）陸游撰，李劍雄，劉德權點校：《老學庵筆記》，收入《歷代史料筆記叢刊》，北京：中華書局，1979 年。

99. （宋）彭百川：《太平治迹統類》，臺北：成文出版社，1966 年，校玉玲瓏閣鈔本。

100. （宋）曾慥：《高齋漫錄》，收入《文淵閣四庫全書》，臺北：臺灣商務印書館，1983 年。

101. （宋）曾鞏：《元豐類稿》，收入《四部叢刊初編》，上海：上海商務印書館，1922 年，元刊本。

102. （宋）曾鞏：《隆平集》，臺北：文海出版社，1967 年。

103. （宋）程大昌：《考古編》，收入《文淵閣四庫全書》，臺北：臺灣商務印書館，1983 年。

104. （宋）黃庶：《伐檀集》，收入《景印文淵閣四庫全書》，臺灣：臺灣商務印書館，1983 年。

105. （宋）黃裳：《演山集》，收入《文淵閣四庫全書》，臺北：臺灣商務印書館，1983 年。

106. （宋）黃震：《黃氏日抄》，收入《文淵閣四庫全書》，臺北：臺灣商務印書館，1983 年。

107. （宋）楊仲良：《續資治通鑑長編紀事本末》，臺北：文海出版社，1967 年，光緒十九年廣雅書局刊本。

108. （宋）楊時：《龜山集》，收入《文淵閣四庫全書》，臺北：臺灣商務印書

館，1983 年。

109. （宋）趙抃：《清獻集》，收入《文淵閣四庫全書》，臺北：臺灣商務印書館，1983 年。

110. （宋）趙彥衛：《雲麓漫抄》，收入《歷代史料筆記叢刊》，北京：中華書局，1996 年。

111. （宋）劉攽：《彭城集》，收入《文淵閣四庫全書》，臺北：臺灣商務印書館，1983 年。

112. （宋）劉弇：《龍雲集》，收入《文淵閣四庫全書》，臺北：臺灣商務印書館，1983 年。

113. （宋）劉摯：《忠肅集》，收入《叢書集成初編》，上海：上海商務印書館，1936 年。

114. （宋）樓鑰：《北行日錄》，臺北：廣文書局，1968 年。

115. （宋）樂史：《太平寰宇記》，收入《續修四庫全庫》，上海：上海古籍出版社，1995 年。

116. （宋）歐陽忞：《輿地廣記》，臺北：國立中央圖書館，1975～1981 年。

117. （宋）歐陽修、宋祈：《舊唐書》，臺北：鼎文書局，1980 年，新校本。

118. （宋）歐陽修：《文忠集》，收入《四部叢刊初編》，上海：上海商務印書館，1922 年。

119. （宋）蔡絛：《史補》，收入《文淵閣四庫全書》，臺北：臺灣商務印書館，1983 年。

120. （宋）蔡絛：《鐵圍山叢談》，收入《唐宋史料筆記叢刊》，北京：中華書局，1983 年。

121. （宋）蔡襄：《端明集》，收入《文淵閣四庫全書》，臺北：臺灣商務印書館，1983 年。

122. （宋）鄭樵：《通志》，臺北：臺灣商務印書館，1987 年。

123. （宋）鄭獬：《鄖溪集》，收入《文淵閣四庫全書》，臺北：臺灣商務印書館，1983 年。

124. （宋）鄧肅：《栟櫚集》，收入《文淵閣四庫全書》，臺北：臺灣商務印書館，1983 年。

125. （宋）盧憲：《嘉定鎮江志》，收入《宋元方志叢刊》，北京：中華書局，1990 年。

126. （宋）錢若水：《太宗皇帝實錄》，收入《四部叢刊三編》，上海：上海商務印書館，1936 年。

127. （宋）薛居正：《舊五代史》，臺北：鼎文書局，1981 年，新校本。

128. （宋）韓駒：《陵陽集》，收入《文淵閣四庫全書》，臺北：臺灣商務印書

館，1983 年。

129. （宋）魏泰撰，李裕民點校：《東軒筆錄》，收入《歷代史料筆記叢刊》，北京：中華書局，1983 年。

130. （宋）蘇軾：《經進東坡文集事略》，收入《四部叢刊初編》，上海：上海商務印書館，1922 年。

131. （宋）蘇軾：《東坡全集》，收入《文淵閣四庫全書》，臺北：臺灣商務印書館，1983 年。

132. （宋）蘇軾：《東坡志林》，收入《歷代史料筆記叢刊》，北京：中華書局，1981 年。

133. （宋）蘇頌：《蘇魏公文集》，收入《文淵閣四庫全書》，臺北：臺灣商務印書館，1983 年。

134. （宋）蘇轍：《欒城集》，收入《文淵閣四庫全書》，臺北：臺灣商務印書館，1983 年。

135. （宋）蘇轍撰，俞宗憲點校：《龍川略志》，收入《唐宋史料筆記叢刊》，北京：中華書局，1982 年。

136. （宋）龔明之：《中吳紀聞》，臺北：臺灣商務印書館，1936 年，知不足齋本。

137. （宋）曾慥：《類說》，收入《景印文淵閣四庫全書》，臺北：臺灣商務印書館，1983 年。

138. （宋）黃裳：《演山集》，收入《景印文淵閣四庫全書》，臺北：臺灣商務印書館，1983 年。

139. （元）白珽：《湛淵靜語》，收入《文淵閣四庫全書》，臺北：臺灣商務印書館，1983 年。

140. （元）李好文：《長安志圖》，收入《景印文淵閣四庫全書》，臺北：臺灣商務印書館，1983 年。

141. （元）沈季友：《檇李詩繫》，收入《景印文淵閣四庫全書》，臺北：臺灣商務印書館，1983 年。

142. （元）俞希魯：《至順鎮江志》，收入《宋元方志叢刊》，北京：中華書局，1990 年。

143. （元）馬端臨：《文獻通考》，臺北：臺灣商務印書館，1987 年。

144. （元）脫脫：《宋史》，臺北：鼎文書局，1980 年，新校本。

145. （元）陳桱：《通鑑續編》，收入《文淵閣四庫全書》，臺北：臺灣商務印書館，1983 年。

146. （元）陸友仁：《吳中舊事》，收入《文淵閣四庫全書》，臺北：臺灣商務印書館，1983 年。

147. （元）富大用：《古今事文類聚外集》，收入《景印文淵閣四庫全書》，臺北：臺灣商務印書館，1983年。

148. （明）王鏊：《姑蘇志》，收入《文淵閣四庫全書》，臺北：臺灣商務印書館，1983年。

149. （明）朱存理：《珊瑚網》，收入《景印文淵閣四庫全書》，臺北：臺灣商務印書館，1983年。

150. （明）李濂：《汴京遺蹟志》，收入《文淵閣四庫全書》，臺北：臺灣商務印書館，1983年。

151. （明）徐應秋：《玉芝堂談薈》，收入《筆記小說大觀》第十一冊，揚州：江蘇廣陵刻印出版社，1983年。

152. （明）陳邦瞻：《宋史紀事本末》，臺北：臺灣商務印書館，1963年。

153. （明）陳耀文：《天中記》，收入《文淵閣四庫全書》，臺北：臺灣商務印書館，1983年。

154. （明）陸楫：《古今說海》，收入《文淵閣四庫全書》，臺北：臺灣商務印書館，1983年。

155. （明）陶宗儀：《說郛》，收入《文淵閣四庫全書》，臺北：臺灣商務印書館，1983年。

156. （明）章如愚：《山堂群書考索》，京都：中文出版社，1982年，明正德戊辰年刻本。

157. （明）楊士奇、黃淮等奉勅編：《歷代名臣奏議》，收入《文淵閣四庫全書》，臺北：臺灣商務印書館，1983年。

158. （明）薛應旂：《宋元通鑑》，臺北：臺灣商務印書館，1973年。

159. （明）顧炎武：《天下郡國利病書》，收入《文淵閣四庫全書》，臺北：臺灣商務印書館，1983年。

160. （明）顧炎武：《歷代帝王宅京記》，收入《文淵閣四庫全書》，臺北：臺灣商務印書館，1983年。

161. （清）王先謙：《莊子集解》，北京：中華書局，1987年。

162. （清）永瑢：《四庫全書總目提要》，上海：商務印書館，1933年。

163. （清）玄燁御批：《御批歷代通鑑輯覽》，收入《文淵閣四庫全書》，臺北：臺灣商務印書館，1983年。

164. （清）徐松：《宋會要輯稿》，臺北：新文豐出版公司，1976年。

165. （清）徐乾學：《資治通鑑後編》，收入《文淵閣四庫全書》，臺北：臺灣商務印書館，1983年。

166. （清）崑岡：《大清會典事例》，北京：中華書局，1991年。

167. （清）張廷玉：《明史》，臺北：鼎文書局，1980年，新校本。

168. （清）嵇璜、曹仁虎等奉敕撰：《欽定續通志》，收入《文淵閣四庫全書》，臺北：臺灣商務印書館，1983 年。

169. （清）嵇璜等：《續通典》，收入《文淵閣四庫全書》，臺北：臺灣商務印書館，1983 年。

170. （清）黃以周：《續資治通鑑長編拾補》，收入《續修四庫全書》，上海：上海古籍出版社，1995 年。

171. （清）董誥等：《全唐文》，北京：中華書局，1987 年。

172. （清）趙宏恩等：《江南通志》，收入《文淵閣四庫全書》，臺北：臺灣商務印書館，1983 年。

173. （清）趙爾巽等：《清史稿》，臺北：鼎文書局，1981 年。

174. （清）蕭智漢：《月令粹編》，收入《歲時習俗資料彙編》，臺北：藝文印書館，1970 年。

175. （清）蕭智漢：《新增月日紀古》，收入《歲時習俗資料彙編》，臺北：藝文印書館，1970 年

176. （清）厲鶚撰：《東城雜記》，收入《文淵閣四庫全書》，臺北：臺灣商務印書館，1983 年。

177. （民國）傅璇琮等主編：《全宋詩》，北京：北京大學出版社，1991 年。

貳、專　書

1. 加藤繁：《中國經濟史考證》（中譯本），臺北：華世出版社，1976 年。

2. 史念海：《中國的運河》，西安：陝西人民出版社，1988 年。

3. 史念海：《河山集》，北京：三聯書店，1963 年。

4. 全漢昇：《唐宋帝國與運河》，收入氏著《中國經濟史研究》，臺北：中央研究院，1983 年。

5. 安作璋：《中國運河文化史》，濟南：山東教育出版社，2001 年。

6. 朱重聖：《北宋茶之生產與經營》，臺北：學生書局，1985 年。

7. 吳琦：《漕運與中國社會》，武昌：華中師範大學出版社，1999 年。

8. 岑仲勉：《黃河變遷史》，臺北：里仁書局，1982 年。

9. 周寶珠：《宋代東京研究》，開封：河南大學出版社，1992 年。

10. 張擇端：《榮寶齋畫譜：古代編（12）宋張擇端繪清明上河圖》，北京：榮寶齋出版社，1997 年。

11. 陳峰：《漕運與古代社會》，西安：峽西人民教育出版社，2000 年。

12. 戴裔煊：《宋代鈔鹽制度研究》，臺北：華世出版社，1982 年，影印本。

13. 趙效宣：《宋代驛站制度》，臺北：聯經出版事業公司，1983 年。

14. 趙鳳培譯：《凱因斯經濟學》，臺北：三民書局，1969 年。

15. 歐陽洪：《京杭運河工程史考》，南京：江蘇省航海學會出版社，1988 年。

參、論文

一、學位論文

1. 韓桂華：〈宋代綱運研究〉，臺北：中國文化大學史學研究所博士論文，1992 年。

二、期刊論文

（一）中　文

1. 王卓然、梁麗：〈北宋運河走向與政治、經濟中心轉移〉，《華北水利水電學院學報（社科版）》，第 23 卷第 5 期（2007 年 10 月），頁 134～136。

2. 王紅、周志貞：〈北宋"導洛通汴"考略〉，《河南教育學院學報（哲學社會科學版）》，第 23 卷（總 89 期），2004 年第 3 期，頁 48～51。

3. 王曉龍：〈宋代開封府界提刑司考論〉，《河南大學學報（社會科學版）》，第 48 卷第 3 期（2008 年 5 月），頁 130～133。

4. 王興瑞：〈王安石的政治改革與水利政策〉，《食貨半月刊》，第 2 卷第 2 期（1935 年 6 月），頁 37～41。

5. 王耀庭主講，李惠華整理：〈畫中的宋人生活—從清明上河圖談起〉，《歷史月刊》，183 期（2003 年 4 月），頁 11～17。

6. 王豔：〈重新審視北宋漕運的歷史價值〉，《洛陽師範學院學報》，2003 年第 1 期，頁 94～97。

7. 丘爲君：〈王安石變法失敗的原因—一個經濟學點的解釋〉，《史繹》，第 15 期（1978 年 9 月），頁 18～20。

8. 石志宏，黎沛虹：〈汴河漕運與北宋立國〉，《湘潭師範學院學報（社會科學版）》，第 23 卷第 3 期（2001 年 5 月），頁 115～117。

9. 全漢昇：〈中古自然經濟〉及〈唐宋政府歲入與貨幣經濟的關係〉，以上二文俱收錄於氏著《中國經濟史研究》上冊，香港：新亞研究所，1976 年。

10. 吳建磊：〈北宋汴河的漕運〉，《中州今古》（2002 年 6 月），頁 19～21。

11. 吳海濤：〈北宋時期汴河的歷史作用及其治理〉，《安徽大學學報（哲學社會科學版）》，第 27 卷第 3 期（2003 年 5 月），頁 101～105。

12. 李曉：〈宋朝江淮荊浙發運司的政府購買職能〉，《中國社會經濟史研究》，2004 年第 2 期，頁 72～82。

13. 李曉：〈論均輸法〉，《山東大學學報》，2001 年第 1 期，頁 78～83。

14. 周建明、李啓明：〈北宋漕運與治河〉，《廣西教育學院學報》，2001 年第 3 期，頁 107～111。

15. 周建明：〈北宋漕運法規述略〉，《學術論壇》，2000 年第 1 期（總第 138 期），頁 125～128。

16. 周建明：〈北宋漕運與水利〉，《阜陽師範學院學報（社會科學版）》， 2001 年第 5 期（總第 83 期），頁 111～113。

17. 竺可楨：〈北宋沈括對於地學之貢獻與紀述〉，《科學》，第 11 卷第 6 期，1926 年，頁 792～807。

18. 夏露：〈略論宋初統治者的休養生息政策〉，《歷史教學》，1985 年第 4 期，頁 8～11。

19. 崔英超、張其凡：〈論宋神宗在熙豐變法中主導權的逐步強化〉，《江西社會科學》，2003 年第 5 期，頁 119～122

20. 崔英超：〈熙豐變法的蘊釀—談宋神宗變法思想的形成〉，《甘肅社會科學》，2002 年第 5 期，頁 126～129。

21. 張明華：〈北宋宣仁太后垂簾時期的心理分析〉，《洛陽師範學院學報》，2004 年第 1 期，頁 99～102。

22. 張家駒：〈中國社會中心的轉移〉，《食貨半月刊》（1935 年 6 月），頁 20～36。

23. 張曉東：〈先秦秦漢運漕運史研究概觀〉，《臨沂師範學院學報》，第 29 卷第 2 期（2007 年 4 月），頁 119～122。

24. 張曉東：〈周世宗的統一活動與漕運政策〉，《歷史教學問題》，2007 年第 2 期，頁 44～47。

25. 梁庚堯：〈市易法述〉，《臺灣大學歷史學系學報》，第 10、11 期合刊（1984 年 12 月），頁 171～242。

26. 符海朝、馬玉臣：〈熙豐黨爭補論〉，《貴州文史叢刊》，2005 年第 7 期，頁 11～15。

27. 莫修權：〈漕運文化與中國城市發展〉，《建築》，第 23 卷（2003 年 1 月），頁 76～78。

28. 陳正祥：〈唐代的黃河與汴河〉，《新亞學報》，第 11 卷下冊（1974），頁 419～435。

29. 陳峰：〈略論漕運與北宋的集權統治〉，《歷史教學》，1986 年第 10 期，頁 14～19。

30. 粘振和：〈北宋汴河的管理機關及其沿革〉，《高餐學報》，第 7 期（2005 年 3 月），頁 181～200。

31. 粘振和：〈宋神宗時期汴河的利用政策與清汴工程〉，《人文與社會學報》，第 4 期（2004 年 6 月），頁 241～268。

32. 黃純豔：〈論北宋蔡京經濟改革〉，《上海師範大學學報 （社會科學版）》，第 31 卷第 5 期（2002 年 9 月），頁 37～44。

33. 董光濤：〈北宋黃河氾濫及治理之研究〉，《花蓮師專學報》，第 8 期（1976年 12 月），頁 51～99。

34. 董光濤：〈宋代淤田推廣之研究〉，《花蓮師專學報》，第 3 期（1971 年），頁 91～112。

35. 趙岡：〈歷代都城與漕運〉，《大陸雜誌》，第 84 卷第 6 期（1992 年 6 月），頁 241～252。

36. 黎沛虹、紀萬松：〈北宋時期的汴河建設〉，《史學月刊》，1982 年第 1 期，頁 24～30。

37. 譚徐明：〈宋代復閘的技術成就—兼及復消失原因的探討〉，《漢學研究》，第 17 卷第 1 期（1999 年 6 月），頁 33～48。

（二）日　文

1. （日）古林森廣：〈北宋前半期汴河的水利工程〉，《中國水利史研究》，第 11 期（1981 年），頁 1～15。

2. （日）池田靜夫：〈宋代水運の研究〉，《文化》，第 5 卷第 5 號，昭和十三年（1938）五月，頁 528～576。

3. （日）青山定男：〈關於北宋的漕運法〉，收入《市村博士古稀紀念・東洋史論叢》（東京：富山房，1933 年），頁 9～46。

4. （日）青山定男：〈唐宋汴河考〉，收入於氏著《唐宋時代の交通と地誌地圖の研究》，東京：吉川弘文館，1963 年。其中譯本有（日）青山定男著，張其春譯：〈唐宋汴河考〉，《方志月刊》，第 7 卷第 10 期（1934年），頁 8～34。

圖一：宋代汴河路線圖

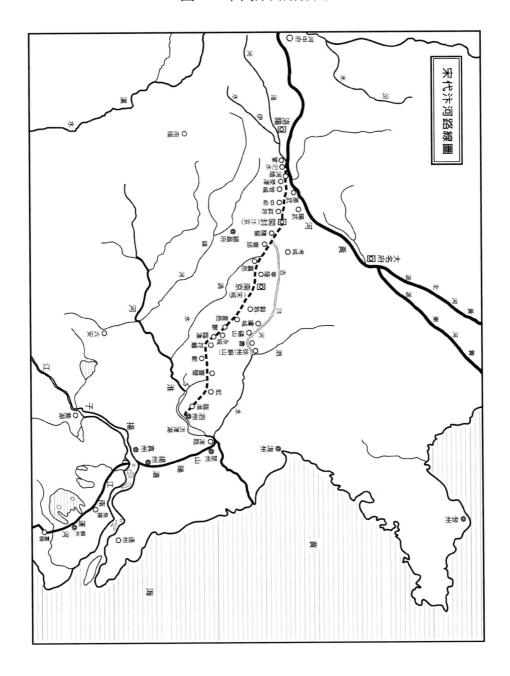

圖二：宋代汴京附近水系圖

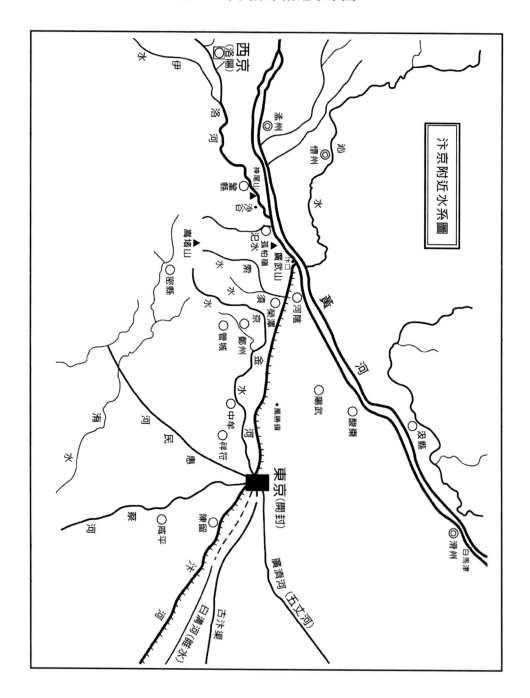

圖三：清明上河圖（一）：汴河垂釣

圖四：清明上河圖（二）：水上人家

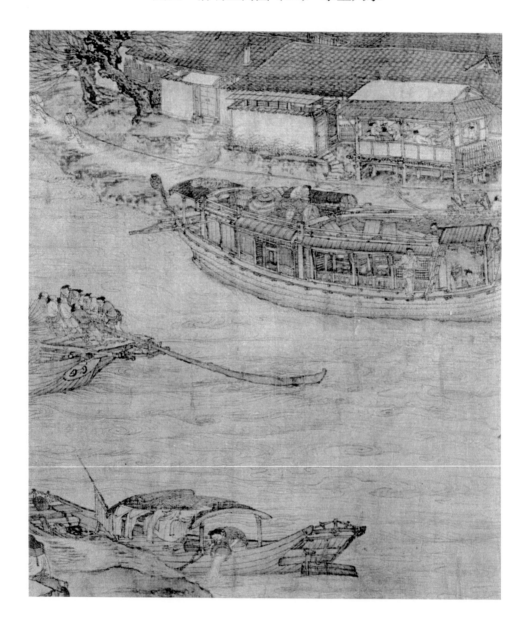

圖五：清明上河圖（三）：汴岸送行

圖六：清明上河圖（四）：虹橋商市

圖七：清明上河圖（五）：汴舟控櫓

圖八：清明上河圖（六）：汴河競渡